대원불교
학술총서

27

대원불교
학술총서

27

불교철학 길라잡이

'있는 그대로'와 '무아無我'
사이의 변주곡

이규완 지음

운주사

발간사

오늘날 인류 사회는 4차 산업혁명을 통해 완전히 새로운 세상을 맞이하고 있습니다. 전통적인 인간관과 세계관이 크게 흔들리면서, 종교계에도 새로운 변혁이 불가피하게 되었습니다. 이런 상황에서 대한불교진흥원은 다음과 같은 취지로 대원불교총서를 발간하려고 합니다.

첫째로, 현대 과학의 발전을 토대로 불교를 현대적으로 재해석할 필요가 있습니다. 불교는 어느 종교보다도 과학과 가장 잘 조화될 수 있는 종교입니다. 이런 평가에 걸맞게 불교를 현대적 용어로 새롭게 이해할 수 있도록 하려고 합니다.

둘째로, 현대 생활에 맞게 불교를 이해할 필요가 있습니다. 불교가 형성되던 시대 상황과 오늘날의 상황은 너무나 많이 변했습니다. 이런 변화된 상황에서 부처님의 가르침을 제대로 이해할 수 있도록 하려고 합니다.

셋째로, 불교의 발전과정을 종합적으로 이해할 필요가 있습니다. 북방불교, 남방불교, 티베트불교, 현대 서구불교 등은 같은 뿌리에서 다른 꽃들을 피웠습니다. 세계화 시대에 부응하여 이들 발전을 한데 묶어 불교에 대한 총체적 이해가 가능하도록 하려고 합니다.

대원불교총서는 대한불교진흥원의 장기 프로젝트의 하나로서 두 종류로 출간될 예정입니다. 하나는 대원불교학술총서이고 다른 하나는 대원불교문화총서입니다. 학술총서는 학술성과 대중성 양 측면을 모두 갖추려고 하며, 문화총서는 젊은 세대의 관심과 감각에 맞추려고 합니다.

본 총서 발간이 한국불교 중흥에 조금이나마 기여할 수 있기를 바랍니다.

불기 2569년(서기 2025년) 2월
(재)대한불교진흥원

머리말

'이 뭣고?'

불자佛子가 아니라도 어디선가 한 번쯤은 들어 보았을 질문, '이것은 무엇인가?'

'이 뭣고?'는 한국의 불교인이라면 누구나 아는 화두話頭이다.

'이것'은 아직 이름도 붙여지지 않았기 때문에 단지 손가락으로 '이것'이라고 가리킬 수 있을 뿐인 그것이다. '우주는 무엇인가?'라던가 '나는 무엇인가?'라는 질문에는 이미 '우주'와 '나'라는 개념이 전제되어 있다. 그러나 '우주'라는 것이 존재하기는 하는 걸까? '나'라고 이름 붙여진 이것은 진정 '나'인가?

'이것'이 무엇인지 묻고 있는 자, 그것을 가리키는 주체인 이것, 지금 여기에서 이 글을 읽고 있는 '이것.'

'이것'은 아직 '갑순이'나 '갑돌이'라는 명칭으로 불리기 이전, 아직 어떤 의식적 개념이 형성되기 이전에 감관의 거울에 떠오른 그것 자체를 가리킨다.

마음에 근심이 가득한 채로 스님 앞에서 한 말씀을 청하고 있는 '나'라고 불리기 이전, 청운의 꿈을 안고 캠퍼스를 활기차게 걷고 있는 주체라고 생각되기 이전, 아직 '아내'와 '남편'이라는 역할로 이름이 붙여지기 이전, 갈래 길 앞에서 어디로 갈까 망설이고 있는 '이것.'

'이것은 무엇인가?'

중국 선승들의 문헌에서는 그것을 '是什麽(시십마)'라고 말하였다.[1]
'이것(是)은 무엇인가(什麽, 셤머)?'

선사들은 눈에 보이고 손에 잡히는 현상적인 존재들이 끊임없이 변화하고 있는 그 틈새로 비집고 들어와 벼락같이 묻는다.

지금 흔들리고 있는 '이것은 무엇인가?'

지금 근심에 싸여 답을 찾고 있는 '이것은 무엇인가?'

어디로 가야 할지 몰라서 망설이는 '이 한 물건은 무엇인가?'

한 순간 이것을 잡았다고 생각하는 찰나에 그것은 이미 과거로 떨어지고 없으며, 현재는 새로운 것들로 채워져 있다. 세계도 나도 끊임없이 변화하는 존재들이므로, 내가 본 것은 이미 사라진 것들이고 내가 아는 것은 이미 존재하지 않는 것들이다. 헤라클레이토스의 유명한 경구와 같이, 판타 레이(panta rhei)! 만물은 흘러가고, 우리는 같은 강물에 두 번 발을 담글 수 없다.

불교에서는 이렇게 매 순간 생멸하고 변화는 흐름이 처음부터 그러하였다고 말한다. 그 처음은 원초적인 태초, 모든 것들의 궁극적이고 절대적인 처음을 의미하는 것이 아니다. 그것은 오히려 시작도 없는 시작, 처음도 끝도 구분되지 않고 영원히 처음으로 나아가는 시작 없는 시작이다.

그 무시無始의 시작 이래로 세상은 끊임없이 변화 생멸하고 있다.

현대 물리학의 표현을 빌린다면, 우주는 무한한 시간 동안 빅뱅을 반복하며, 모이고 흩어지다가 우리 우주에 도달하였다. 수 억 년의

---

1 엄미경 (2022), pp.97-125.

시간을 지나며 별들이 만들어지고, 초신성이 폭발하고, 그 별들이 잔해가 되고 다시 모이기를 거듭하던 우주의 부스러기들이 우리 은하의 주변에 모여서 태양과 지구와 지구 속의 생명체들이 되고, 그것들은 다시 모였다가 사라지기를 반복하면서 오늘에 이르고 있다.

그 가운데 한 그루의 나무는 종이가 되어 일부는 이 책이 되었고, 다른 원자들은 이 책을 보고 있는 지적인 존재인 내가 되었다. 지금 이 책을 읽는 당신은 수십 년 전에 약 2×10^{27}개의 원자(2 곱하기 10억의 10억 배의 10억 배에 해당하는 원자)가 모여서 한 생명으로 태어나긴 하였지만, 지금 그 때의 원자들은 하나도 당신의 몸에 남아 있지 않다. 헤아릴 수 없이 많은 나의 부분들은 모두 자연으로 돌아가 버리고 나의 몸은 새로운 부분들로 채워졌다. 태어날 때와는 전혀 별개의 물질적 존재인 지금의 이것을 우리는 모두 '나'라고 부른다.

지금 이 책을 읽고 있는 '이것'이 '나'라면, 어제의 그것은 '나'가 아니었으며, 내일의 그것도 더 이상 '나'가 아닐 것이다.

그렇다면 '이것은 무엇인가?'

생로병사의 징검다리를 힘겹게 건너고 있는 '이것은 무엇인가?'

질문에 질문이 꼬리를 물고 일어나는 '이것은 무엇인가?'

인생의 의미와 성공을 꿈꾸고 있는 '이것은 무엇인가?'

하늘과 바람과 별과 시를 사랑하는 '이 한 물건은 무엇이란 말인가?'

필자의 불교공부는 구약舊約의 지혜문학과 고대 근동의 언어와 문화를 배우고 있던 보스턴 시절에 시작되었다. 마침 '나는 무엇이고, 지금 무엇을 하고 있는가?'에 대한 깊은 실존적 물음에 도전을 받고 있었다. 보스턴 근교에 위치한 문수사文殊寺에서 불교를 영어로 배웠다. 그리고 본격적으로 불교를 배우기 위해 동국대로 역유학을 결심하였다.

동국대에서는 평생 드물게 마주치기만 하였던 스님들과 강의를 듣고, 불교공부를 위해 필수적인 산스크리트어, 티베트어, 한문을 새롭게 배우고, 도무지 이해하기 힘든 불교학의 연구서들을 읽어 나갔다. 그것들은 대부분 영어로 읽을 때보다 더 이해하기 어려웠다. 혹시나 하는 마음으로 불교방송에서 들은 법문들도 이해할 수 없는 불교방언으로 설해지고 있었다. 일상어로 불교에 들어가는 길을 안내해 주는 개론서가 있다면 수고의 절반은 덜 수 있지 않을까 하는 아쉬움이 있었다.

서울대에서 학부생을 대상으로 불교개론을 강의하면서 처음 배우던 시절의 어려움이 다시 떠올랐다. 아직 불교철학에 낯설지만 알고자 하는 지적 욕구를 가지고 있는 학생들과 불교의 지적 전통에 관심 있는 독자들을 위해 개론서를 저술할 계획을 세웠다. 때마침 대한불교진흥원에서 '대원불교 학술콘텐츠'의 저술부문의 공지를 접하고, 불교개론서 저술을 위한 제안서를 제출하였다.

수년간 학교 강의를 하며 정리한 주제들과 내용을 다듬으면서, 일상어와 불교철학의 언어 사이에 징검다리 돌 하나로는 건널 수 없는 간극이 있다는 생각을 떨칠 수 없었다. 결국 두 개의 돌을 놓기로 결정하였다. 하나는 불교와 불교철학에 처음 관심을 가진 초심자들을 위한 안내서이고, 다른 하나는 지적 전통으로서 불교철학을 본격적으로 공부해 보고자 하는 이들을 위한 개론서로 방향을 잡았다. '대원불교

학술콘텐츠'의 저술은 첫 번째 길잡이의 역할을 맡는 안내서로 정하였
다. 그것이 지금 여기서 읽고 있는 '불교철학 길라잡이'이다. 다른
개론서는 분량이 기준을 초과하였을 뿐만 아니라, 일반 독자들이
바로 읽기에는 다소 부담스러운 점이 있다고 판단되었기 때문이다.

한 권의 책이 세상의 빛을 보기까지는 수많은 인연과의 만남이
선행하며, 그보다 많은 사람들의 수고가 책갈피마다 스며들어 있다.
무엇보다 '대원불교 학술콘텐츠' 사업을 기획하고 지원해 준 대한불교
진흥원에 깊은 감사를 드린다. 출판시장이 위축되어 있는 상황에서,
특히 독자가 제한되어 있는 불교서적의 출간을 통해 붓다의 가르침을
전파하는 노력은 높이 평가받아야 한다. 이 사업은 연구자들에게
저술의 동기를 부여할 뿐만 아니라 독자들에게는 보다 깊이 있고
다양한 불교의 세계를 볼 수 있는 기회를 제공한다. 또한 출판 과정에서
원고의 미비한 점들을 보완하고 성가신 교정작업을 깔끔하게 마무리하
여, 엉성한 초고가 그럴듯한 한 권의 저술의 형태를 갖출 수 있도록
애써준 운주사 임직원들의 노고에 감사의 인사를 드린다. 이들의
전문적인 안목을 통해 부족한 원고가 한 권의 저서로 될 뿐만 아니라,
한 몽상가는 저자로 거듭나게 되었다. 한 분 한 분에게 무량한 공덕이
있기를 기원한다. 이 책이 독자들의 손에 닿아 함께 애써준 여러분들의
인연과 공덕이 더욱 아름다운 결실을 맺을 수 있기를 바란다.

1. ‘있는 것’과 ‘보이는 것’

—철학으로서 불교

“있는 것은 있고, 없는 것은 없다.” —파르메니데스

파르메니데스에 따르면, 있는 것이 없어지거나, 없는 것이 있게 되는 일은 불가능하다. ‘있는 것’이 실재한다면, 그것은 언제나 있어야 하고 없어지지 않는다. ‘없는 것’이 실재라면, 그것 역시 영원히 없는 것이어야 하기 때문에 그것에서 무엇인가 ‘있는 것’이 발생할 수 없다. 때문에 어떤 것에도 변화는 일어날 수 없으며, 이곳에서 없어지고 저곳에서 생겨나는 운동도 가능하지 않다.

어떤 것이 실재한다는 것은 그것이 영원히 변하지 않는 본성을 지녔다는 의미를 갖는다. 불교에서는 그것을 자성(自性, svabhāva)이라고 한다. 어떤 대상이 자성을 가졌다면, 그것은 다른 것에 의존하지 않는 자기만의 항구불변하는 본성을 가지고 있다는 말이 된다. 불교에서는 만물의 자성 혹은 실재성을 인정하지 않는다.

만물은 시작도 끝도 없이 변화하고 있으며, 다른 것들로부터 독립된 그 자신만의 고유한 자성을 지니지 않는다. 그것은 오늘 하루를 힘겹게 살아가는 '나'와 나를 둘러싼 '세계'를 모두 포함한다. 나도 변화하고, 세계도 변화한다. 어느 것도 고정되어 있지 않다.

그렇다면 '나'와 '세계'는 무엇인가? 나와 세계의 '있는 그대로'의 모습은 무엇인가?

철학으로서 불교는 이 같은 물음에 대답을 모색해 온 사유의 역사를 포함한다. 붓다의 깨달음 이후 2,500년 동안 이어진 긴 전통은 '나는 누구인가' 혹은 '세계는 무엇인가'라는 질문에 대한 다양한 형태의 대답들이 누적된 결과물이다.

붓다 자신에게서 이 질문은 고타마(Gautama)라는 한 개인으로서 '나'에 대한 질문을 넘어, 인류 보편의 질문으로 확장되었다.

'인간은 무엇인가?'

그리고 붓다에게 이 물음은 무엇보다 고통 가운데 있는 인간의 실존에 대한 긴급한 질문과 분리될 수 없었다.

고통스러운 마야(māyā)

현대 사회라고 사정이 크게 달라지진 않았지만, 고대 사회에서 대다수 대중들의 삶은 고통의 연속이었다. 각종 질병과 노역과 재난과 전쟁과 들짐승의 공격으로 인해 하늘이 준 수명을 다하는 이들은 소수에 지나지 않았다. 그나마 다행이라면 짧은 수명으로 인해 고통의 기간이 길지 않았다는 사실뿐이다.

히브리성서의 「창세기」에서, 인간의 고통은 창조질서를 위반한 인간에게 내려진 신의 형벌이다. 인간의 탐욕과 불순종의 결과로 인간은 이상적인 유토피아, 에덴에서 추방되어, 에덴의 동쪽에 살게 되었다. 여성에게는 출산의 고통이, 남성에게는 노역의 고통이 부과되었다.

"땅은 너로 말미암아 저주를 받고 너는 네 평생에 수고하여야 그 소산을 먹으리라"(창 3:17)

인간의 탐욕은 인간만이 아니라 땅도 저주의 대상이 되게 하였다. 땅은 가시덤불과 엉겅퀴가 웃자라 곡식을 기르기 위해서는 돌을 고르고 잡초를 제거하는 거친 사투를 벌여야 했다.

인도에서도 인생의 현실은 고통이었다. 인도인들은 계급적으로 구조화되어 있는 고통을 운명으로 받아들였다. 우리에게 언제 어디서 고통이 들어왔는지는 정확히 알 수 없지만, 시작을 알 수 없는 어느 시점에서부터 우리의 행위가 쌓이고 누적되어 오늘의 현실을 만들었다. 어제의 업이 오늘 담당해야 하는 고통의 원인이다. 현생에서의 계급, 신분, 지위, 인종, 성별, 빈부 등 모든 차별적인 현상들은 전생의 업의 결과이므로 달게 수긍하고 받아들여야 한다. 현실의 부조리와 고통스러운 시간에 충실하는 삶이야말로 전생에 지은 업을 소멸하는 과정이며, 나아가 더 나은 내생을 기약하는 일이다.

윤회에 대한 인도인들의 소박한 믿음은 2,500년 이상 인도문화를 견고하게 지지하는 주춧돌 역할을 해왔다. 인생은 하나의 삶에서 다음의 삶으로 끊임없이 이어지고, 삶이 이어지는 한 고통의 현실은 피할 수 없다. 다음 생에서는 보다 나은 신분이나 조건으로 태어나길 바라는 마음으로 정해진 운명 혹은 의무(dharma)에 충실하는 삶이야말로 최선의 삶이라 여겨진다. 인도 하층민의 고단한 삶은 다양한 매체를 통해 잘 알려져 있다. 불가촉천민은 여전히 최악의 생활환경에서 격리된 삶을 살고 있고, 각각의 자티(jati)에 따라 하층민들은 전통적으로 불결하고 위험하며 천하게 여겨지는 직업에 종사하고 있다.

인도인들 모두가 이러한 차별과 폭력을 순순히 업의 결과로 수용하는 것은 아니다.

영화 '밴디트 퀸(Bandit Queen)'은 하층민 여성이 감당해야 하는 극단적인 폭력과 그것에 저항했던 풀란 데비(Phoolan Devi)의 일생을 보여준다. 풀란 데비는 수드라 계층에 속하는 가정의 딸로 태어났다. 그녀는 열 살 무렵에 불의한 현실에 저항하기 시작하였지만, 소 한 마리와 자전거 한 대를 대가로 삼십 대의 남성에 팔려가는 운명을 거스르지는 못하였다. 남편의 지속적인 폭력을 견디지 못한 풀란 데비는 친정으로 도피하였지만, 다시 마을 사람들로부터 모욕과 추방을 당하였다. 추방당한 여인은 산적들의 먹잇감이 되었다.

그녀를 수렁에서 구출해 준 이는 같은 천민 출신 도적 비크람이었다. 그녀의 삶에 잠시 동안의 빛과 온기가 스쳐간 시간이었다. 하지만 비크람이 살해당하고, 그녀는 산적들과 마을 유지들에게 윤간을 당하였다. 지옥을 탈출한 풀란 데비는 스스로 산적을 조직하여, 1981년 자신을 윤간한 마을 유지와 지주들 24명을 살해하였다. 사람들은 상류층을 대상으로 복수와 약탈을 행하는 그녀를 '다슈 순다리'(아름다운 도적)로 불렀다. 그녀는 인도의 홍길동이었다. 인도경찰의 포위망이 조여오자 그녀는 1983년 동지들의 안전, 성범죄 특별법 제정, 천민에 대한 무상교육 등을 조건으로 투항하였다. 1994년 석방된 풀란 데비는 불교로 개종하고, 1996년에는 사회당 후보로 하원의원에 당선되었다. '억눌린 자와 여성을 대변하는 정치인이 되겠다'던 그녀는 2001년 무장괴한의 총격으로 사망하였다. 풀란 데비의 살해범은 경비가 삼엄한 것으로 알려진 뉴델리의 한 감옥에서 가짜 경찰의 호위를 받으며 탈옥하였다.

이따금씩 송곳으로 찌르듯 역사 속으로 깊이 파고드는 예외적인 사건들을 제외하면, 운명의 폭력은 여전하고 대다수는 단지 그것을 감내하고 상층으로의 윤회를 꿈꾸며 산다.

인도인들이 이처럼 비참한 운명에 순응하고 있는 다른 이유는 우리가 경험하고 있는 삶이란 마야(māyā)일 뿐이라는 믿음에 있다. 현상은 허상이고, 보이지 않는 곳에 변하지 않는 영원한 정신인 아트만(ātman)이 존재한다. 우리가 지각하고 경험하는 세계는 실재가 아니다. 윤회를 통해 지난 생에는 제법 잘나가던 상인으로, 이번에는 천민 빨래꾼으로, 다음에는 브라만의 사제로 태어난다고 하더라도, 그것은 마술사가 보여주는 환술과 같이 실재성이 없는 허상일 뿐이다. 수없이 반복되는 윤회의 과정에서도 변화하지 않고 '나'를 유지시켜 주는 그것을 '아트만'이라고 한다.

본질에 있어 '아트만'만이 실재하는 것이고, 그것만이 존재의 의미를 지닌다.

요컨대 실제로 존재하는 것은 아트만이고, 현실은 그림자이다.

진실로 '있는 것'은 보이지 않는 아트만이고, 눈에 보이는 것은 실제로는 '없는 것'에 지나지 않는다. 아트만은 변화하지 않는다. 변화란 마야(환상)로 일시적인 착시를 일으키는 마법과 같은 것이다. 변화하는 세계는 실재가 아니다. 실재하는 것은 영원히 변화하지 않는 아트만뿐이다.

'보이는 것'과 '있는 그대로'

이 같은 인도사상의 전제에서 볼 때, 붓다의 가르침은 혁명적이다. '차축의 시대' 인도에서 발견된 인류 정신의 '코페르니쿠스적 전회'라 할 수 있다. 붓다에게 아트만은 '없는 것'이다. 그리고 세계를 '있는 그대로' 보면, 그것은 끊임없이 변화하고 있는 현상 그 자체이다. 영원하고 불변하는 실재는 존재하지 않으며, '있는 것'은 '변화하는 현상 그 자체'이다.

산스크리트어에서 존재를 뜻하는 '사띠야(satyā)'는 진리라는 의미를 함축한다. 즉 '있는 것'이 진리이고, '있는 것을 있다, 없는 것을 없다'고 말하는 것이 진리를 밝히는 지적 작업이다. 진리에 대해 물을 때, 우리는 우리가 경험하는 현상세계가 있음을 전제로 한다. 다시 말해 우리에게는 어떤 형태로든 세계에 대한 경험이 있다. 보고, 듣고, 냄새 맡고, 맛보고, 감촉을 느끼는 지각을 통해 경험되지 않는 세계란 비존재하거나 존재하더라도 무의미한 것이다.

진리 물음은 경험한 세계가 '있는 그대로'의 세계인가를 묻는 질문이다.

우리는 감각지각을 통해 세계를 경험할 뿐만 아니라, 희로애락의 내적 감정을 경험하기도 한다. 고통은 신체적으로 지각되는 외적 경험과 마음을 지옥으로 만드는 내적 감정의 경험을 모두 포함한다. 붓다는 이 고통이야말로 인생의 근본문제라고 인식하였다. 붓다는 이것을 어떻게 깨달았는가? 붓다가 깨달은 그 방법이 바로 세계를 '있는 그대로' 보는 것이고, '있는 그대로'의 세계를 아는 것이다.

우리가 살고 있는 세계는 어떠한가? 진실로 눈으로 보고 귀로 듣는 것이 세상의 전부인가?

언론매체와 다양한 인터넷 정보를 통해 보여지는 것들은 세계의 참된 모습을 보여주고 있는 걸까? 우리는 이미 답을 알고 있다. 인스타그램에 올라오는 세상 사람들의 행복하고 부러운 일상의 모습이란, 단지 그들의 짧은 최상의 순간들에 지나지 않는다는 사실을. 인스타그램에 올려놓은 나의 순간들에 대해서 다른 누군가는 부러운 질투의 시선을 보내고 있을지도 모른다. 보여지는 것들은 사실과 차이가 있다.

그렇다면 우리가 직접 보고 경험하는 것들은 우리에게 진실한 걸까?

'돼지 눈에는 돼지만 보이고, 부처 눈에는 부처만 보인다.'

이 말은 무학대사와 이성계 사이에 주고받은 농담으로 세간에 흘러 다니는 수많은 야사 가운데 하나에서 비롯되었다. 고려시대는 불교가 통치이념이자 대중적 종교로서 널리 신봉되었다. 승려인 무학대사는 물론이지만, 성리학의 나라 조선의 태조가 된 이성계 역시 죽을 때까지 불자였다. 어느 날 이성계가 무학대사에게 농을 하였다. '스님 얼굴은 돼지처럼 보입니다.' 그러자 무학대사는 이성계의 얼굴을 들여다보면서 말했다. '법사님의 얼굴은 부처님으로 보이는군요.' 이성계가 미소를 띠며 흡족해하자, 무학대사가 한마디 덧붙였다. '돼지 눈에는 돼지만 보이고, 부처 눈에는 부처만 보이는 법이죠.'

그렇다. 사람의 인품에 따라 대상이 다르게 보인다. 어떤 사람에게 백성은 개돼지와 동종의 동물쯤으로 보이고, 어떤 사람에게 민중은 하늘로 보이기도 한다. 『나의 문화유산답사기』의 저자 유홍준은 한국의 수많은 문화유산을 답사하면서 '아는 만큼 보인다'는 지혜를 꼼꼼히 기록하였다. 그는 폐사지를 등 뒤로 하고 멀리 전경을 바라보는 감상의 심오한 경지를 우리에게 알려주었다.

마음의 상태에 따라서도 대상은 다르게 보인다. 우리 속담에 '자라 보고 놀란 가슴, 솥뚜껑 보고 놀란다'는 말이 있다. 자라에 놀랐던 기억을 가진 사람에게 비슷한 대상들은 순간 자라처럼 보이기 쉽다. 불교에서는 '뱀과 새끼줄의 비유'를 들어 지각이 사실을 속이는 사례를 설명하고 있다. 어두운 밤길을 걷다가 길 가운데 자리잡은 뱀을 보고 놀라서 도망하였는데, 다음날 그곳에 가 보니 새끼줄이 있었다. 지난밤에 내가 본 것은 뱀인가, 새끼줄인가?

동일한 대상이 시간에 따라 다르게 보이는 경우도 적지 않다. 며칠 전 깊은 밤에 홀로 공원을 산책하다가 선명한 보름달을 올려다보았다. 보름달에는 토끼가 산다는 신화에서부터, 어떤 이들은 떡방아를 찧는 토끼가, 또는 책을 읽은 여인의 모습이 보인다고도 한다. 사람들은 같은 대상인 달에서 서로 다른 모습을 보아왔다. 나도 물론 어릴 적부터 떡방아를 찧는 토끼의 모습을 보았다. 그런데 그날 밤에는 문득 달에서 '미소 짓는 얼굴'을 보았다. 이전에 본 떡방아를 찧는 토끼와 그날의 미소 짓는 얼굴 가운데 어느 것이 달의 참모습일까?

그 둘 중에 달의 '있는 그대로'의 모습이 있는 걸까?

간단하게 그 답을 제시할 수는 없겠지만, 분명한 것은 '보이는 것'과 '있는 그대로'가 반드시 일치하는 것은 아니라는 사실이다. 힌두교에서 '보이는 것'은 환상이고, '있는 그대로'는 아트만이다. 그런 점에서 인생의 고통이란 것도 환상의 반복에 지나지 않는다.

반면에 붓다에게 인생의 고통은 모든 인간이 직면하고 있는 현실적이고 긴급한 문제이다. 고통의 원인은 '없는 것', 환상에 대한 집착에서 비롯되었다. 무엇보다 영원불변하는 자아로서의 '아트만'이 있다는 집착이 고통의 근본적인 원인이다. '자아'에 대한 그릇된 견해와 집착으로 인해 우리는 불필요한 고통으로 괴로워하며 산다. 나의 신체적 조건, 타고난 재능, 성별, 신분이나 학교성적, 학벌 등으로 규정되는 '자아상'은 자만심에 빠지게 하기도 하고, 자존감을 떨어뜨리는 요소가 되기도 한다. '나'의 존재를 확인하고자 하는 자아에 대한 집착은, 한편으로는 타자와의 비교와 경쟁으로 나를 지치게 만들고, 다른 한편으로는 더 빨리 달리지 못하는 자신에 대한 불안감을 가중시킨다. 그러나 모든 자아는 결국 죽음 앞에서 힘없이 무너진다.

붓다는 인생의 수많은 고통들이 '없는 것'에 지나지 않는 '자아'에 대한 집착을 포기하고, '무아(無我, anātman)'를 깨달음으로써 해결될 수 있다고 가르친다. 고통을 받는 주체인 자아가 없다면, 고통스러울 일도 없을 것이다. 붓다에 따르면, 자아라고 불리는 것의 있는 그대로 모습을 잘 관찰해 보면, 그곳에 불변하는 '아트만' 같은 것은 발견되지 않는다. '자아'라는 착각은 단지 물질적 신체(色), 감수작용(受), 표상(想), 의지작용(行), 의식意識이라는 다섯 요소(오온)들이 임시적으로 결합한 현상을 지칭할 뿐이다.

이제 힌두교에서 '있는 것'이 불교에서는 '없는 것'이고, '없는 것'은 '있는 것'으로 간주된다. 인도의 정통철학에서는 '마야'에 불과하며 궁극적으로는 '없는 것'이었던 세계가 붓다의 세계관에서는 '있는 것'에 속하게 된다. 다만 여기에서 '있는 것'은 '아트만'과 같이 실재한다는 의미가 아니라, 현상적인 경험세계로 존재한다는 의미에서 '있는 것'이다.

붓다는 그것을 서로가 조건에 의해 드러난 현상으로 설명하였다. 세계는 서로 의존하여 발생한다. 스피노자는 실재를 '다른 것에 의존하지 않고 그 자체 독립적으로 존재하는 것'으로 정의하였다. 그리고 오직 신神만이 진정한 의미에서의 실재이다. 만물은 자기 존재의 기반을 신에게 두고 있다는 점에서 독립적인 실체로 간주할 수 없다. 그러나 붓다의 교설에 따르면, 이 세계에 '다른 것에 의존하지 않고 독립적으로 존재하는 것'은 아무것도 없다. 만물은 서로에게 의존하고 있으며, 만물 간의 관계 속에서만 세계가 현상한다. 그것이 불교에서 말하는 연기법(緣起法, pratītyasamutpāda)이다.

세계에 속하는 것은 어느 것도 실재하지 않으며, 만물은 모두 연기적 현상이다. 이것이 붓다가 본 '있는 그대로'의 세계이다.

철학으로서 불교

붓다에게 '있는 것'은 '변화하는 현상'이고, '없는 것'은 '아트만', 즉 '불변하는 실재'이다. 붓다에게 '아트만'은 '있는 것'이 아니며, 따라서 그것은 참된 진실이 아니다.

불교철학은 이 같은 붓다의 가르침에 대한 성찰이며, 2,000년 이상 이어져 온 주석의 역사이다.

이 책에서 우리는 인간의 고통에 깊이 공감하면서, '무아無我'의 깨달음을 통해 고통을 극복하는 길(mārga)을 제시했던 붓다의 가르침과 그에 대한 다양한 해석과 주석의 지성사를 탐색해 볼 것이다. 사실 '고통'이나 '무아'를 철학적으로 탐구하는 일은 붓다의 긴급한 부름에 역행하는 측면이 있다. 붓다는 『전유경』에서 독화살의 비유를 들어 형이상학적인 탁상공론이 무용하다고 지적하였다. 지금 독화살을 맞은 사람이 있다면, 누가 독화살을 쏘았으며, 어떤 독을 사용하였으며, 무슨 이유로 독화살을 쏘았는지 묻는 것은 무용한 일에 지나지 않는다. 가장 시급한 일차적 과제는 독화살을 뽑고 독을 빼는 일이다.

종교로서의 불교는 고통 가운데 있는 중생의 마음에 박혀 있는 고통의 독화살을 뽑아내는 과제에 집중한다. 붓다를 따르는 이들에게는 마음의 관찰과 선정禪定을 통한 수행이 철학적 사변보다 우선한다. 오늘날도 수많은 수행자들이 다양한 스승과 수행처를 찾아 번뇌와 고통으로부터 해탈의 길을 찾고 있다.

모든 종교의 교학은 기본적으로 '믿음의 학문'이다. 기독교는 예수의 가르침에 대한 믿음에 기반하여 신학을 구축하였으며, 불교는 붓다의 깨달음에 근거하여 수행과 사유를 발전시켜 왔다. 교학적 측면에서 볼 때, 모든 종교의 교학은 '신학信學'인 셈이다. 신학자 이은선은 성리학과 기독교의 대화를 통한 새로운 종교의 지평을 '신학信學'이라는 개념 위에 정립하고자 한다. 11세기 가톨릭 신학자 안셀무스

(Anselmus)는 '믿음을 전제하지 않는 것은 오만이고, 이성을 사용하지 않는 것은 태만'이라며, 신앙과 이성의 중요성을 강조하였다. 그러나 안셀무스가 '나는 알기 위하여 믿는다'고 말했을 때, 그는 믿음의 토대 위에서만 획득되는 이해의 영역을 상정하고 있다.

불교철학에서도 붓다의 가르침에 대한 믿음은 중요하다. 붓다가 생전에 가르쳐 준 번뇌와 고통을 끊고 해탈에 이르는 길을 믿는다면, 새롭게 길을 찾는 수고를 덜 수 있을 것이다. 그가 가르친 진리의 가르침을 믿고, 그것을 등불로 삼아 사유하고 수행을 정진하는 것은 모든 불자들에게 핵심적인 과제이다. 우리는 그것을 '가르침의 등불로 밝힌다'는 의미에서 법등명法燈明이라고 한다.

붓다의 임종이 가까워오자 수행 제자 아난다가 붓다에게 물었다. '붓다가 열반에 들고나면 이제 승가 공동체는 무엇에 의지해 수행해야 합니까?' 붓다는 가르침의 진리에 입각하여 수행하고 생활해야 한다고 말했다. 그러나 그것보다 더 중요한 것은 '자신의 등불로 밝히는' 자등명 自燈明의 수행생활을 유지하는 것임을 강조한다. 자신의 깨달음으로 자신만의 등불을 밝히지 않는다면, 하루 종일 거액의 돈을 세어도 자신의 것은 하나도 없는 은행원처럼, 넘치는 지식을 가지고도 곤궁함을 벗어나지 못할 것이다.

'지식이 많아 널리 통달했다 해도 도道의 자취를 얻지 못한 사람은, 마치 소경이 등불을 들어 남을 비추어 줄 수 있으나 정작 자기는 비추지 못하는 것과 같다.' (『대장엄경』)

불교를 공부하고 강의와 법문으로 많은 사람에게 가르침을 준다고 하여도, 정작 자신을 비추는 등불을 갖추지 못하였다면 무슨 소용이 있겠는가?

불교에서 철학한다는 것은 '나의 등불로 밝히고, 나의 눈으로 보는 것'을 의미한다. 산스크리트어에서 '지식'이나 '철학'에 상응하는 개념인 '다르샤나(darśana)'는 '보다'는 의미에서 파생하였다. 단순화하자면 철학은 바르게 보는 것이며, '있는 그대로'의 실상을 알고자 하는 지적 사유 체험이다. 이미 지적하였듯이 '있는 것'과 '보이는 것'이 항상 일치하는 것은 아니다. 참된 앎이란 바르게 보는 것을 통해 있는 그대로의 세계를 아는 것을 의미한다.

이제부터 자신만의 등불로 진리의 빛을 밝히고자 하였던 스승들의 발자취를 따라, 인도의 어느 마을에서부터 중원의 산사에까지 이어지는 여정을 떠나보기로 한다.

2. 성자들의 땅

— 인도의 철학

'인도'라는 발명품

8월 15일은 인도의 독립기념일이다. 1947년 8월 15일 인도는 영국으로부터 독립하였다. 그러나 인도아대륙을 영토로 하는 이 '인도'라는 단일 국가의 개념은 영국식민시대의 발명품이었다. 영국이 무굴제국을 굴복시키고 대륙과 스리랑카, 꿈의 신혼여행지인 몰디브까지 하나의 식민지로 통합하면서, '인도'는 발명되었다. 그 이전의 역사에서 인도아대륙에는 한 번도 완전한 통일국가가 세워진 적이 없었다. 역사적으로 가장 넓은 강역을 지배하였던 아쇼카(aśoka)왕의 마우리아(Maurya)제국에서부터, 쿠샨(Kushan), 굽타(Gupta)제국이나, 이슬람의 무굴(Mughal)제국이 대륙의 주도세력으로 등장한 적은 있었지만, 대륙의 한 쪽은 언제나 주류의 간섭에서 벗어나 있었다.

영국은 독립적인 역사와 문화를 가진 다양한 민족과 국가들을 하나의 '인도'로 통합하였다. 식민지 지배의 효율성이 독립적인 문화와 역사보다 중요시되었다. 제국의 침략자들에게 식민지 내의 차이란 도토리들의 키재기만큼이나 무의미해 보였을지도 모른다. 힘으로 결합되어 있던 '인도'는 독립과 함께 분열될 운명을 잉태하고 있었다. 하나의 식민지는 독립과 동시에 남부의 스리랑카와 북부의 파키스탄으로 분리되었으며, 동서로 떨어져 있던 파키스탄은 다시 서부 펀잡(Punjab)지역을 중심으로 한 파키스탄과 동부의 방글라데시로 분열하였다.

분열은 일차적으로 불교인구가 70%에 이르는 남부의 스리랑카, 무슬림이 80~90%인 방글라데시와 파키스탄, 힌두교도가 75%를 차지하는 인도 사이의 이질적인 경계선을 따라 이루어졌다. 하지만 각 지역에는 여전히 단일성으로 통합을 방해하는 다양한 요소의 원심력이 작동하고 있다. 예를 들자면, 인도는 지역적으로 28개의 연방국가로 구성되어 있고, 힌디, 영어, 벵갈, 타밀어를 포함하는 22개의 공식언어가 사용되고 있으며, 3,000종의 자띠(jāti)에 따른 직업적 신분계층이 존재한다. 거의 모든 국민이 힌두교라 해도 무방하지만, '인도에는 인도인의 숫자만큼이나 많은 신들이 산다'는 말처럼 모두들 각기 다른 자신의 신을 섬기며 산다.

전체로서의 국가와 부분으로서 국민 개개인의 질적 대비도 인도의 신비감을 부추기는 하나의 특징이다. 인도는 15억에 육박하는 인구수로 중국을 추월하여 세계 1위에 등극하였으며, 국가경제 규모에서도 세계 5위권에 진입해 있고 조만간 3위의 경제대국이 되는 것을 목표로 하고 있다. 반면 개인의 평균적인 삶은 여전히 빈민의 수준을 벗어나지 못하고 있는 게 현실이다. 한편으로는 달 탐사선을 쏘아 올리지만,

그것을 지켜보는 수많은 이들은 아직 '맨발의 성자'로 삶을 살고 있다.

　이처럼 극적인 대비와 부조리한 상황 속에서도 지난 수천 년 간 이들을 통합시키며 삶을 이끌어 온 힘은 어디에 있는 것일까? 이 질문에 답하기 위해서 우리는 먼저 인도의 신들과 수많은 성자들의 가르침을 살펴보아야 한다. '인도'의 종교사상사를 말할 때, 우리는 통합되거나 분리되지 않은 인도아대륙의 다양한 종교와 사상의 역사적 맥락에서 말하려고 한다.

인도의 배경

길버트 마르크스(Gilbert Marks)의 『어떻게 세계는 서양이 주도하게 되었는가』나 제라드 다이아몬드의 『총, 균, 쇠』는 문명의 태동과 번영에 지리적 조건과 환경적 요인이 크게 작용한다는 주장을 조리 있게 전개하였다. 문명의 생성과 소멸이 단순하게 환경과 지리적 조건의 우연성으로 환원되지는 않겠지만, 지리환경적 요인이 문명의 성격에 결정적인 영향을 미친다는 사실을 충분히 인정할 수 있다.

　인도아대륙은 북서부의 아라비아해로 흘러가는 인더스강과 인도양에서 합류하는 북동부의 갠지스와 야무나강을 원천으로 하여 상이한 지층의 문명을 형성하였다. 인더스강 상류지역에 등장하였던 모헨조다로나 하라파 문명이 쇠퇴하고, 서기전 17세기에서 10세기에 이르는 기간에 수메르문명의 후손들이 빈자리로 이주해 들어왔다. 그들은 초기 형태의 『베다』나 수메르의 바퀴와 같은, 당시로서는 첨단기술을 갖추고 인도북부지방으로 침투하여 사제이자 지배계층으로 자리를 잡았다.

'베다(Veda)'는 문자적으로 '지식'을 의미한다. 북서쪽에서 침투한 이방인들이 가지고 온 '신성한 지식'은 『베다』라는 경전적 지식으로 구전되었다. 사제들을 통해 전해진 『베다』는 성스러운 지식이자 우주적 진리의 전승으로 존중되었다. 서기전 900년경에는 구전전승의 『베다』가 기본적인 형태를 완성한 것으로 여겨진다. 『베다』는 시기에 따라 가장 고층에 속하는 리그(Rig veda)에서 사마(Sama), 야주르(Yajur), 아타르바(Atharva)베다의 네 층이 있으며, 문헌의 성격에 따라 찬가인 상히타(Samhita), 제의서 브라흐마나(brahmana), 희생제의의 의미를 탐구한 아란야카(Aranyaka), 그리고 가장 후기의 철학적 사유를 반영하는 우파니샤드(Upanishad) 장르를 포함한다.

베단타(Vedānta)

이후 약 3,000년간 인도의 철학사에서는 『베다』를 인정하고 받아들이는지 여부가 사상의 정통성을 검증하는 기준이 되었다. 『베다』의 중첩된 지층만큼이나 『베다』에 근거한 철학사상들도 다양한 형태로 발전하였다. 인도 철학사에서는 베단타-미망사, 상키야-요가, 바이셰시카-니야야의 여섯 학파를 정통성을 갖춘 대표적인 6파철학으로 칭한다. 이들 세 쌍의 학파들은 각기 일원론, 이원론, 다원론적 관점의 철학체계를 가지고 있으며, 베단타와 같은 앞의 학파가 보다 이론적인 측면에 치중하는 반면, 후자인 미망사 등은 이론의 실천에 관련된 논의에 집중하는 특성을 지닌다.

베단타(Vedanta)는 '베다의 끝' 혹은 '베다의 최종적인 결론'이라는 의미로, 『우파니샤드』의 철학적 사유에 기초하여 발전한 철학체계이다.

태초에 이 세계는 브라흐만이었다네. 그는 자기 자신을 알았고,
이렇게 말했다네.
"나는 브라흐만이다." (『브리하다란야카 우파니샤드』)

브라흐만(Brahman)은 전 우주에 퍼져 있으면서 그것을 초월해 있는 하나의 실재이다. 브라흐만은 그 자체로는 완벽한 단일성을 가지기 때문에 어떤 차별성도 존재하지 않지만, 그것은 모든 현상적 존재들이 의존하는 단 하나의 근원적 실재이다. 오직 브라흐만만이 유일한 실재이다. 그것은 영원하고 불변하며 단일하고 절대적인 일자(一者, ekam)이다. 때문에 그것은 이름이나 개념으로 한정되지 않는다. 그것을 '브라흐만'이라 부르는 것도 달을 가리키는 손가락에 지나지 않는다. 손가락이 달이 아니듯이, '브라흐만'은 브라흐만이 아니다.
중세 철학자 토마스 아퀴나스(Thomas Aquinas)라면 이 브라흐만을 '숨어 있는 신'(Deus Absconditus)으로 묘사했을 것이다. 영원불변하며 절대적 유일자이자 창조주인 신은 그 본질에 있어 피조물에게 알려질 수 없는 존재이다.

이스라엘의 하나님, 구원자시여, 진실로 주는 스스로 숨어 계시는 하나님이시니이다. (이사야 45:15)

신은 유일한 실재이며, 만물의 근원이고, 역사의 주인이다. 그러나 그는 전혀 보이지도 들리지도 감각되지도 않으며, 어떤 말로도 형용할 수 없는 그런 존재이다. 신은 '텅 빈 존재'이다. 유영모는 그것을 '빈탕한데'라는 고유어로 묘사하고 '텅 빈 하나님'으로 이해하였다. '빈탕한데'는 공간적으로는 '허공'을 의미한다. 감각지각의 측면에서는 아무것도 지각되지 않는 그것이라고 할 수 있겠다. 바로 그곳에 보이지 않는 존재가 숨어 있다. 그곳에서 만물이 나올 수도 들어갈 수도 있으나 그것은 만물과 같은 것이 아니다.

그런데 『베다』도 『이사야서』도 불가언설의 그 대상을 '브라흐만'으로, '구원자'로 이름을 부르고 있다. 여기엔 알 수도 없고 이름을 부를 수도 없는 절대적인 일자―者인 브라흐만이 있고, 그럼에도 브라흐만을 알고 그 이름을 부르는 자아가 있다. 그것이 아트만(ātman)이다.

태초에 세계에는 아트만만이 존재했다네. 주변에는 자신 외에 아무도 없었지. 처음으로 그가 말했다네. "내가 있다." (『브리하다란야카 우파니샤드』)

태초에 세계에는 '나(aham)'가 있었다. 나의 자아(jīva)는 아트만(ātman)이었고, 그것은 브라흐만(Brahman)이었다. 사실 그 둘은 둘이 아니라 하나라고 해야 마땅할 것이다.

하지만 '둘이면서 둘이 아닌' 그것은 무엇이란 말인가? 하나의 이치가 만물 가운데 골고루 들어가 있기 때문에 이치에 있어 그것은 하나이지만, 그것이 만물 가운데 있기 때문에 만물의 측면에서는 하나가 아니다. 나에게 들어와 있는 아트만은 너에게 들어와 있는 아트만과 브라흐만의 측면에서 하나이지만, 나와 너의 몸의 측면에서는 분리되어 있다.

> 자아는 모든 사물 속에 가려져 있기 때문에 거기에 존재하고 있는 것처럼 보이지 않는다. 그러나 날카롭고 투철한 지성과 예리한 안목을 가진 사람에게는 그것이 지각된다. (『카타 우파니샤드』)

아트만 역시 숨겨져 있는 존재이다. 그것은 사물에 가려져 있기 때문에, 일반적인 시각의 직접지각으로는 포착되지 않는다. 그것을 보기 위해서는 지성(buddhi)의 힘이 요구된다. 지성을 가지고 나를 들여다보면 거기에 '아트만'이 있고, 사물을 들여다보면 거기 모든 만물 가운데 하나의 이치가 있다.

문제는 눈에 보이고 귀로 들리는 감각대상으로서 사물들이다. 감각지각되는 세계와 그 속을 채우고 있는 만물은 무엇이고 어디에서 왔는가? 이 질문에 대한 상이한 대답이 베단타학파와 상키야학파의 핵심적인 차이를 만들어낸다. 베단타학파에서는 아트만(혹은 브라흐만)을 세계의 창조자인 동시에 세계를 구성하는 질료적 원인으로 보는 데 반해, 상키야학파에서는 세계의 질료적 원인으로 원질인 쁘라끄르티(prakṛti)라는 별도의 존재를 상정한다.

브라흐만의 지각되지 않고 알려질 수도 없는 일자와 지각되고 변화하는 물질세계의 원질이기도 한 이중적 성격이야말로 베단타철학의 특징이자, 납득할 수 있게 해명해야 할 난제였다. 샹카라(Shankara)의 불이론적 베단타철학은 이 문제에 가장 탁월한 해법을 제시한 사유체계로 인정된다.

샹카라에 따르면, 브라흐만은 다양한 자아와 만물들의 근원이자 통일적 총체라는 방식으로 해석되어서는 안 된다. 그것은 현상들의 총체나 부분들의 집합으로서 전체가 아니다. 브라흐만은 어떤 내적 다양성이나 차이를 지니지 않는 완전하게 단일한 실재이다. 그는 불가사의한 마야(Māyā)의 힘으로 세계의 '현상'을 드러낸다. 그는 세계를 창조하는 것이 아니라 일종의 환상을 드러내 보여주는 자이다. 무지가 촉발하는 착각으로 인해 새끼줄을 뱀으로 보는 것처럼, 오직 하나의 실재가 무지로 인해 다양한 형태로 현상한다.

아직 깨닫지 못하고 무지에 압도당하여 '일상적이고 경험적인 관점(vyāvahārika)'에 지배되어 있는 사람의 눈에는 세계는 실재하는 것처럼 보이고, 세계의 창조자이자 파괴자인 신이 존재하는 것으로 여겨진다. 이 관점에서 자아는 육체에 한정되어 있는 개별적 자아이며, 신은 속성을 가진 존재인 사구나(saguna) 브라흐만 혹은 자재신 이슈바라(Ishvara)와 같이 위대한 신의 모습을 갖는다.

오직 하나의 실재 외에는 아무것도 존재하지 않는다는 이 진리를 깨달은 자의 '초월적이고 실재적 관점'에서 볼 때, 신은 다양한 형태의 만물을 창조한 창조자이거나 전지전능한 속성을 가진 존재가 아니다. 그는 내적으로는 단일하고 어떤 속성도 갖지 않는 니르구나(nirguna) 브라흐만이다. 깨달은 자에게는 더 이상 우주적 환상을 야기하는 마야의 현상은 보이지 않고 신체적으로 한정된 자아의 경계도 사라진다. 브라흐만과 자아와 세계의 구별은 없고, 오직 하나의 실재만이 존재한다.

'땃 뜨밤 아시(tat tvam asi)', 네가 바로 그것이다.

'내가 바로 브라흐만이다.'

바로 이 진리를 전하고 있는 것이 『베다』이다. 『베다』를 배움으로써 무지가 제거된다. 『베다』에 대한 무지는 진리에 대한 무지이고, 브라흐 만에 대한 무지이며, 따라서 마야에 지배당한 삶으로 귀결한다. 고통도 허구적 환상의 한 현상이다. 진실한 자아에 대한 무지와 소멸한 것들에 대한 욕망이 고통을 일으키는 원인이다. 고통에서 벗어나고자 하는 자는 『베다』를 배우고, 자아에 대한 진리를 깨달아야 한다.

> 그것은 늙지 않고, 죽지 않으며, 영원하고, 두려움이 없는 브라흐만
> 이다. … 이것을 아는 자는 두려움이 없는 브라흐만이 된다. …
> 심장 속에 쌓여 있는 모든 욕망이 사라졌을 때, 그때 사람은 죽지
> 않게 된다. 거기서 그는 브라만이 된다. (『브리하다란야카 우파니샤
> 드』, 4.4.25)

상키야(Saṃkhya)

베단타학파가 브라흐만 일원론에 입각한 사유체계를 전개한 것에 반해 상키야학파는 푸르샤(puruṣa)와 쁘라끄르티(prakṛti)라는 두 가 지 독립적인 실재에 기반한 이원론을 정립하였다. 푸르샤는 변화하는 세계 전체를 관통하는 불변하고 영속적인 하나의 지성적 존재이다. 그것은 변화하는 현상세계에 속하는 것들, 물리적 세계, 육체, 감각기

42

관, 마음(manas)과는 구별되는 하나이지만, 동시에 개별적인 신체 속에서 각각의 자아로서 다수의 푸르샤로 존재한다.

여기서 주목해야 할 것은 우리가 일반적으로 정신에 귀속시키는 '마음과 마음의 작용'이 푸르샤가 아니라 쁘라끄르티에 속한다는 사실이다. 쁘라끄르티는 현상세계의 궁극적인 원인이다. 기쁨, 고통, 무관심 등과 같은 마음의 요소들과 마음 자체는 영원한 정신인 푸르샤에 속하는 것이 아니라, 세계의 물리적 현상과 연속성을 지니는 영역에 존재한다. 인간의 지적 사유나 감정 변화와 같은 인지적 혹은 심적 현상은 이 세계에 속한 것이며, 이 세계를 구성하는 원질의 구성방식에 따라 드러나는 현상에 불과하다. 반면, 각각의 개별적인 인간에 속하여 차별적이고 다양한 삶을 향유하는 자아는 이를테면 질적인 차원에서 푸르샤와 동등한 영혼과 같은 것으로 비유할 수 있다.

쁘라끄르티는 삿트바(sattva), 라자스(rajas), 타마스(tamas)라는 세 구성요소로 이루어져 있다. 밝게 드러남, 운동성, 수동성으로 압축할 수 있는 세 요소는 서로 평형상태를 이루며 결합해 있으며, 요소 자체가 개별적으로는 지각되지 않는다. 세계의 발생은 푸르샤와 쁘라끄르티가 결합하는 순간 시작된다. 푸르샤는 그 자체로는 변화하거나 활동하지 않지만, 그것이 쁘라끄르티와 결합할 때, 마치 태양열에 의해 물이 녹듯이, 세 요소의 균형이 깨어지면서 다양한 형태의 결합에 의한 세계의 전개가 이루어진다.

제일 처음 발생하는 것은 우주의 씨앗이라고 할 수 있는 마하트(mahat)이다. 마하트는 '큼', '거대한 것'이라는 뜻으로 온 우주의 존재 자체를 의미한다고 할 수 있다. 이 마하트에 비친 푸르샤의 인식으로부

터 지성(buddhi)이 출현하고, 이 지성의 변형으로부터 '나 또는 나의
것'을 인식하는 아함카라(ahamkāra)가 발생한다. 다시 아함카라로부
터 오감의 감각기관과 인식기관, 그리고 의식(manas)이 만들어진다.
타마스의 요소가 강성할 경우에는 색色, 성聲, 향香, 미味, 촉觸의
대상적 요소들이 산출된다. 감각대상의 미세한 요소들(tanmātra)로부
터 그것에 대응하는 불, 허공(ākāśa), 흙, 물, 공기라는 다섯 가지
거친 요소들이 구성된다. 여기서 지地, 수水, 화火, 풍風과 허공(ākāśa)
의 다섯 가지는 세계를 구성하는 기본요소가 아니라 쁘라끄르티로부터
세계 전개의 일차적 결과물들이다.

상키야의 관점에 볼 때, 세계의 모든 차별적 현상들은 이미 그것들을
산출한 원인 속에 내재하고 있어야 한다. 이것을 '원인 가운데 결과가
있다'라는 의미에서 인중유과론因中有果論이라고 한다. 자수공예품에
다채로운 색상의 그림은 여러 가지 색깔의 실이 있었기 때문에 가능한
결과이다. 만약 아무것도 없는 것에서 무언가가 발생하였다면, 어떠한
인과도 적용되지 않는 불합리한 결과에 빠지고 말 것이다.

원인이 결과를 포함하고 있다고 하더라도, 원인과 결과의 관계는
다시 전변설과 가현설이라는 두 가지 방식으로 설명이 가능하다.
전변설은 우유에서 요거트가 만들어지듯이 결과에 질적인 차이가
발생하는 인과적 관계이다. 아함까라의 상이한 조건으로부터 인식,
감각기관과 감각대상이라는 서로 다른 결과가 출현할 수 있다. 하지만
이들은 모두 하나의 아함까라를 원인으로 가진다. 반면 가현설은
새끼줄을 뱀으로 본 것과 같이 실제로 뱀의 결과가 발생한 것은 아니지
만, 뱀으로 보인 것을 일컫는다. 브라흐만이 실제로 변하여 세계라는

결과를 만들어내지는 않았지만, 브라흐만을 원인으로 세계가 가현하였다고 주장하는 것과 같다. 물론 이것은 베단타철학의 관점이다.

고통은 신체의 감각과 인식이 일으키는 혼란스러운 상황에 현혹될 때 발생한다. 푸르샤는 본질에 있어 자유롭고 영원한 정신 혹은 영혼이다. 하지만 개별자의 신체적 울타리에 제한되어서 자신이 아닌 것을 자아라고 착각하는 사태가 발생한다. 이 무지(avidyā)의 상태가 번뇌와 고통을 일으키는 원인이다. 우리는 무명無明을 깨고 나오기 위해 지적인 노력을 시도할 수 있다. 그러나 궁극적으로 지식만으로는 고통으로부터의 해탈이 불가능하다. 앞서 보았듯이, 마음의 지적인 노력이란 기껏해야 쁘라끄르티에 속한 세계를 벗어나지 못한다.

때문에 번뇌와 고통으로부터의 궁극적인 해탈을 위해서는 정신적 수행을 통한 자아의 각성을 성취하여야 한다. 그것이 요가 수행이다. 흥미롭게도, 정신적 수행을 위한 요가수행에서 집중하는 것은 몸의 제어이다. 푸르샤 그 자체는 불변하고 불사인 정신이며, 수행을 요구하지 않는 완전성을 구비하고 있다. 문제는 그것에 혼란을 야기하여 자아에 대한 바른 인식을 방해하고 있는 몸의 상태를 제어하는 일이다. 몸을 통해 의식이 제어되면, 혼란스러운 무명無明의 구름이 걷히고, 푸르샤의 본래 모습이 자유롭게 드러날 것이다.

대부분의 상키야 해석에서 푸르샤는 신神이 아니다. 푸르샤는 영원하고 불변하며 궁극에 있어서는 숨어 있지만 세계에 드러나 창조행위를 하기도 하는 그런 신과는 거리가 있다. 대신 그것은 나와 너와 우리 모두와 세계 전부에 깊이 스며 있는 순수정신이다. 그것은 어떤 인격성을 가진 인간유형론적 신이 아니라, 처음부터 불생불사이고,

영원한 자유와 생명인 순수정신 그 자체이다. 이 영원한 생명의 순수정
신에 속하는 자아는 이 세계에서 마주하는 갈등과 모순에 일희일비할
필요가 없다. 변화하는 세상은 시간과 함께 지나가겠지만, 자아만은
영원히 빛날 것이기 때문이다. 이것이 『바가바드기타』에서 강조하고
자 하는 메시지이다.

바이셰시카(Vaiśeṣika)

바이셰시카학파는 '특성, 특수, 차별'을 의미하는 비셰사(viśeṣa)에서
파생된 학파명이 보여주듯이, 사물의 특성과 구성요소들의 특수성을
분석하는 데서 학파적 특성을 찾을 수 있다. 상키야학파가 세계의
구성을 쁘라끄르티라는 하나의 원인에서 찾았던 데 반하여 바이셰시카
는 세계를 구성하는 실재를 물, 불, 흙, 공기, 허공(ākāśa), 시간,
공간, 자아, 의식이라는 아홉 가지로 분석하였다.

이 가운데 물, 불, 흙, 공기와 허공 다섯 가지는 물질적 요소(bhūtas)
에 속하고, 시간과 공간은 물리적 세계가 운동, 변화하는 시공간이며,
자아와 의식은 정신적 요소로 구분된다. 세계의 형성과 소멸은 구성요
소들의 결합과 분리로 설명된다. 물질적 세계의 구성요소들은 더
이상 쪼갤 수 없는 가장 미세한 입자인 극미(paramāṇu)이며, 의식도
한 찰나에 하나 이상의 인식경험을 할 수 없다는 점에서 원자적이다.

원자적인 구성요소들은 둘이 모여서 이중체를 이루고, 다시 이중체
들이 셋이 모여서 삼중체를 이루는 방식으로 조대粗大한 물질을 형성한
다. 이렇게 만들어진 사물은 그 자체로 '하나의 실재성'을 지닌다.

예를 들어, 다양한 형태와 색깔의 블록을 조립하여 코끼리를 만들었다고 하면, 완성된 하나의 형태로서 코끼리는 독립적인 실재가 된다. 전체는 부분들의 단순 합보다 큰 하나의 전체성을 지닌다. 전체집합에는 부분의 원소들의 나열에 더하여 '전체성'이 추가되어 있다. 하나의 사물이나 유기체는 각각의 부분들의 합으로 환원되지 않는 전체만의 고유한 특성을 지닌다는 의미이다. 이런 점에서 바이셰시카는 인중무과론을 따른다. 원인에 없었던 하나의 실재성이 결과로 출현하기 때문이다.

자아는 의식현상의 토대이며, 영원하고 모든 곳에 퍼져 있는 실재이다. 최상의 절대적 자아는 신神 혹은 세계의 창조자 이슈바라(Iśvara)로 여겨진다. 이슈바라는 자신의 도덕적 의지에 따라 세계를 구성한다. 이때 신은 카르마의 법칙에 따라 원자들이 작용하여 세계를 조성하는 방식을 채택한다. 자아는 물질적 혹은 정신적 존재들과 결합하여 있다고 해도 그 자체는 개별적이고 독립적인 실재이다. 그러나 보통 사람들은 자아를 육체나 마음과 같은 비아非我와 동일시한다. 여기에서도 자아에 대한 무지와 비아에 대한 집착으로 인해 유기체들은 탐욕과 카르마의 희생물이 된다.

아홉 가지 기본요소들이 가장 가벼운 공기부터 결합하여 점차 조대한 사물과 우주를 형성하고, 창조된 세계에 출현한 수많은 생명체들은 고통을 수반하는 삶을 유지한다. 긴 시간이 지나고 세계는 순서대로 파괴되어 간다. 우주의 파괴는 고통의 소멸을 의미하기 때문에, 고통받는 생명체들에 대한 신의 선물이다. 이렇게 창조에서 파괴까지 우주의 수명이 하나의 겁(劫, kalpa)을 구성한다. 마지막까지 남아 있는 것은 아홉 가지 구성요소들이다. 그리고 이제 다시 이슈바라의 의지에 따라 새로운 우주의 창조가 이루어진다.

바이셰사카학파는 구성요소의 측면에서 다원론적 관점을 견지하였다. 이들은 더 이상 분할 불가능한 기본요소인 극미(원자)에 기반하여 물질과 의식의 형성과 작용을 설명하는 구성주의적 특성을 지닌다. 바이셰시카학파는 그들의 분석적 사유방식, 세계의 기본요소들, 원자적 단위들의 결합방식과 세계의 구성에 대한 해명 등에서 초기 아비다르마철학과 깊은 연관성을 보여주기 때문에 불교철학 연구에서 특히 중요성을 지닌다.

불교철학은 진공에서 돌출한 것이 아니라, 앞서 언급한 인도철학의 사유 맥락에서 등장하였다. 지금까지 극히 제한된 범위에서 인도철학의 일부 개념과 철학적 사유방식을 일별해 보았다. 붓다와 이후의 논사들은 때론 이들의 철학적 개념과 사고방식을 수용하기도 하고, 때론 격렬하게 논쟁하면서 불교철학의 사상체계를 발전시켰다. 독단에 빠지지 않고 불교철학의 특징을 보다 선명하게 식별하기 위하여, 우리는 이 사상들이 접촉하고 충돌하는 경계면에 서서 불교철학이 분기하는 지점에 주목하여 조망해 볼 필요가 있다.

3. 방랑의 카리스마들
- 슈라마나(śramana) 전통의 등장

아리아인들이 수 세기에 걸쳐 인더스강의 다섯 지류를 포함하는 편잡
(Punjab)지역을 넘어 갠지스강과 야무나강 유역의 비옥한 지역으로
침투하였다. 이들은 동남으로 세력을 확장해 가면서 제사를 담당하는
브라만의 우월적 지위를 공고히 하고, 크샤트리아(kṣatriya)를 비롯한
바이샤(vaishya), 수드라(sudra) 계층의 한계를 강화해갔다. 그들은
'성스러운 지식'에 근거한 제사의식을 통하여 다양한 정치세력들을
자신들의 통제 하에 둘 수 있었다.

서기전 6세기 무렵 인도아대륙은 농업생산성 증대와 상업의 발달에
따른 경제적 풍요로움이 물적 토대가 되어 도시문명이 번영하였다.
점차 도시국가의 형태를 넘어 도시와 도시를 연결하는 강력한 정치세
력이 등장하면서, 크샤트리아의 정치적 지배력이 강화되었다. 무역과
화폐경제의 활성화로 대규모 상업집단으로 구성된 상가(saṃgha)가
형성되었다. 상가는 일종의 상공업인 조합으로 이후 종교수행자 집단
을 지칭하는 명칭으로도 사용되었다.

　서민계층인 바이샤의 상공인들과 크샤트리아 정치세력의 부상은 종교적 상층권력인 브라만의 배타적 지배력을 약화시켰다. 마침 브라만의 과도한 제사의식은 재정적인 측면에서도 인내할 수 있는 수준을 넘어서고 있었다. 고대로부터 행해져 온 아슈바메다(aśvamedha)라는 '말 희생제의'는 일 년의 시간적 흐름에 맞추어 진행되었는데, 연초에 정화의식을 마친 100마리의 말을 풀어놓고 400명의 젊은이들이 말의 보호를 위하여 주변을 따라다니다가 일 년 동안 말이 밟은 땅을 모두 왕의 영토로 선포하였다. 1년이 경과한 날에 왕과 사제들은 600마리의 동물과 풀어 놓았던 흰말을 희생제물로 바치는 의식을 거행하였다. 이 같은 제사의식은 왕과 사제의 권위를 과시하는 의미가 있기는 하였지만, 왕으로서도 허례허식의 부담이 적지 않았다. 『쌍윳따니까야』의 '제사의 경'에서 우리는 이 같은 살생과 소모적인 제사의식에 대한 붓다의 비판을 찾아볼 수 있다.

　칼 야스퍼스가 말한 '축의 시대'(Axial Age, 서기전 8~3세기) 초기에 지중해와 인도문명권 전역에서 경제적 풍요에 기반한 과도한 희생제사와 그에 대해 비판적인 정신운동이 광범위하게 발견된다. 서기전 700년대 이스라엘의 예언자 아모스는 허위로 가득한 제사에 대해 다음과 같이 탄식하였다.

　너희가 가난한 사람을 짓밟고 그들에게서 곡물세를 착취하니,
　너희가 다듬은 돌로 집을 지어도 거기에서 살지는 못한다. 너희가
　아름다운 포도원을 가꾸어도 그 포도주를 마시지는 못한다.
　너희들이 저지른 무수한 범죄와 엄청난 죄악을 나는 다 알고 있다.

너희는 의로운 사람을 학대하며, 뇌물을 받고 법정에서 가난한
사람들을 억울하게 하였다.

...

나는, 너희가 벌이는 절기 행사들이 싫다. 역겹다. 너희가 성회로
모여도 도무지 기쁘지 않다.

(아모스 5:11-12, 21)

가난한 사람들에 대한 착취를 기반으로 경제적 풍요가 넘쳐났고,
불공정과 약자의 희생 위에 종교적 희생제사들은 더욱 성스럽게 치러
졌다. 인도에서도 사정은 크게 다르지 않았다. 빈익빈 부익부에 따른
사회적 불평등과 종교적 부정의 관행은 새로운 시대정신과 사상의
등장을 요구하고 있었다. '비옥한 초승달지대(fertile crescent)'라고 불
리는 이집트에서 메소포타미아에 걸친 문명권에서 시대상을 비판하고
새로운 시대정신의 도래를 촉구하는 목소리가 아모스와 같은 예언자
들, 소위 '방랑의 카리스마'들을 통해 선포되었다.

같은 시기 인도에서도 『베다』의 권위를 부정하고, 브라만이 집전하
는 제사의식이 아니라 자신의 고행과 지혜를 통해 깨달음과 해탈을
이룰 수 있다고 주장하는 일군의 방랑의 카리스마들이 등장하였다.
이들은 '고행을 행하는 수행자'라는 의미에서 슈라마나(śramaṇa)라고
칭하며, 한자문화권에서는 사문沙門으로 음역하였다. 이들의 가장
큰 특징은 단연 『베다』의 권위를 부정하고, 브라만의 지배질서를
정당화하는 정통사상과 단절하였다는 점이다. 슈라마나들은 공통
적으로 다양한 방식의 고행苦行을 수행의 수단으로 삼았으며, '권위

있는 지식'이 아니라 자신들이 깨달은 지혜를 통해 해탈을 추구한
'자유로운 영혼들'이었다.

『사문과경』

붓다시대에는 이미 다양한 슈라마나의 학설들이 유통되고 있었으며,
대표적인 것만 해도 60여 종이 있었던 것으로 알려져 있다. 다양한
슈라마나의 전통과 수행방식들은 2,000년의 시간을 관통하여 지금도
인도 전역에서 발견되고 있다. 그러나 그들 대부분의 사유는 잘 정리되
어 기록되거나 전해지지 못하고 시간 속으로 사라졌다. 초기불교의
시대상을 반영하고 있는『사문과경』(슈라마나의 열매에 관한 경전)은
당시 슈라마나학파들의 단면을 보여주는 소중한 자료이다.

『사문과경』에서는 붓다 당시에 활동하였던 슈라마나 여섯 학파를
비판적으로 소개하고 있는데, 그 가운데 현재까지 살아서 전통을
계승하고 있는 것은 자이나교뿐이다. 불교 전통에서는 이들 여섯
학파를 6사외도六師外道라고 칭하였지만, 이는 물론 그들을 비판적
관점에서 바라본 불교의 시각을 반영하는 것이다.『사문과경』에서
언급되는 사문육파의 스승들은 유물론자 아지타 케사캄발라(Ajita Ke-
sakambala), 도덕부정론자 푸라나 캇사파(Purana Kassapa), 요소설을
주장한 파쿠다 캇차야나(Pakudha Kaccayana), 그릇된 운명론의 아지비
카(Ajivika), 불가지론자 산자야 벨라티풋타(Sanjaya Bellattiputta), 그리
고 자이나(Jaina)의 니간타 나타풋타(Nigantha Nathaputta)를 포함한다.

왜 초기불교 전통에서는 이들 슈라마나 학파들을 비판하는 경전을

저술하였는가?

첫째 이유는 무엇보다 불교도 이들과 같은 슈라마나 전통에 속해 있었기 때문에 많은 측면에서 공통점을 가지고 있었다는 사실이다. 인도의 정통 6파철학은 『베다』에 근거하여 아트만과 자재신 이슈바라(Iśvara)의 실재성을 인정하기 때문에 '존재한다(asti)'고 주장하는 학파라는 의미에서 아스티카(Āstika)라고 칭하였다. 정통 여섯 학파에 반대하여 『베다』의 권위를 부정하고 아트만과 자재신 이슈바라의 실재성을 인정하지 않는 슈라마나학파들은 '존재하지 않는다(na)'고 주장하는 학파라는 의미에서 나스티카(nāstika)로 부른다. 불교는 다른 슈라마나학파들과 함께 나스티카 그룹에 포함된다.

둘째는 같은 슈라마나 전통에 속해 있으면서도 특별히 『사문과경』에서 비판하는 여섯 학파들은 불교와 매우 유사한 측면이 강하였기 때문에, 각 학파들이 주장하는 핵심사상에서 불교와 오해되는 측면이 있었다는 점이다. 불교는 다른 슈라마나학파들과 함께 유물론적 측면을 가지고 있으며, 무아설로 인해 수행이 불필요하다는 오해를 받거나 인과의 주체가 성립하지 않는다는 비판을 피할 수 없었다. 슈라마나 여섯 학파를 통해 불교에서 점검하고자 하는 주제는 운명론, 결정론, 요소론, 도덕부정론, 불가지론 등의 주제들이다. 불교의 입장에서는 여섯 슈라마나들의 학설과 동일한 문제점을 가지고 있다는 오해를 피하기 위해 학파철학의 논점이나 차이점을 명확히 하고자 하는 의도에서 『사문과경』을 저술하였을 것이다.

무신론과 유물론

먼저 불교와 무신론, 그리고 유물론의 관계를 새롭게 검토해 볼 필요가 있다.

슈라마나학파들은 아트만 혹은 브라만의 실재성을 부정한다는 점에서 정통파로부터 무신론자라는 비판을 받았다. 인도철학에서 무신론은 곧바로 유물론으로 등치되지 않는다는 점에 주의해야 한다. 무신론이란 단지 영원, 불변, 불멸하며, 인간의 지각과 의식을 넘어서 존재하는 일자一者로서의 브라만 혹은 아트만의 실재성을 부정한다는 의미이다. 이런 점에서 슈라마나 여섯 학파들뿐만 아니라 불교도 무신론의 범주에 포함된다.

그렇다면 불교와 다른 슈라마나들은 유물론자들이었는가?

여기에는 좀 더 상세한 설명을 요구하는 애매한 부분들이 존재한다.

먼저, 아지타 케사캄발라의 유물론에 대한 불교의 비판에서부터 논의를 시작해 보기로 하자.

유물론은 동서양을 막론하고 비판의 대상이었다. 가장 대표적인 비판은, 유물론자들은 비도덕적이고 쾌락주의자들이라는 판에 박힌 비난이다. 13세기 베단타 철학자 마드바(Madhva)의 『전철학강요』에서 유물론자들의 주장을 다음과 같이 전한다.

삶이 너의 것일 때, 즐기며 살아라.
누구도 죽음의 번뜩이는 눈을 피할 수 없으니
한 번 우리의 육신이 불태워지면

어떻게 다시 돌아오겠는가?

(『전철학강요』I. 유물론)

인생은 한 번 죽으면 끝이다. 다시 돌아올 영혼과 같은 것은 존재하지 않는다. 그러니 한 번 주어진 인생이 아직 나의 것일 때, 마음껏 즐기며 살아라. 이처럼 유물론자들이 현세의 쾌락만을 추구한다는 비판은 매우 긴 역사와 전통을 가지고 있다. 고대 희랍철학에서 중세, 현대에 이르기까지, 서양과 동양의 간극을 넘어 유신론자들은 한결같이 유물론자들이 현세적 즐거움만을 추구하는 타락한 쾌락주의자들이라고 비판한다. 그러나 근본주의 기독교인들과 비종교인 혹은 유물론적 세속인들의 행위에서 어떤 유의미한 윤리적 차이도 발견할 수 없다는 최근의 종교사회학적 연구결과들은 그것이 허수아비 비판에 지나지 않음을 입증한다. 무엇보다 근대 유물론적 혹은 물리주의적 세계관이 등장하기 이전의 역사에서 인류가 보여준 윤리의식이 어느 수준에 있었는지를 반추해 보면, 유물론에 대한 비판은 단지 유신론자들의 두려움을 비춘 거울이었음을 알 수 있다.

그럼에도 불구하고 유물론에는 철학적 차원에서 도덕적 제어장치가 없다는 위험성을 인정할 수 있다. 거기에는 신神의 이름으로 제시되는 윤리적 기준 같은 것은 없고 오직 인간의 도덕적 의지에 의해서만 도덕적 준칙이 확립되고 윤리적 판단이 가능하게 된다. 만일 누군가 '오직 물질일 뿐인 인생을 마음껏 즐기는 것이 최선이다'고 주장한다면, 마땅히 부정할 만한 근거 또한 없는 게 사실이다.

때문에 유신론자들은 유물론자들을 '먹고 마시기를 즐기는 자들'이

되고 말 것이라는 자신들의 염려와 두려움을 투사하여 조롱하였다. '먹고 마시기를 즐기는 자들'이라는 폄훼의 뜻에서 차르바카(Cārvāka) 혹은 '세상 사람들의 기대에 영합하는 자들'이라는 의미에서 순세파順世派, 범어로는 로카야타(Lokāyata)라고 한다. 『사문과경』에서 전하는 차르바카의 성자 아지타 케사캄발라의 주장은 다음과 같다.

이 인간이란 것은 사대四大로 이루어진 것이어서 임종하면 땅은 땅의 몸으로 들어가고 돌아가고, 물은 물의 몸으로 들어가고 돌아가고, 불은 불의 몸으로 들어가고 돌아가고, 바람은 바람의 몸으로 들어가고 돌아가고, 감각기관들은 허공으로 건너갑니다.

사실 이 부분에 한정하면, 초기불교의 주장과 차이가 없다. 우리는 지수화풍의 4대大로 이루어진 사대육신四大六身을 가지고 있으며, 죽으면 4대요소는 제각각 흩어지게 될 것이다. 육신이 허물어지면 감각기관도 소멸하고, 감각기관이 소멸하면 감각정보와 그에 따른 의식의 흐름이 더 이상 발생하지 않게 된다. 그러면 여기가 끝인가? 『사문과경』의 차르바카 비판이 이어진다.

보시란 어리석은 자의 교설일 뿐이니 누구든 보시 등의 과보가 있다고 설하는 자들의 교설은 공허하고 거짓되고 쓸데없는 말에 지나지 않습니다.

차르바카가 실제로 이런 주장을 하였는지는 확인할 수 없다. 항상 비판과 박해의 대상이었던 차르바타의 사상은 거의 전부 비판자들의 목소리를 통해 전해지고 있기 때문이다. 하지만 『사문과경』의 저자가 이 비판을 통해 강조하고자 했던 지점은 명확하다. 비록 신체가 허물어져 지수화풍으로 흩어진다 할지라도 보시와 선행의 공덕은 소멸하지 않는다. 살아 있는 동안 먹고 마시는 쾌락에 빠지는 것보다 보시와 선행을 통해 선업을 쌓는 것은 유의미하고 중요한 일이다.

철학사의 측면에서 차르바카는 최초로 무아론을 주장한 학파로서 특히 불교와 관련성을 지닌다. 영원불변하는 자아는 존재하지 않고, 오직 지수화풍의 4대로 구성된 신체만이 삶의 시간 동안 임시적 주체로서 작동한다. 지수화풍 그 자체는 변하지 않고 자기본성(svabhāva)을 가지며, 끊임없이 모이고 흩어지기를 반복한다. 이 과정에서 만들어지는 조대한 사물들은 일시적이고 소멸하는 것들이다. 인간의 신체도 마찬가지이다. 인간의 인식, 사유, 지성과 같은 정신적 현상은 '발효한 누룩에서 취하는 성질이 나오는 것처럼 물질에서 파생된 성질'로 설명된다.

차르바카에게 가장 지혜로운 삶의 방식이란, 비존재하는 내세의 환상에 빠지기보다는 현세에 집중하는 것이며, 내일보다는 오늘, 지금 여기의 삶을 즐겁게 살아가는 것을 우선으로 한다. '지금 여기'의 삶에 집중한다는 점에서 차르바카의 삶의 자세는 불교의 수행정신과 유사성을 지닌다. 그러나 차르바카의 유물론적 관점에서 미래 혹은 타자를 위한 선한 행위의 업業은 무의미하다. 존재하지 않을 자아와 존재하지 않을 미래를 위한 오늘의 어떤 행위도 허무하게 끝날 가능성이 높다.

물리적 단멸론은 도덕적 단멸론을 잉태하고 있다. 차르바카에게는 평생의 삶을 통한 어떤 도덕적 가치의 실현도 인과적 필연성을 가질 수 없다. 이 삶 이후에 소멸된 신체에 어떤 결과를 기대할 수 없기 때문이다. 불교에서는 현생에서의 업은 필연적으로 결과를 맺는다는 인과론을 중시한다. 인과법이 작동하지 않는다면, 자연의 물리적 현상이 제멋대로인 예측불허의 혼돈상태로 빠지는 것은 물론, 선한 사람이 보상을 받고 악인이 처벌을 받는 도덕법칙도 성립하지 않을 것이다.

하지만 조금만 냉정하게 생각해 보면, 차르바카의 도전적 질문은 매우 강한 파괴력과 설득력을 가지고 있다. '하늘에 빛나는 별들'이야 뉴턴의 물리법칙에 충실히 따른다고 하더라도, 사람들의 마음속에 도덕법칙이 인과의 법칙에 따라 실현되고 있는지는 회의적이다. 가난이 대를 물려가며 지속되는 것이나 악인이 득세하고 그 자손이 풍요의 혜택을 한껏 누리며 사는 모습은 어떻게 해석할 수 있을까?

히브리성서 「욥기」의 주인공 욥(Job)은 탄식한다.

어찌하여 악한 자들이 잘 사느냐? 어찌하여 그들이 늙도록 오래 살면서 번영을 누리느냐? 어찌하여 악한 자들이 자식을 낳고, 자손을 보며, 그 자손이 성장하는 것까지 본다는 말이냐? 그들의 가정에는 아무런 재난도 없고, 늘 평화가 깃들며, 하나님마저도 채찍으로 치시지 않는다. (「욥기」 21:7-9)

신神이 부재한 세상에서 악인들은 늙도록 오래 살면서 번영을 누리고, 자손들까지 번성하는데, 오히려 아무 재난도 당하지 않고 평화롭기만 하다. 어떤 이들은 '아비의 죄는 결국 그 자식들이 갚게 될 것이다'(욥

21:19)고 한다. 그러나 악인의 자식들도 평화와 풍요를 누리는 현실은 더욱 곤혹스럽다. 무엇보다 죄 지은 사람이 벌을 받아야 정당한 것이 아닌가. 그래야 행위의 인과가 제대로 작동하는 것이 아닌가. 하지만 우리는 현실에서 도덕적 인과응보를 얼마나 목격하였던가.

차르바카의 도전은 날카롭고 인과론자들의 대답은 옹색하다.

욥이 신 부재의 현실에서 신의 출현을 요구하였다면, 불교에서는 인과율이 작동하는 업의 윤회로 설득한다. 비록 자아는 없다고 하더라도, 행위 주체의 업은 현재와 미래에 연기적으로 연결되어 만물에 영향을 미친다. 궁극적으로 모든 행위의 업을 소멸하는 해탈에 이르기 전까지 우리는 선한 행위의 업을 축적해 가면서 보다 나은 세상을 만들 수도, 악업의 누적으로 지옥과 같은 세상을 만들어 갈 수도 있다. 그것의 과보를 받는 자아가 없다는 것은 문제되지 않는다. 지금 여기에서 행위 주체인 나와 촘촘하게 연결되어 있는 세계 전체가 좀 더 선한 세상으로 나아가는 것은 가슴 뿌듯하고 만족스러운 일이 아닌가.

세상은 고통 가운데 있고, 자아는 실재하지 않지만, 우리는 자비로워야 하고 도덕적이어야 한다. 그것이 불교이다. 불교는 기계적 유물론과 신화적 유신론 사이의 좁은 길을 걷는다. 업의 인과법칙은 자연에서는 물리법칙일지 모르지만, 인간의 차원에서는 도덕적 의지의 법칙이다.

불교는 무아를 주장하지만, 결코 업부정론자가 아니다.
불교는 무상을 주장하지만, 결코 허무론자나 단멸론자가 아니다.

4. 슈라마나의 붓다들

'강한 자가 살아남는 것이 아니라, 살아남은 자가 강하다'

치열한 생존경쟁의 정글이 되어 버린 한국사회의 현실을 적나라하게 보여주는 경구이다. '강한 자가 살아남는' 사회란 약육강식의 야만으로 퇴화한 인간계의 모습이다. 하지만 '살아남은 자가 강하다'고 정당화되는 사회는 그보다 더 비열한 군상의 거리를 보여준다. 이런 세상에서는 타인의 죽음 위에 선 자들에 대한 심판이나, 정의를 위해 죽음을 감내한 이들을 위한 진혼이 불가능하다. 억울한 죽음이나 정의를 위한 희생들이 단지 나약함으로 치부되는 사회라면, 지구상에 애써 지켜야 할 인간이란 존재하지 않는 것이 된다. 바로 그곳이 지옥이고, 헬조선이다.

지적인 존재로의 생물학적 진화뿐만 아니라 인간의 숭고한 문화적 진화도 항상 앞으로 진보만 한 것은 아니다. 때론 불의가 승리하고,

불순한 동기의 사상들이 득세하기도 하면서 한 걸음씩 오늘을 거쳐 가고 있다. 우리 인간의 문화와 정신세계는 아직 옆구리에 얼마쯤은 지옥을 끼고 살아가고 있다. 그 같이 불편한 진실은 현실 종교와 사상들이 어떤 모습으로 우리 앞에 있는지만 살펴보아도 쉽게 입증된다.

인도철학과 불교도 이런 인간 정신이 미숙한 역사에서 예외가 될 수는 없다. 이제부터 살펴보게 될 슈라마나의 스승들에 대해 '있는 그대로'의 모습을 우리는 알지 못한다. 다만 그들이 역사의 승자가 되지 못하였다는 사실만으로 그들의 주장이 정당하지 못하였다는 단정은 피해야겠다. 수많은 슈라마나의 스승들, 성자들, 깨달은 자들은 역사의 굴곡에 마모되고 잊혀져 갔으며, 살아남은 자들에 의해 진실 혹은 왜곡이 버무려진 모습으로 우리에게 전해지고 있다. 『사문과경』을 통해 겨우, 그것도 비판적 색안경의 프리즘을 통해 전해지는 슈라마나 여섯 학파의 붓다들도 그 좋은 사례들이다.

우리는 한 시대의 스승들에 대한 좀 더 공정한 접근을 위해, 비판자의 관점에서 부각하고자 했던 문제 지점들뿐만 아니라 그들의 주장이 대중들을 설득하였던 일리一理, 즉 한 편의 진실에 대해서도 정당한 평가를 해 주어야 한다. 선악의 판단이나 행위의 인과응보가 일관되고 정당하게 관찰되지 못하는 현실에 대한 푸라나 캇사파의 통렬한 지적은 아이러니하다.

무인무연론無因無緣論

푸라나 캇사파(pūraṇa Kassapa)는 선악의 절대적 기준에 의문을 제기한
다. 선악이란 일종의 사회적 규약이며, 따라서 시대와 상황에 따라
달라질 수 있다. 도덕적 행위에서 어떤 절대적인 기준이나 가치는
찾을 수 없다. 일종의 도덕적 불가지론 혹은 도덕적 아노미 상태는
사회의 전통적 규범이 붕괴하고 새로운 보편적 가치의 정립에 도달하
지 못한 이행기 사회에 두드러지게 나타나는 현상이다.

  가장 대표적인 사례가 바로 지금 우리가 살고 있는 한국사회이다.
남한사회는 불과 한두 세대 만에 빈국에서 경제적 선진국으로 도약하
였다. 이는 인류역사를 통틀어서도 대단히 이례적인 혹은 '기적적인
사건'이라 할 만하다. 문제는 질풍노도의 청소년기처럼, 몸이 폭풍성장
을 하는 동안 정신은 여전히 미숙한 상태를 벗어나지 못하고 있는
현실이다. 질주하는 한국사회에서는 만인이 만인과 치열하게 경쟁하
고, 가족간에도 원만한 이해와 의사소통이 어려운 일상이 지속되고
있다. 개인과 집단들은 서로를 이해할 시도조차 포기하고 면도칼처럼
상대방을 도려내려 벼르고 응시한다. 우리에게 동방예의지국東方禮儀
之國은 고사하고 '차마 행하지 말아야 할 것'들에 대한 사회적 합의라도
존재하는가?

  『사문과경』에 따르면, 푸라나 캇사파의 주장은 과격하다.

  갠지스강 남쪽 기슭에서 중생을 칼로 죽이고, 자르고, 고문하더라
  도 그로 인한 어떤 죄악도 없다. 갠지스강 북쪽 기슭에서 중생에게

보시하고 공양하고 이익되게 하고, 자신을 제어하여 바른 말을
하더라도 어떤 공덕도 없다.

우리는 앞서 유물론을 주장하는 차르바카들이 보시 등의 선행의
공덕이란 어리석은 자들의 넋두리라는 비판을 보았다. 아마도 적지
않은 독자들이 차르바카의 주장에 일견 수긍하였을 것이다. 푸라나
캇사파는 차르바카의 주장에 동의하면서 한 걸음 더 나아간다. 선한
행위의 과보를 주장하는 것이 어리석은 자의 넋두리라면, 악한 행위의
죄악이라는 것도 마찬가지가 아닌가?

그의 과격한 주장이 다소 거부감을 주는 게 사실이지만, 푸라나
캇사파는 우리의 현실을 보라고 지적할 것이다. 우리는 타인의 생명을
희생하고 재산과 자유를 강탈하면서 '성공한 쿠데타'는 죄가 아니라고
주장하는 시대에 살고 있지 않은가? 우리는 빼앗긴 나라의 독립을
위해 목숨을 바친 사람들에 대해 '어리석고, 무지하고, 폭력적인 테러
리스트'라는 망발이 무성한 시대에 살고 있지 않은가? 이 사회에서는
도대체 무엇이 선이고 무엇이 악인가? 선악의 기준이 있기는 한가?

프라나 캇사파의 주장은 도덕부정론 혹은 인과응보를 부정하는
무인무연론이라고 비판받았다. 그러나 우리는 그의 주장을 현실에
대한 통렬한 비판의 시각에서 새롭게 읽어 볼 수 있다. 도덕적 판단의
기준이 경제력이나 권력, 학벌이나 사회적 지위에 따라 달라진다면,
도덕을 판단할 선악의 근거는 무너지게 된다. 그것이 바로 도덕부정이
아니면 무엇이겠는가? 사실 우리는 이미 실질적인 도덕부정론의 시대,
무인무연론자들의 시대에 살고 있는지도 모른다.

남한 사회에는 '독립운동을 하면 삼대가 망하고, 친일을 하면 삼대가 흥한다'는 비극적인 속설이 있다. 그리고 그것은 백 년이 가까운 시간을 흐르며 여전히 강력한 힘을 발하고 있다. 나라를 팔아서 자신의 영달을 좇던 자들은, 이제 이웃을 팔고 약자를 굴복시켜서 자신의 성공에 디딤돌로 삼고 있다. 여기에 인과응보는 어디 있는가? 역사적으로 볼 때, 푸라나 캇사파와 같은 입장에 열변을 토하며 비난하는 이들은 주로 '실질적 도덕부정론자'들이었다. 그들은 '동성애가 소돔성을 멸망시킬 것이다'는 식의 도덕적 공격을 서슴지 않지만, 도덕적 인과가 작동하지 않는 삶과 사회의 현실에 대해서는 침묵한다.

붓다의 길은 이 모순적 딜레마의 두 뿔 사이를 지나간다.

불교는 무아無我와 무상無常을 축으로 하는 비실재론적인 관점을 핑계로 삼아, 도덕적 행위조차 절대적이고 실재론적인 관점에서 판단하는 잘못은 범하지 않으려 한다. 나의 선행도 나에게 가해지는 악한 행위들도 만사가 그물망처럼 연결되어 있는 연기적 관계의 결과들이다. 세상의 눈으로 보았을 때, 선한 사람이 고난의 삶을 견뎌내야 하고, 악인이 번듯한 삶을 사는 것으로 보일 수도 있다. 이런 점에서 불교의 현실인식은 일면 푸라나 캇사파와 크게 다르지 않다.

그러나 불교의 인과론에 따르면, 선한 행위는 선한 결과를 낳을 것이며, 악한 행위는 반드시 악한 결과를 맺게 될 것이다. 인간의 행위는 반드시 그에 상응하는 열매를 맺는다. 모든 업은 반드시 그 작용을 마쳐야 소멸한다. 자비와 지혜에 기반한 도덕적 행위는 결코 부정될 수 없으며, 해탈을 향해 나아가는 불가결한 요소이다.

만일 도덕적 인과가 전혀 성립하지 않는 세상이라면 살아갈 만한 가치도 이유도 없을 것이다. 실제로 푸라나 캇사파는 자신이 냉소하였던 이 세상을 뒤로하고 스스로 강물로 걸어 들어가 자살하였다.

거짓된 운명론

막칼리 고살라(Makkhali Gosāla)는 아지비카(Ājivika)교단의 지도자로서, 자이나교의 마하비라와도 6년간 수행한 것으로 알려져 있다. 아지비카는 일상의 삶을 버리고 고행의 생활방식을 따르는 자들이라는 의미이지만, 불교에서는 사명외도邪命外道, 즉 운명에 대한 그릇된 견해를 가진 자들로 간주되었다. 붓다가 깨달음 이후에 처음으로 만난 슈라마나 수행자들이 바로 아지바카였다는 사실만으로도 이들과 불교의 밀접한 관계를 유추해 볼 수 있다.

아지비카는 자유의지와 결정론이라는 철학적 문제를 제기하였던 최초의 철학자들이다.

세계는 그 자체로 존재하지만, 그것이 존재하는 데 어떤 원인이나 근거가 있는 것은 아니다. 이렇게 존재하는 세계에서 운명(niyati)의 결정에 따라 누구는 인간으로 누구는 동물로 태어난다. 인간이건 동물이건 어떤 상태의 운명이 결정되면, 그것은 자연스럽게 다양한 종(種, sangati)의 하나에 속하게 된다. 그리고 그 종에 상응하는 자성(svabhāva)이 정해진다. 이를테면, 나의 운명이 동물로 결정되고, 그 가운데 시추의 종을 가지게 되었다면, 나는 그에 따른 자성, 즉 '사교적이고 친근하고 영리하며 고집이 있는' 자성을 갖게 될 것이다.

일단 운명에 따라 종과 자성이 결정되면, 노력이나 의지가 그것의 진행을 변화시키는 것은 불가능하다. 시추가 아무리 노력하여도 시추임을 벗어날 수는 없으며, 그의 노력이라는 것도 시추가 마땅히 할수 있는 짖기와 몸짓을 넘어서지 못한다. 시추는 결코 언어를 사용하여 자신의 요구를 표현할 수 없으며, 자신의 존재에 대한 철학적 사유를 전개할 수 없다.

인간의 삶도 마찬가지이다. 우리가 인간으로, 나아가 어떤 인간으로 결정되어 태어났는가에 따라 살아가야 할 운명은 결정되어 있다. 개개인의 인종, 성별, 신체적 조건, 지적 능력, 어쩌면 사회적 신분에 따라서도 각각의 자성은 다르게 결정되고, 그에 따른 삶의 경로는 변화시킬 수 없는 길로 달려간다.

그렇지만 아지비카가 인간의 자유의지 자체를 부정하는 것은 아니다. 인간은 자신의 관점에서 '자유의지'를 행사할 수 있다. 자유로운 의지적 선택에 따라 이것저것을 바꾸기 위해 시도해 볼 수는 있다. 그러나 그것이 그 운명의 경로와 결과를 바꾸지는 못한다. 운명이란 산꼭대기에서 굴린 실타래가 경사면을 따라 굴러가면서 풀어지듯이, 정해진 운명의 실이 다 풀어진 후에야 흐름을 멈추게 된다. 모든 운명의 실타래가 다 풀어지면 인간은 궁극적으로 자유와 청정에 도달할 수 있다.

즐거움이나 괴로움의 크기가 정해져 있는 이 윤회에는 아무것도 줄이거나 늘일 수 없으며, 아무것도 증가시키거나 감소시킬 수 없다. 마치 감긴 실타래를 던지면 실이 다 풀릴 때까지 굴러가는 것처럼, 그와 마찬가지로 어리석은 자나 현자나 같이 유전하고 윤회하고 나서야 괴로움의 끝을 낸다.

따라서 아지비카의 학설은, 요컨대 인간이 자유의지로 노력을 해볼 수는 있으나, 그 효과는 부정되는 결정론적 관점이다.

불교에서는 아지비카를 '그릇된 운명론'을 가르치는 사명외도라고 비판하지만, 아지비카의 현실인식은 정확히 21세기 한국의 현실을 묘사하고 있는 것으로 보인다. 최근 등장한 삼포세대, 즉 '연애와 결혼과 출산을 포기하는 세대'라는 신조어는 이미 세계 최저 출산율 0.70명으로 입증되고 있다. 가장 아이를 낳고 싶어 하지 않고, 살고 싶지 않아서 자살하는 사람들이 가장 많은 나라가 현재의 한국이다. 나이든 세대는 죽음을 재촉하고, 젊은 세대는 이제 인간관계와 꿈과 희망도 포기하는 세대적 징후를 분명히 드러내고 있다. 그 이유는 무엇인가?

아무리 노력해도 바뀔 것 같지 않은 현실, 변화를 꿈꾸기엔 너무도 아득하게 멀리 있는 출발선들, 내가 선택하지도 않은 탄생의 운명이 나의 삶을 결정해 버렸다는 좌절감이 아닐까.

한국에서 소위 명문대를 가기 위해서는 '할아버지의 재력, 아버지의 무관심, 어머니의 정보력'을 갖추어야 한다는 말이 있다. 한국처럼 학벌이 강력하게 작동하는 세계에서 한 사람의 운명은 어느 할아버지와 부모님에게서 태어나는가에 의해 결정되는 셈이다. '삼대의 공덕'이 없이도 맨바닥을 뚫고 이 대열에 합류한 청춘들은 대개 훨씬 어려운 조건에서 기준을 통과하여 능력을 입증한 자들이다. 그럼에도 대학에서 그들은 다시 '수평적 능력검증'의 기준에 따라 장학금이나 다양한 성장의 기회에서 후순위로 밀리거나 제한당하기 쉽다. 이것은 퇴행하는 사회의 전조들이다.

  물론 불교에서는 이같은 현실이 정당하지도 옳지도 않다고 판단한다. 사회적 운명을 강화하는 요소들은 사회를 구성하는 개개인들의 강력한 집착이 서로를 조건으로 강화하면서 만들어내는 병리적 현상이다. 개인을 넘어선 사회적 집착은 전 사회적 번뇌와 고통과 혼란을 야기할 것이다. 악화가 양화를 밀어내는 이 같은 현상은 개개인의 이기적 욕망과 집착이 상승 상호작용을 일으킨 결과이며, 그것은 분명 우리 사회의 집단적 의지가 만들어낸 현상이다.

  붓다의 가르침에 따르면, 모든 현상은 상호 의존하여 발생하며 인과적으로 작용을 하지만, 그것은 결정되어 있는 것이 아니며 주체의 자유로운 의지적 판단과 행위가 불가능한 것도 아니다. 불교에서의 의지적 인과관계는 과거에서 현재보다는 현재에서 미래로 향하고 있다. 오늘 나는 자유로운 선택을 할 수 있고, 그것은 내일의 연기적 파동에 영향을 미친다.

요소론

파쿠다 캇차야나(Pakudha Kaccāyana)는 세계가 '지수화풍地水火風, 즐거움, 괴로움, 영혼' 등의 일곱 가지 요소로 구성되어 있다고 주장한다. 일곱 가지 기본요소는 움직이지도, 변하지도 않으며, 서로를 방해하지도 않는 실재들이다. 세계를 구성요소들의 집합으로 본다는 점에서 정통파의 바이셰시카, 인도 유물론자 로카야타, 불교 등에서 주장하는 물, 불, 흙, 공기의 4대(大, mahābhūta)와 공통점을 지닌다.

그러나 불교에서는 이들의 요소론을 부정한다. 무엇보다 파쿠다 캇차야나의 7요소설은 요소들의 실재성에 기반한다. 불교에서 지수화 풍地水火風은 개별적인 실재라기보다는 보다 속성화한 개념에 속한다. 지수화풍은 '흙, 물, 불, 공기'라는 개별적 실재들을 지칭하기보다는 '견습난동堅濕暖動', 즉 견고함, 습기, 온기, 움직임 등의 성질에 가깝다. 특히 불교의 원자설(극미설)에서 하나하나의 개별 원자는 언제나 '지수 화풍' 4요소의 결합에 의해 형성된다. 즉, 가장 기본적인 물질 단위인 극미 각각은 지수화풍의 결합체이다. 만일 지수화풍이 개별적인 실재 라면, 그것들이 결합하여 만들어진 하나의 극미는 원자 개념의 정의를 위반하게 될 것이다.

불교의 사문들이 7요소론자들을 받아들일 수 없는 보다 큰 문제는 나머지 세 요소에 관련되어 있다. 무엇보다 '영혼'의 실재성 주장은 불교의 무아설과 전면적으로 충돌하는 개념이기 때문에 비판의 이유를 쉽게 파악할 수 있다. 그렇다면 '즐거움'과 '괴로움'은 무엇 때문에 문제가 되는가? 앞에서 논한 요소의 실재성 주장에서 파생하는 것으로, '괴로움'의 실재성을 인정할 경우 수행적 차원에서 심각한 문제가 야기된다. 만약 인간이 신체와 함께 언제나 항상 '괴로움'이라는 기본요소를 갖는 존재라면, 그에게 '괴로움으로부터의 해탈'은 근본적으로 불가능한 것이 된다. 우리는 영원히 '즐거움'과 '괴로움'을 안고 살아야하는 존재이다.

이 또한 현실적인 인간의 실존적 상황을 들여다보면, 매우 타당성을 지닌 통찰이라고 할 수 있다. '즐거움'도 한때이고, '괴로움'도 시간과 함께 지나갈 것이다. 그러나 그것들은 인생의 탄생에서부터 죽음에 이르기까지 한시도 우리를 떠나지 않고 우리와 함께한다. 독자들은 어떤가? 한시라도 내 생에서 '괴로움'이 완전히 사라진 시간이 있었는가?

불교에서는 '즐거움'도 '괴로움'도 실재하는 요소가 아니며, 따라서 언제나 변화하며, 있기도 하고 없기도 한 것들이라고 가르친다. 무엇보다 '괴로움'은 완전히 소멸할 수 있는 것이다. 그것이 수행이나 신행信行의 의미이고 목적이다. '괴로움'의 소멸이 없다면, 수행은 무의미하고 무익한 것이 되고 말 것이다.

『사문과경』의 파쿠다 캇차야나 비판에는 우리를 당혹스럽게 하는 모습이 그려져 있다.

여기서는 죽이는 자도 없고 듣는 자도 없고 말하는 자도 없으며, 아는 자도 알게 하는 자도 없다. 날카로운 칼로 머리를 자른다고 해도 누구도 누구의 생명을 빼앗는 것이 아니다. 다만 칼이 일곱 가지 몸들의 가운데를 통과하는 것에 지나지 않다.

역시 문제는 요소론자들의 사상이 초래하는 윤리적 함의이다. 요소론의 주장에 따르면, 인간은 일곱 가지 요소들이 결합한 복합체이다. 그런데 각각의 요소들만이 실재이고, 그것들이 결합한 하나의 인격은 실재가 아니다. 그런 점에서 요소론자의 자아개념도 '무아無我'론적이다. 일곱 개의 구슬을 실로 꿰어 팔다리, 몸통, 머리를 연결하여 만든 사람의 인형을 생각해 보자. 구슬들만이 실재하고 각각의 구슬은 잠시 실로 연결되어 있다. 누군가 칼로 실을 잘라 버린다 해도, 실재하는 요소들에는 영향을 주지 않는다. 영혼은 죽지 않고 다른 요소들과의 결합을 기다리면 된다.

이들이 실제로 사람을 죽여도 생명을 빼앗는 것은 아니기 때문에 살해 행위가 정당화된다고 주장하였는지는 알 수 없다. 하지만 7요소론의 관점에 따르면, 신체에 상해를 가하는 행위에 대한 윤리적 판단에 심각한 문제가 발생한다는 것이 불교에서의 비판과 문제의식이다.

초기 서인도 제도를 점령한 유럽 기독교인들은 신대륙의 풍부한 자원에만 눈길을 준 것은 아니었다. 그들은 '복음'을 들어보지 못한 원주민들에게 '세례를 통한 구원'을 선사하는 '선의'로 자신들의 점령을 정당화하고자 하였다. 그런데 문제가 있었다. 카리브의 아름다운 풍경과 풍부한 먹거리로 숲과 강에서 뛰노는 원주민들은 '세례와 구원'에 크게 관심이 없었다. 한 명씩 잡아다 억지로 세례를 통해 구원을 선물하여도 그들은 다시 다른 이들과 뒤섞여 강으로 숲으로 달려갔다. '구원을 선물하는 자들'은 누구에게 두세 번의 구원을 주었는지, 누구를 빠뜨렸는지 알 길이 없었다. 그때 '구원을 주는 자들'에게 기발한 아이디어가 떠올랐다. 세례를 받지 못하고 지옥 갈 영혼들을 붙잡아 착오 없이 모든 이들에게 '세례와 구원'을 선물하는 방법이란, 세례를 주어 구원한 원주민들을 죽여서 세례 받은 자와 못 받은 자를 정확하게 확인하는 것이었다. 열등하고 썩어 없어질 신체와 본질적으로 구분되는 영혼이 존재한다는 신념으로 인해, 영혼을 구원하고 신체를 포기하는 일이 정당화될 수 있었던 셈이다.

불가지론

산자야 벨라티푸타(Sañjaya Bellaṭṭhiputta)는 당시 슈라마나학파에게 중요한 의미를 지닌 종교적, 철학적 질문에 대해 모든 가능한 대답을 피해간다. 제기되는 질문들은, '저 세상은 존재하는가?', '유정은 변화하여 내생에 다시 태어나는가?', '선악의 행위는 과보를 받는가?', '여래는 사후에도 존재하는가?' 등이었다. 사실 이러한 질문은 현대의 종교인들에게도 여전히 중요한 주제로 남아 있다. '천국은 존재하는가?', '죽은 후에 윤회하는가?', '선행의 보상과 악행의 심판은 인과적으로 작동하는가?', '깨달은 자 혹은 구원받은 자는 영생하는가?'

산자야 벨라티푸타는 이 같은 종교적 질문에 대해 대답을 회피한다.

여래는 사후에 존재하는가?

여래는 사후에 존재하지 않는가?

여래는 사후에 존재하기도, 존재하지 않기도 하는가?

여래는 사후에 비존재하기도, 비존재하지 않기도 하는가?

이 같은 질문에 대해 산자야 벨라티푸타는 '이러하다', '저러하다', '아니다', '아니지 않다'고도 대답하지 않는다. 허무하다. 질문만 가득하고, 아무 대답도 주지 않는다.

불교는 분명 이 같은 산자야 벨라티푸타의 입장이 잘못되었다고 비판하고 있다. 그러나 우리는 열 가지 질문에 대한 붓다의 침묵에 대해 알고 있다.

『전유경』에는 한 사문의 절박한 질문이 소개되고 있다. 그는 붓다가 이 질문에 대답해 주기만 하면, 붓다를 스승으로 모시겠다고 다짐한다.

'세계는 영원한가, 아닌가?', '세계는 무한한가, 아닌가?', '영혼과
육신은 동일한가, 아닌가?', '여래는 사후에도 존재하는가?'

이 사문의 질문은 보다 사변적이고 현대적인 철학적 질문을 포함하
고 있다. 시간의 영원성, 공간의 무한성, 몸과 마음의 관계 등은 현대철
학에서도 여전히 핵심적인 주제로 철학적 사유를 자극하고 있으며,
깨달은 자 혹은 구원받은 자의 영생永生은 모든 종교의 중심 주제라
해도 과장은 아닐 것이다. 붓다가 깨달은 자이고, 따라서 일체지자一切
智者라면, 그 대답을 알아야 할 것이다.

그러나 붓다는 침묵하였다.

산자야 벨라타푸타의 허무한 회피가 잘못되었다면, 대답을 주어야
하는 게 아닌가?

이에 대해 붓다는 질문 자체가 고통의 해소에 무용하고 부적절하다
고 강조한다. 지적이고 사변적인 유희가 우리 삶의 문제를 해결하지도,
우리를 고통으로부터 해방시켜 주지도 못한다. 허무한 답변을 가지고
대중들을 신비한 미궁으로 현혹할 것이 아니라, 중생이 당면하고
있는 삶과 고통의 문제를 해결하도록 돕는 데 집중하여야 한다.

우리가 사변적이고 추상적인 주제와 논란으로 철학한다고 할 때,
우리는 무엇보다 붓다의 문제의식을 염두에 두어야 한다. 적어도
불교철학을 한다는 것은, 지적인 과시나 황혼에 여유로운 하루 저녁의
해석이 아니라, 구체적인 삶과 고통의 문제에 대한 관심과 참여의
자세를 요구한다.

5. 대웅大雄과 고타마 붓다

한반도의 사계四季는 다채롭고 아름답다. 그리고 아름다운 골짜기를 찾으면, 그곳에서 예외 없이 크고 작은 절을 만나게 된다. 일주문을 지나 절 내로 들어서면, 사찰의 한가운데에는 대부분 대웅전大雄殿이 자리잡고 있다. 대웅전은 '위대한 영웅(大雄)'을 모신 전각으로, 현세의 인도 땅에 태어난 석가족의 성자, 석가모니(Sakhyamuni) 불상이 중앙에 미소를 띠고 앉아 있다. 불교에서 그는 현세에 깨달음을 성취하고, 중생들에게도 깨달음의 길을 제시해 준 '위대한 영웅'으로 존중받는다.

자이나교(Jainism)

이 대웅大雄의 산스크리트어는 마하비라(mahāvīra)이다. 그런데 슈라마나 전통에서 마하비라는 주로 자이나교의 24번째 성자를 지칭한다. 그는 붓다와 비슷한 시기 비슷한 지역에서 활동했던 것으로 알려져

있으며, 깨달음을 찾아 출가하여 12년 6개월간의 극심한 고행 끝에
일체지(一切智, kevala jñāna)를 증득하고 붓다(Buddha)가 되었다. 불교
유적지를 제외한 인도지역에서 눈에 익숙한 불상을 보게 된다면,
그것은 십중팔구 자이나의 교조 마하비라의 불상일 것이다.

『사문과경』에서는 마하비라를 니간타 나타풋타(Nigantha Nathāput-
ta)로 칭한다. 니간타(nigantha)란 '속박에서 벗어났다'라는 의미이다.
자이나교에서 마하비라는 그의 성취에 따라 승리자를 뜻하는 지나
(jina), 깨달은 자 붓다(buddha) 혹은 세존(bhagavat)이나 아라한(arhat)
등으로 불린다.

마하비라의 탄생은 석가모니 붓다의 탄생설화와 매우 유사한 형태를
띠고 있다. 마하비라의 어머니는 흰 코끼리 꿈을 비롯해서 열네 가지의
태몽을 꾸었다. 마하비라는 태어나면 전륜성왕이 되거나 세상을 구제
할 24번째 구세주 티르탕카라(Tirthankara), 곧 '생사의 강을 건너는
여울을 만든 자'가 될 운명이었다. 그는 13년간의 고행 끝에 사라나무
아래에서 완전한 지혜를 증득하고 모든 지혜와 통찰을 갖추었으며
언제 어디에서나 지혜를 구현하는 성자가 되었다. 그는 깨달음 이후
30년간 가르침을 전하다가 72세에 입멸하였다.

『사문과경』에서는 크게 두 가지 관점에서 자이나를 비판하고 있다.

대왕이여, 니간타는 모든 찬물을 금하고, 모든 악을 금하고, 그것을
철저히 금하여 모든 악을 제거하고, 모든 악을 금하여 증득합니다.
대왕이여, 니간타는 이와 같이 네 가지 제어로 단속합니다.
대왕이여, 이를 일러 니간타 나타풋타는 자아에 도달했고, 자아에

계합했고, 자아에 머문다고 합니다.

요컨대, 자이나의 교리는 철저한 금욕과 자아의 성취로 압축할 수 있다.

금욕의 측면에서 자이나를 능가하는 종교사상은 찾아보기 힘들다. 정통주의자인 나체파 디감바라(Digambara)는 옷을 입지 않는다. 시체를 싸고 버려진 천을 옷으로 삼은 불교의 분소의糞掃衣는 사치에 가깝다. 자이나 수행자들은 머리를 깎지 않는다. 그들은 사치스러운 삭발 대신에 머리카락을 하나씩 뽑아내고 그것을 정기적으로 반복한다. 뽑아도 뽑아도 삐져나오는 머리카락만큼 우리가 제거해야 하는 번뇌와 업은 생명력이 강하다. 뒤에 살펴보겠지만, 붓다는 이런 극단적인 금욕을 포기하는 길을 택하였다.

자이나교의 영혼(jīva) 개념은 불교의 관점에서 결코 받아들일 수 없는 결정적인 분기점을 이룬다. 자이나에 따르면, 세계는 영혼계(jīva)와 물질계(ajīva)로 구분되며, 물질계는 물질(pudgala), 운동(dharma), 정지(adharma), 공간(ākāśa), 시간(kāla)으로 구성되어 있다. 영혼은 본질적으로 크기를 갖지 않지만, 물질과 결합하여 물질이 차지한 공간에 걸쳐 영역을 가질 수 있다. 물질은 기본단위인 극미(paramāṇu)가 결합하여 조대한 물체를 구성한다. 각각의 극미는 공간의 기본단위인 공간점(pradeśa)을 점유하며, 조대한 사물은 다수의 공간점에 걸쳐 공간을 차지한다. 업(業, karma)은 물리적 성격으로 이해되며, 영혼이 신체와 접촉할 때 우주에 편만한 미세한 물질적 존재인 업이 영혼에 스며들고, 이로 인해 영혼의 무한한 통찰과 지식이 한정된다.

이를테면, 나의 몸은 매우 많은 수의 공간점에 걸쳐 쌓여 있는 극미들의 집합이다. 다수의 공간점에 묶여 있는 물질적 신체를 영혼이 감싸고 있으며 그것은 업력에 의해 강하게 결합되어 있다. 영혼은 신체와 영혼을 결합하는 이 업력의 속박에서 벗어날 때 자유를 획득할 수 있다. 신체를 구성하는 하나하나의 극미들까지 업을 제거해 들어가 마침내 영혼이 모든 극미들의 속박에서 벗어나면, 크기를 가지지 않는 영혼은 하나의 공간점을 통과하여 영원한 자유를 얻는다. 이것이 자이나 수행자가 머리카락 하나까지 쥐어뜯는 고행을 통해 업을 제거하고자 하는 이유이다.

업의 행위에는 신체적, 언어적, 정신적 행위, 즉 신구의身口意의 세 가지 업이 있으며, 업력은 기본적으로 의도보다는 행위 그 자체에 의한 힘을 갖는다. 전혀 해칠 의도가 없었지만, 가쁜 숨을 쉬다가 입으로 들어가 버린 파리는 나에게 살생의 업을 부가할 것이다. 혹은 생명을 살리기 위한 선의로 수술을 하였는데 수술 결과 환자가 사망하였다면, 이 또한 업에 영향을 미칠 것이다. 따라서 자이나교도들은 직업의 선택에서도 많은 제약을 받을 수밖에 없었다. 생명을 해치지 않을 수 없는 농업, 어업은 선택이 불가능하였다. 때문에 지난 2,000년 이상 자이나교도들은 예술이나 상업, 교육 등 살생을 피할 수 있는 직업에 종사하면서 오랜 전통과 지식을 축적해 왔다.

자이나교의 극단의 고행주의는 완전한 무소유와 나체수행을 기본으로 하는 나체파(digambara)를 정통으로 출발하였으며, 이런 이유로 여성의 출가를 수용하기 어려운 처지에 있었다. 하지만 흰옷을 입는

온건한 백의파 자이나교(śvetāmbara)의 등장으로 여성 수행자의 출가가 가능해졌다. 다소 개량적인 수행을 받아들인 백의파조차, 벌레가 입에 들어가거나 길을 걷다가 생명을 해치는 불상사를 막기 위해 입에는 마스크를 쓰고, 손에는 빗자루를 들고 길을 쓸면서 다니는 극단주의적 태도에서 벗어나지는 못하였다.

이러한 엄격한 윤리적 규율은 '5대 서원'으로 요약된다. ① 아힘사(ahimsa), 살아 있는 것은 해치지 않는다. 모든 생명은 동등한 영혼의 크기를 가지며, 따라서 미물의 생명도 인간의 생명과 동등한 절대적 가치를 갖는다. ② 거짓말을 하지 않는다. ③ 남의 물건을 훔치지 않는다. ④ 성적인 음행을 하지 않는다. ⑤ 소유에 집착하지 않는다. '무소유의 역설'이라고 할까, 소수에 불과한 자이나교도들은 인도의 상위 부유층을 형성하고 다수의 국제적인 기업을 소유 운영하고 있다. 그들 중 일부는 은퇴 후 자신의 소유와 사회적 지위를 모두 포기하고 금욕적인 수행자의 삶을 추구하여 '세상에 이런 일'도 가능하다는 사실을 증명해 보이고 있다.

자이나에서 추구하는 바른 지식은 감각기관이나 물질적 제약으로부터 완전히 벗어나 영혼에게 직접 알려지는 지식을 의미한다. 따라서 감각기관을 매개로 인식된 지식은 모두 불완전하며 상대적인 지식에 지나지 않는다. 감각기관에 의한 간접지들은 '~할지도 모른다'는 불확정적인 지식이며, 주어진 상황에 의존하는 상대적인 지식에 속한다. 만물에 대한 완전한 지식은 오직 모든 속박에서 해방된 영혼에 의해 직접적으로 획득된 지식이다.

자이나교는 불교와 시기적, 공간적 측면에서뿐만 아니라 사상적 측면에서도 많은 공통점과 동일한 주제의식을 보여주고 있기 때문에 쌍둥이 종교사상처럼 보이기도 한다. 슈라마나 전통 가운데 자이나교만이 불교와 함께 현대까지 살아남아 독자적인 종교사상으로 발전하였다. 특히 인도에서는 자이나교만이 2,000년 이상의 전통을 유지하고 있다. 『사문과경』에서 자이나교에 대한 비판 역시 두 가지 주제만을 간단히 언급하는 것으로 끝난다. 다른 슈라마나의 평가와는 다르게 자이나에 대한 윤리적 비판은 발견되지 않는다.

자이나의 엄격한 고행 전통은 자이나의 가르침이 세계로 전파되는 길에 장애가 되었다. 극단적 고행을 포기하고 중도의 길을 선택한 불교는 인도에서 수명을 다한 후에도 세계로 전파될 수 있었다. 또한 영혼(jīva)에 대한 실재론적 해석은 불교와 결정적이고 근본적인 차이를 보여주었지만, 오히려 불교전통에서 자이나의 영혼과 유사한 개념을 수용하는 듯한 학파적 해석이 자주 등장하였다는 점도 기억해 둘 필요가 있다.

고타마 싯다르타(Gautama Sidhartha)

자이나교와 불교는 쌍둥이처럼 닮은 종교사상으로, 자이나교는 인도에서 불교는 인도 밖에서 살아남아 오랜 지혜와 숭고한 삶의 윤리를 전해주고 있는 슈라마나 전통이다. 마하비라와 비슷한 시기에 석가(Sakhya)족에 한 아이가 태어났다. 전통의 역사에서는 서기전 566~486년을 고타마 싯다르타의 연대로 보고 있다. 싯다르타의 어머니 마야부인은 흰 코끼리가 옆구리로 들어오는 태몽을 꾸었으며, 태어나는 아기가 전륜성왕이 되거나 출가하여 깨달음을 성취한 붓다가 될 것이라는 예언을 받았다.

아들을 수행자가 아니라 전륜성왕으로 만들고 싶었던 아버지 숫도다나(Śuddhodana)왕은 아들 고타마가 왕실의 생활을 즐기고 통치 교육을 받을 수 있도록 환경을 조성하였다. 하지만 모든 영웅의 탄생이나 비극의 서사가 그렇듯이, 아버지의 안배는 오히려 아들이 인생의 문제를 충격적으로 직면하게 하였다. 성안에서 화초처럼 살던 고타마는 어느 날 성문 밖으로 나갔다가 늙은이의 모습을 보고 충격을 받는다. 지금도 인도의 거리에서는 헐벗어 앙상한 뼈에 지저분한 천을 걸치고 죽음을 기다리는 노인들을 만날 수 있다. 고타마는 2,500년 전 인도의 거리에서 그런 노인의 모습을 보았다. 그는 또한 병들어 힘겹게 숨을 몰아쉬는 사람과 마침내 목숨이 다하여 굳어버린 사체를 차례로 보면서 피할 수 없는 인생의 운명을 직면하였다.

생로병사生老病死는 인생의 네 가지 기본적인 고통이다. 태어남도 죽음도 고통이다. 태어남은 왜 고통인가? 인생이 풍요로울수록 태어남의 고통을 알기는 어렵다. 하루하루 힘겨운 삶을 밀고 가는 인생들에게 태어남도 고통이라는 말은 쉽게 이해될 수 있다. 이것을 '민중의 인식론적 특권'이라고 한다. 고통받고 억압받고 차별받는 자리에 있기 때문에, 그 덕분에 느낄 수 있는 강렬한 체험과 진리의 깨달음이 있다.

가진 사람에게 '일체가 고통 가운데 있다'는 진리는 추상적이거나 감상적인 넋두리에 지나지 않는다. 그러나 어떤 이들에게 '일체가 고통 가운데 있다'는 진리는 너무도 자명한 것이다. 고타마는 뒤늦게 일체개고一切皆苦의 진실을 충격적으로 맞닥뜨리고, '이 굴레에서 벗어날 길은 없는가?' 질문하였다. 그리고 그는 슈라마나 수행자의 삶을 통해 생로병사의 굴레에서 벗어날 가능성을 발견하였다. 16세에 혼인하여 아들을 두고 있던 고타마는 29세가 되어서야 출가를 감행하였다.

내가 출가한 것은 병듦이 없고, 늙음이 없고, 죽음이 없고, 근심과 더러움이 없는 열반을 얻기 위해서였다.

고타마는 인생의 고통을 해결하고 열반을 얻고자 출가하였다. 그는 6년간 극도의 고행주의적 수행에 전념하였다. 극단적 고행으로 목숨이 경각에 다다른 순간까지 정진하였으나 육체와 정신이 평온한 상태를 성취할 수 없었다. 조금 더 가면 깨달음의 출구가 있는지, 아니면 길을 잘못 든 것인지 알 수 없는 상황에서 그는 신체적 고행이 없이 선정에 들었던 체험의 순간을 상기하였다. 고타마는 몸을 씻고 가벼운 음식을 섭취하여 기운을 회복하였다. 그리고 다시 한 번 깊은 명상에 빠져들었다. 이번에는 신체를 학대하거나 정신을 추궁하는 집착도 버린 평온한 상태의 선정에 들어갔다. 깨달음을 향한 명상의 긴장을 놓지는 않지만 몸과 마음을 강제하여 경직되지 않은 길, 그것을 중도中道라고 한다. 붓다는 이 중도의 방식으로 색계의 최종단계인 색계 4선정에서 마침내 깨달음을 성취하였다.

위대한 깨달음을 성취하여 대각大覺을 이룬 붓다는 이제 스스로를 여래(如來, tathāgata)라고 칭하였다. 타타가타(tathāgata)는 '그와 같이' 혹은 '있는 그대로'를 의미하는 tathā와 '간(gata)' 혹은 '온(agata)'의 합성어이다. 번역어 여래如來는 '그와 같이 온'이라는 의미이고, 영어권에서는 주로 '그와 같이 간'(the one thus gone)' 분으로 번역한다. 한자문화권에서는 '진리를 가지고 중생의 세계로 오신 분'에 초점을 두었다면, 영어권에서는 '진리를 깨달아 피안으로 간 분'에 주목하여 대조를 이룬다.

모든 종교적 각자覺者들과 마찬가지로 붓다도 깨달음 사건 이후에 일정기간 동안 자신의 깨달음의 내용을 깊이 관찰하고 음미하는 시간을 보낸다. 보림保任의 시간이 끝나고 붓다는 자신과 함께 고행했던 다섯 비구에게 가르침을 전하는 것으로 공적 생애를 시작하였다. 그의 사촌동생 아난다(Ānanda)를 비롯하여 초기 제자들의 공동체가 형성되면서, 상가(sangha)라는 승단이 설립되었다. 놀라운 기억력의 소유자였던 아난다는 붓다가 진리의 법을 설하는 곳에 언제나 함께하여 그의 설법을 기억하였다. 그리고 붓다의 열반 이후에 붓다의 말씀을 암송하여 가르침의 전승인 경전(sūtra) 구전전승의 토대를 놓았다. 한편 승단의 구성원이 늘어나면서, 가르침의 원리에 따라 수행자들의 생활에 대한 규정이 요구되었다. 붓다는 공동체에서 발생하는 다양한 사례에 따라 세부적인 규정을 제시하였는데, 그것이 계율(戒律, vinaya)이라는 독립적인 전승으로 확립되었다.

붓다는 여행이 어려운 우기의 안거安居 때를 제외하곤 한평생을 길에서 보냈다. 그는 가는 곳마다 진리를 설하고, 또 제자들에게도 불법을 전하도록 독려하였다. 일반적으로 기독교나 이슬람은 강력한 선교의 의지를 가진 반면 불교는 선교에 소극적인 것으로 인식되고 있다. 하지만 그것은 명백한 오해이다. 불교가 포교를 위해 폭력이나 편법을 사용하지 않는다는 사실이 포교에 소극적인 모습으로 보인다면, 그것은 우리가 종교의 폭력적 선교에 지나치게 익숙해진 무감각 탓이겠다.

붓다는 여러 경전에서 거듭 진리의 전파를 강조하였다.

수행자들이여, 그대들은 인간의 속박에서 자유롭게 되었다. 이제 중생을 제도하기 위해 나아가라. 그러나 같은 길을 두 사람이 함께 가지는 말아라. 한결같이 훌륭한 법문을 중생들에게 들려주고 언제나 깨끗한 수행자의 생활을 하여라. (『불교성전』, p.56)

나의 깨달음과 중생의 제도는 함께 요구된다. 그리고 중생의 제도를 위해서 최대한 많은 곳으로 흩어져 진리를 전하여야 한다. 그때 포교자는 진리의 말씀을 전하는 것은 물론, 청정한 수행자의 삶을 통해 그 진리를 증명해 보여야 한다.

어떤 선남자 선여인이 이 법문 중에서 한 구절만이라도 이해하고 다른 사람에게 가르쳐 준다면, 그 공덕은 저 칠보로 보시한 공덕보다 훨씬 뛰어날 것이다. (『금강경』)

물질적 보시보다 진리의 전파가 공덕이 크다. 하지만 전하는 내용보다는 전하는 자들의 삶이 먼저 보이기 마련이다. 한국에 기독교가 본격적으로 전해지던 시기 대중들에게 기독교는 서구 선진문명의 상징이었고, 봉건사회의 모든 불평등을 타파하는 해방과 평등의 종교로 인식되었다. 붓다의 가르침도 인도사회에서 그와 같은 불꽃을 일으켰다. 붓다의 승가에서는 천민 출신의 출가자, 지능이 둔한 자, 매춘부, 범죄자들도 모두 평등한 수행자가 될 수 있었다. 사실 이러한 강력한 평등정신은 제도화한 현대의 불교교단에서 오히려 후퇴한 느낌마저 드는 게 사실이다.

슈라마나 공동체는 세속적 질서에 대해 죽음을 선언한 집단이기 때문에 종교적으로 현존 신분제도에서 벗어난 존재들이었다. 그들 사이에 모든 사회적 차별이 타파된다고 해서 인도의 정통종교에서 문제 삼을 일이 아니었다. 그러나 승가 공동체가 성장하여 사회적 영향력을 지니게 되면서, 그것은 단순히 종교 이상의 의미를 지니게 되었다.

불교에서 비구니 승단의 출현은 아마도 인류 종교사에서 최초로 여성수행자 집단을 공인한 사례가 될 것이다. 무려 2,500년 전의 사회상을 반영하면, 비구니승단의 출현은 가히 혁명적인 사건이었다. 불교의 쌍둥이이자 강력한 원칙주의자인 자이나교도 수 세기가 지나서야 여성출가자를 인정할 수 있었다. 그러한 상황에서 초기 붓다 공동체는 비구-비구니 승단 사이에 위계적 관계를 설정하였다. 아쉽지만 당시로서는 충분히 상황을 인정할 만하다. 문제는 21세기의 승단에서 붓다의 정신은 간 곳 없고, 비구-비구니 승단의 위계만이 위력을 발휘하고 있는 현실이다. 항상 상황에 충실하였으며 청중의 눈높이에 맞추어 설해진 붓다의 교설과 계율의 정신에 따른다면, 승가공동체의 체질도 시대정신에 부합하게 혁신되어야 할 것이다.

붓다의 승가 공동체는 자신의 밥그릇과 한 벌 옷을 제외한 어떤 것도 소유하지 않고 먹거리는 탁발(托鉢, piṇḍa-pāta), 즉 집집을 돌아다니며 구걸하여 먹는 걸식乞食으로 생활하였다. 또한 수행자들은 오전 중에 하루 한 끼의 식사로 만족해야 하였다. 삼 시 세 끼도 모자라 간식이나 군것질을 더하며 사는 우리로서는 한 끼만 걸러도 몸과 마음이 쉽게 예민해진다. 수행자들에게도 먹는 문제는 여전히 분분한 논쟁거리를 만들어냈다.

때문에 탁발에서도 식탐을 제어하기 위한 세부규정들이 만들어졌다. 탁발을 할 때는 가난한 집이건 부잣집이건 건너뛰지 않고 순서대로 가야 하며, 험한 음식이나 좋은 음식이나 주는 대로 받아야 한다. 음식의 양과 질을 가리지 말고 주는 대로 받아먹는 것이 탁발의 기본 원칙이다. 때문에 초기 승단에서는 육식 금지와 같은 음식 규정은 존재하지 않았다.

붓다의 죽음은 이 탁발의 문화와 관련이 있다. 어느 날 대장장이 춘다가 붓다 일행에게 공양을 대접하기 원하였다. 붓다는 춘다가 정성껏 마련한 음식을 먹고 식중독으로 자리에 누웠다가 죽음을 맞이하였다. 교조가 식중독으로 죽었다는 사실은 춘다에게도, 동행한 무리들에게도, 승가 공동체에게도 곤혹스러운 일이었다. 때문에 붓다가 먹은 음식이 상한 고기였다거나 혹은 고급 버섯이었다거나, 또는 붓다는 식사 이전에 발병하였으며 음식으로 오히려 일시 회복하였다는 등의 논란이 있었다.

하지만 너무나 평범한 범부의 죽음과 같은 붓다의 죽음은 붓다의 가르침이 지시하는 곳을 보다 선명하게 드러내 보여주고 있다. 붓다가 깨달은 진리, 수십 년간 거리 위에서 전한 가르침은 신비로 채색된 몸과 마음의 영생과 같은 것이 아니다. 그것은 우리가 발 디디고

살고 있는 세계와 어이없이 쉽게 허물어지는 신체의 '있는 그대로'의
모습을 직시하게 한다.

 붓다는 말한다.

 보라, 모든 것은 지금 불타고 있다. 그것은 무엇으로 인해 타고
있는가?

 탐욕의 불, 노여움의 불, 어리석음의 불로 인해 타고 있다.

 수행자들이여, 이것을 바로 보는 자는 모든 것에 대한 애착이
없어질 것이다.

 애착이 없어지면 그는 영원한 안락을 누릴 것이다.

 (『상윳다 니까야』 35.28)

6. 고타마 붓다의 가르침

내가 애써 증득한 것, 실로 지금 이것으로 족하지 않을까?
탐욕과 분노가 가득한 자들은 결코 증득할 수 없는
이 진리(dharma)는 〔세속을〕 거슬러 오르고, 미묘하고, 심오하며,
이해하기 어려우니, 탐욕에 오염되고 어둠의 덩어리에 덮인 자들은
볼 수가 없구나.

(SN 6.1: Brahmāyācanasutta)

아무도 가 본 적 없는 미지의 세계에 발을 디딘 감동을 말로 전달하기는
매우 어려운 일이다. 가쁜 숨을 몰아쉬며 정상에 도착하여 두 발로
천하를 딛고 멀리 대지를 바라볼 때의 웅장해지는 마음, 갓 태어난
아이의 울음소리를 들을 때 솟아오르는 복잡 미묘한 감정, 악몽에
가위눌려 버둥거리다 간신히 깨어났을 때의 안도감, 이런 느낌을
겪어보지 않은 사람에게 설명하기는 아마도 불가능할 것이다.

붓다는 보리수 아래서 깨달음을 성취하고, 그것을 말로 전달하는 것이 가능할까 의심하였다. 그것은 무엇보다 탐욕과 분노가 가득한 자들은 증득할 수 없는 것이다. 탐욕과 분노를 일상에 소지품처럼 간직하고 살고 있는 우리들로서는 붓다의 깨달음은 증득할 수 없고, 당연히 그것을 이해할 수도 없다. 그렇다면 붓다의 깨달은 경지를 설명한다는 것은 말 그대로 '소귀에 경 읽기'가 아닐까?

하지만 붓다의 자비는 불가능한 소통에 도전하도록 이끈다.

중도中道

상윳따니까야의 『초전법륜경』(S56:11)에는 붓다가 깨달은 직후 다섯 명의 수행자들에게 전한 최초의 설법이 전해진다. 첫 번째 주제는 출가자들이 피해야 할 두 가지 극단적 자세에 관한 것이었다.

감각적 욕망들에 대한 쾌락의 탐닉에 몰두하는 것과, 괴롭고 성스럽지 못하고 이익을 주지 못하는 자기 학대에 몰두하는 것이다. 비구들이여, 두 가지 극단을 의지하지 않고 여래는 중도中道를 완전하게 깨달았다. 〔이 중도는〕 안목을 만들고, 지혜를 만들고, 고요함과 최상의 지혜와 바른 깨달음과 열반으로 인도한다.

이제 붓다는 자신을 깨달은 자, 여래(如來, tathāgata)라고 칭한다. 그는 자신과 함께 수행했던 다섯 비구들에게 자신이 깨달은 바 진리를 전하고자 하였다. 그는 출가자가 피해야 할 '저열하고 촌스럽고 범속하고 성스럽지 못하고 이익을 주지 못하는' 두 극단을 경계한다. 그것은 '감각적 욕망에 대한 쾌락의 탐닉'과 '괴롭고 성스럽지 못한 자기학대'의 양극단이다. 극단적 고행은 쾌락의 탐닉만큼 해로운 것이다. 이 극단을 피한 중도의 길이 완전한 깨달음과 열반으로 인도한다.

지금 여기서 '두 가지 극단'은 저잣거리에서 만나는 범부가 아니라, 인생과 죽음의 문제를 끌어안고 들끓는 마음을 다스리고자 분투하고 있는 많은 사람들과 수행자들을 향하고 있다는 사실을 유념해 둘 필요가 있다. 수행을 고민하였던 사람이라면 안다. 금기를 깨고 감각적 욕망에 몸을 던져버리고 싶은 강력한 충동, 동시에 극단으로 자신을 몰아붙여 죽음도 불사하고 싶은 초탈에 대한 갈증. 이 둘은 사실 쌍둥이이자 거울에 비친 동일한 이미지들이다. 벗어나고자 수행을 시작하였으나, 수행이라는 집착의 늪에 빠지고 만 셈이다. 사실 매우 진지한 수행자라야 도저히 어쩔 수 없는 마음의 불덩어리를 안고 몸부림치기도 하고 마침내 깊은 늪에 빠지기도 한다. 붓다 자신도 그런 고행의 시간을 통과한 후에야 중도의 길을 발견하였다.

그러나 깨달음은 탐욕이나 극단적 고행의 결과물이 아니다. 그것은 괴롭고, 성스럽지도 못하고, 이익을 주지도 못하는 길이다. 최상의 지혜와 바른 깨달음과 열반으로 이끄는 길은 극단을 피하고, 마음이 집착으로부터 자유로워진 중도에서만 성취될 수 있다. 이것은 붓다의 사상과 수행을 일관하여 흐르는 정신이다.

『사문과경』에서 일관적으로 비판하고 있는 주제를 하나로 압축한다면, 그것은 '양극단의 부정' 혹은 '중도中道'이다. 한쪽으로 편향된 유물론, 운명론, 도덕부정론, 실재론, 불가지론, 금욕주의 등은 모두 극단에 치우친 견해들이다. 불교 전통에서는 그것들을 자아와 사물의 영속성에 기반한 상견常見 혹은 만물을 허구적 환상으로 치부하는 허무주의적 단견斷見으로 비판한다. 불교철학사에서 모순적 상황의 등장과 그것을 극복하기 위한 다양한 변주곡은 대부분 양극단을 피하면서 중도의 관점에서 세계를 이해하고 수행의 길을 제시하고자 하는 노력의 산물들이다. 적어도 종교로서 불교의 사상체계에는 '윤리적 삶'과 '고통으로부터의 해탈'을 위한 진리가 세계의 존재론적 진실에 선행한다.

네 가지 성스러운 진리

붓다의 깨달음은 일차적으로 '고통으로부터의 해탈'을 중심으로 고통의 원인에 대한 분석과 해탈의 길을 밝히고 있다. 그것이 바로 네 가지 성스러운 진리(四聖諦)이다. 사성제四聖諦란 고집멸도苦集滅道의 성스러운 진리, 즉 모든 중생이 고통 가운데 있으며, 고통이 일어나는 원인으로서 집착(갈애), 고통의 소멸과 고통의 소멸이라는 결과를 낳는 길을 가리킨다.

고통의 성스러운 진리(苦聖諦)는 생로병사의 네 가지 괴로움(四苦)에, 원증회고(怨憎會苦: 싫어하는 것을 만나는 괴로움), 애별리고(愛別離苦: 좋아하는 것과 헤어지는 괴로움), 구부득고(求不得苦: 원하는 것을 얻지 못하는 괴로움), 오온성고(五蘊盛苦: 오온 자체가 야기하는 괴로움)을 포함한 여덟 가지 괴로움(八苦)을 지칭한다. 우리가 오온으로 이루어져 있다는 사실 자체에서 비롯되는 고통은 근원적이고 존재론적이다.

진화의 관점에서 볼 때, 인간을 비롯한 모든 유기체종들은 지속적인 생사의 순환을 통해 진화를 촉진해 왔으며, 타자의 희생을 통해 생존할 수밖에 없는 경로를 더듬어왔다. 오늘도 나의 신체는 다른 동물의 신체를 먹고 생명을 유지하고 있다.

　성 분화와 성 선택의 과정은 진화의 강력한 추동력이다. 그러나 그로 인해 동물들은 얼마나 많은 희생을 감수해야 했으며, 우리 인간은 또 얼마나 많은 비극을 써내려 왔던 것인가? 성 선택과 관계의 문제는 역사를 관통하여 남녀 사이에 수많은 갈등과 예측할 수 없는 돌발변수들을 기록하여 왔다. 그것은 헤아릴 수 없는 비극들의 원인이었으며, 또한 동시에 인간이 보여준 숭고한 아름다움과 기적들의 원동력이 되기도 하였다. 그것은 실로 예측할 수 없는 혼돈의 힘이라고 할 만하다. 때문에 많은 종교들은 성 선택의 문제를 아예 제거하려는 극단적인 모습을 보여주기도 한다. 가톨릭, 자이나, 불교 등에서 출가出家와 독신주의獨身主義와 관련된 문제들은 우리가 처해 있는 현실을 웅변하고 있다.

　고통을 일으키는 원인인 집착에 관한 진리(集聖諦)는 생사의 윤회를 야기하는 갈애와 탐욕에 관한 진리이다. 감각적 욕망에 대한 갈애, 존재에 대한 갈애, 존재하지 않음에 대한 갈애가 고통의 원인이다. 감각적 욕망이란 눈, 귀, 코, 혀, 신체에 상응하는 시각, 청각, 후각, 미각, 촉각이 자극하는 욕망에 대한 갈애를 말한다. 아름다운 것이나 자극적인 영상을 보면서 느끼는 시각적 쾌락은 특히 현대인들의 일상에 깊이 침투한 욕망을 드러낸다. 귀를 자극하는 소리에 대한 탐닉은 때론 마음을 격동시킬 만큼 강력하다. 해외에까지 이어지는 맛집

탐방이나 문화적 신드롬이 된 먹방은 후각과 미각의 욕망을 극대화하고 있다. 성적 접촉의 욕망이 이성을 마비시키고 역사를 뒤틀어 버리는 희비극은 종교경전에서 통속소설에 이르기까지 잘 알려진 사실이다. 다섯 가지 감각적 욕망은 서로 함께 작용하여 상승작용을 일으키며 우리를 더욱 무력하게 만든다. 그것이 괴로움을 낳을 것이라는 사실을 분명히 알면서도, 우리는 몇 번이고 부나방처럼 그 욕망의 덫으로 걸어 들어간다. 욕망 앞에서 우리는 절망적으로 무력하고, 한심스럽게 무지하다.

존재와 비존재에 대한 갈애는 직관적으로 소유하고 싶어 하는 것과 갖고 싶지 않은 것들에 대한 욕망과 관련지어 생각해 볼 수 있다. 사랑하는 사람은 있었으면 좋겠고, 미운 경쟁자는 없었으면 좋겠다. 그러나 존재와 비존재에 대한 갈애는 한층 더 깊은 의미를 함축한다. 존재에 대한 갈애는 영원한 존재, 더 고양된 상태의 존재에 대한 갈애를 의미한다. 내가 더 오래, 나아가 이 생을 마친 후에도 영원히 살기를 원하는 마음이나 고도의 수행단계에 머무르기를 바라는 마음과 같은 것이다. 요컨대 자아에 대한 집착이 바로 존재에 대한 갈애이다. 반면 존재하지 않음에 대한 갈애란 단견斷見이 함께하는 탐욕을 이른다. 그것은 어차피 영원하지 않은 무아인데 애써 수행하고 노력하는 일이 무슨 소용이 있는가라고 생각하는 도덕적 허무주의나 절망감, 혹은 죽음에의 충동 같은 것들에 해당한다.

이러한 갈애는 모두 우리의 고통이 얼마나 깊은 뿌리를 가지고 있는지 확인해 준다. 그러나 그러한 괴로움으로부터도 벗어날 수 있는, 괴로움의 소멸에 이르는 진리(滅聖諦)의 길이 있다. 그것은 모든 갈애가 떠나고, 소멸하고, 갈애에서 벗어나 집착이 없고 해탈한 그런 길이다. 그 길은 여덟 가지 구성요소를 가진 성스러운 길(八聖道)로 바른 견해(正見), 바른 사유(正思惟), 바른 말(正語), 바른 행위(正業), 바른 생계(正命), 바른 정진(正精進), 바른 마음챙김(正念), 바른 삼매(正定)를 포함한다. 이제 길은 알려져 있다. 누구나 이 길을 걸음으로써 실제로 괴로움의 소멸에 도달할 수 있는지 검증해 볼 수 있다.

신 죽음 이후의 세계를 고뇌하였던 니체에게서도 8정도의 일부를 발견할 수 있다.

나는 암흑 속에 있었다. 그러나 세 걸음을 떼자 낙원이 나타났다. 첫 걸음은 바른 생각, 두 걸음은 바른 말, 그리고 세 번째 걸음은 바른 행위였다.

신이 부여한 진리와 삶의 가치들이 존재하지 않는 어둠 속에서, 니체는 바른 사유(正思惟), 바른 말(正語), 바른 행위(正業)의 세 걸음을 내딛으면서 낙원을 발견하였다. 8정도에서는 바른 생각이 있기 위한 선결조건으로 바르게 봄(正見)을 요구한다. '본다(見)'는 것은 세계를 '있는 그대로' 보는 참된 지각을 의미한다. 또 바르게 봄은 앎과 같은 의미를 지닌다. 우리는 보는 것만큼 알 수 있고, 동시에 아는 것만큼 볼 수 있다. 바르게 보지 못하면서, 바른 생각을 하기는 대단히 어려운 일이다.

많은 경우에 우리의 그릇된 견해는 대상을 '있는 그대로' 보지 못하게 하는 선입견과 편견과 지각의 한계에서 비롯된다. 잘못된 지각경험이 오랜 기간 누적되면, 우리의 사유는 신념에 차고 자기완결적인 왜곡상태에 빠져든다. 그렇게 자기확증에 빠진 사람을 말로 설득하여 세계의 실상을 보게 하기는 아마도 낙타가 바늘구멍으로 들어가기보다 어려울 것이다. 종교적 신념이나 이념에 빠진 사람들은 이런 자기 함정에 빠지기 쉽다. 불교라고 예외는 아니다. 따라서 어떤 생각을 신념으로 가지기 전에 우리는 자신에게 물어보아야 한다. 나는 '있는 그대로'의 실상을 바르게 보고 있는가? 같은 이유로 불교철학의 모든 학파들은 세계를 바르게 인식하기 위한 방법에 대해 깊이 탐구하고 있으며, 그 결과 증득한 '있는 그대로'의 세계 실상에 대한 논증을 철학의 핵심으로 삼고 있다.

자기 자신과 진리에 의지하라

불교의 철학적인 면모는 이처럼 '있는 그대로'의 진실에 의지하여 스스로 깨닫고 수행하기를 격려하는 붓다의 가르침과 수행전통에 있다. 플라톤을 비판적으로 계승하면서도 스승을 극복하고 자신의 철학을 확립하고자 했던 아리스토텔레스 이래 서양철학에서 발견되는 학문적 주체성과 비판 정신이 불교사상의 심층에서도 흐르고 있다.

붓다의 제자 가운데 사리푸트라는 지혜가 가장 뛰어났으며, 승단이 직면한 분열과 갈등의 위험도 원만히 해결해낼 지도력을 갖춘 인물이었다. 그러나 안타깝게도 제자 사리푸트라는 스승인 붓다보다 앞서 죽음을 맞고 말았다. 붓다를 따르던 무리들은 사리푸트라를 잃고 슬픔에 잠겼을 뿐만 아니라, 이제 연로한 교조 붓다의 열반도 멀지 않았음을 예감하게 되었다.

붓다가 아난다에게 말하였다.

아난다여, 알아야 한다. 여래如來도 오래지 않아 지나가고 말 것이다. 그러므로 아난다여, 마땅히 스스로 피난처〔洲〕가 되어 스스로 의지하고, 법을 피난처로 삼아 법을 의지하고, 다른 것을 피난처로 삼지 말고 다른 것을 의지하지 말라. (『잡아함경』 25권, 「순타경」)

이제 스승 붓다 자신도 세상을 떠나야 할 것이다. 지금까지는 상황에 따라, 대중의 요구에 따라 붓다가 직접 적절한 말씀과 대응을 제시해 주었기 때문에 승가 공동체가 원만히 유지될 수 있었다. 하지만 공동체의 구심점인 교조의 자리가 비게 된다면, 이제 진리에 대한 해답은 누구에게 묻고, 승단의 전통은 누구에게 의지할 것인가?

붓다는 말한다. 의문이 생기거나 위기가 도래하였을 때, 붓다의 제자들이 의지해야 할 것은 자기 자신과 전해받은 진리 두 가지이다. 이것을 동아시아의 한자문명권에서는 자귀의自歸依 법귀의法歸依, 혹은 자등명自燈明 법등명法燈明으로 번역하였다. 귀의歸依는 문자적으로 '돌아가 의지하다'는 의미이다.

'자신에게 돌아가 의지하라, 진리에 돌아가 의지하라.'
'자신의 등불을 비추어라, 진리의 등불을 비추어라.'

불교에서 최상의 기준은 자신이 깨달은 바, '있는 그대로'의 진리에 의지하는 것이다. 물론 그것이 주관적이고 독단적인 자기주장에 집착하라는 의미가 아님은 말할 것도 없다. 수행자는 철저하게 주관과 독단을 극복하고, 분별과 편견이 배제된 '있는 그대로'의 실상을 보기 위해 수행해야 한다. 그리고 그렇게 해서 증득한 진리에 신념을 가지고 의지할 수 있어야 한다.

'진리에 귀의하라'고 할 때, 진리는 이중적인 의미를 지닌다. 하나는 물론 교조 붓다가 가르친 진리를 말한다. 불교는 붓다의 깨달음과 그 깨달음의 가르침에 기반하여 형성되었다. 붓다의 승가는 그 붓다의 가르침이 진리임을 믿는 무리들의 공동체이다. 그런 점에서 '진리의 등불'은 무엇보다 일차적으로 '붓다의 진리'임을 부인할 수 없다.

'법귀의'에 대한 다른 의미는 자기 자신에 의해 혹은 그것이 누구이건 이미 확립된 진리 자체에 대한 강조이다. 그것은 전통이나 종교적 권위 혹은 세간의 상식과 같은 것이 아니라 그것이 날카로운 지성과 직접적인 경험에 의해 확인된 진리인 한 그 진리 자체에 대한 귀의를 말한다. 그리고 불교 전통은 후자의 관점을 더 중요시하는 역사를 자랑한다. 불교전통에서 붓다를 믿고 따르는 것은 그의 가르침이 진리이기 때문이다. 그의 가르침이 진리이기 때문에 그를 믿고 따르는 것이지, 그를 믿기 때문에 그의 가르침이 진리가 되는 것이 아니다.

붓다 자신의 급진성은 불교철학이 현대의 철학이나 과학과 만나 자신을 개방하고 새로운 진리들을 적극적으로 수용할 수 있게 하는 개방성의 근거이다. 간혹 불교를 미래에 살아남을 유일한 종교 등으로 묘사할 때, 그것은 독단을 배제한 '있는 그대로'의 진리에 귀의하고, 그 진리의 등불에 의지하는 불교전통에 대한 찬사라고 할 수 있다.

새로운 진리의 발견은 붓다가 깨달은 진리에 대한 검증을 요구한다. 지금도 불교 공동체의 일원으로 있다는 사실은, 새 시대의 진리들에 비추어도 붓다의 진리는 여전히 유효하다는 '자신의 등불'을 밝히는 일과 같다.

'만물이 고통 가운데 있으며, 그것은 집착에서 비롯되었다. 거기에는 소멸의 길이 있고, 고통으로부터 해탈로 인도하는 길이 있다'는 사성제 四聖諦는 오늘날에도 여전히 유효한 붓다의 가르침이다. 아직 8정도를 완주하지 못한 입장에서 검증이 완결되지는 못하였지만, 적어도 지금까지 '자신의 등불'에 비추어 본 한에서는 그것이 진리이고, 나머지 길을 추구해 보겠다는 신념을 가지고 있다면, 당신은 매우 현대적이고 충실한 현대의 불교도이다.

붓다는 자신이 깨달은 바 진리를 청자들의 처지와 형편에 따라 다양한 방식으로 전하였다. 초기의 경전에 따르면, 붓다의 가르침은 사성제四聖諦, 연기법緣起法, 삼법인三法印의 형태로 설명되고 있다. 붓다는 일체세계와 만물이 고통 가운데 있다는 인식에서 출발하여, 고통으로부터 해탈에 이르는 길을 제시하여 보여준다. 철학적 관점에서 붓다는 '나'와 '세계'라고 불리는 것들의 '있는 그대로' 모습을 분석하고, 그것들이 모두 실재성을 결여한 임시적이고 가설적인 존재들에 지나지 않음을 설하고 있다.

불교의 다양한 학파들은 모두 자신들이 본 '있는 그대로'의 관점에서 무아無我와 연기緣起, 사성제와 팔정도, 무상無常 등의 진리를 해명하고자 하였다. 학파들의 논쟁은 때로는 미세한 지엽말단적 주제에 몰입하는가 하면, 때론 같은 주제에 대해 학파 간에 전혀 상반된 논지를 전개하기도 한다. 그러나 그들은 모두 자신들이 깨달은 바 '있는 그대로'의 진리가 붓다로부터 전해진 깨달음의 진리와 동일한 것이라고 주장한다. 전생의 고승이 환생하였다고 주장할 때에도 여전히 무아無我의 가르침은 굳건히 지켜야 하는 핵심적인 진리이다.

초기불교의 경전에 전하는 붓다 자신의 가르침에 대한 이해는 이후 불교사상의 전개를 이해하는데 불가결한 전제가 된다. 이제부터 붓다의 진리주장과 경전의 전승, 그리고 학파불교에서의 이해와 해석을 하나씩 검토해 보기로 하겠다.

7. '나'는 존재하지 않는다

—무아

제행무상諸行無常

제법무아諸法無我

일체개고一切皆苦

만물은 무상하고, 무아이며, 고통 가운데 있다. 불교사상에서 핵심을 이루는 이 세 가지 진리를 삼법인三法印이라고 한다. 다시 말해 붓다가 가르친 '세 가지 진리의 도장'이다.

    모든 현상은 변화하는 것이다.

    모든 존재는 실재성이 없다.

    만물은 고통 가운데 있다.

우리는 앞서 사성제에 대한 논의에서 고통에 관한 성스러운 진리와 고통으로부터 해탈하는 길에 관한 진리를 살펴보았다. 고통에 관한 성스러운 진리는 '만물이 고통 가운데 있다'는 것이며, 이 고통에 관한 진리를 아는 것도 역시 성스러운 일이다. '나'라고 하는 존재의 고통과 실존의 고통을 느끼고, 깊이 통찰하고, 바르게 아는 것 자체가 성스러운 길에 속한다. 우리는 일상의 어려움으로 늘 불평하고 고통을 호소하며 살고 있지만, 실상은 타성에 젖어 무감각하거나, 너무 고통스러운 나머지 직면하기를 회피하거나, 순간순간의 달콤함에 빠져 고통에서 고개를 돌려 버리고 산다.

'만물이 고통 가운데 있다'는 사실을 통찰하기는 생각보다 쉽지 않다. '인생이 근원적으로 고통이다'는 진리를 인정하기 위해서는 많은 용기가 필요하다. 삶의 목적과 의미를 '행복'에서 찾고 있는 현대인들은 자신의 성취나 성공의 모습을 SNS에 '행복한 증거'로 남기고 싶어 한다. 우리는 남들이 보여주고 싶어 하는 '최고로 행복한 이미지들'과 나의 현실을 비교하고, 절망하며, 그것을 만회라도 하려는 듯 자신의 '최고로 행복한 이미지들'을 다시 SNS에 업로드한다.

'만물이 고통 가운데 있다'는 말은 나뿐만 아니라 저 '최고로 행복한 이미지들'의 주인공도 고통 가운데 있다는 의미이다. 그것은 '모두가 아픔을 가지고 살아간다'는 말의 다른 표현이다. 멀리서 보면 평화롭고 아름다운 자연의 동물들도 현실은 생존을 위한 고통스러운 사투의 연속이다. 시속 80km의 속력으로 질주하는 임팔라를 향해 용수철처럼 튀어 올라 목덜미를 낚아채는 표범의 민첩함은 경이로움을 불러일으킨다. 그러나 거기에는 죽음이 있다. 표범의 생존은 임팔라의 고통을 기반으로 한다. 우리는 성공한 만큼의 고통을 쌓으며 살고 있다.

현실의 삶이 괴롭다고 '고통에 관한 성스러운 진리'가 저절로 체득되는 것은 아니다. 그렇다면 임팔라가 고성제를 깨달았을 것이다. 하지만 고통과 번뇌의 날들을 보내고 있는 이들에게 고성제苦聖諦의 깨달음이 훨씬 가까이 있다는 사실만큼은 틀림이 없다. '만물이 고통 가운데 있다'는 진리의 깨달음은 '모두가 아픔을 가지고 살아간다'는 사실에 대한 통찰이고, 자신의 고통에 대한 자기인식이다. 나의 괴로움과 타자의 괴로움에 대한 공감능력은 나를 진리로 이끌어가는 동력이 된다.

무아(無我, nairātmya)

19세기 슈펭글러(Oswald Spengler)와 같은 서구의 사상가들은 붓다의 가르침을 허무주의적인 도피의 사상이라고 비판하였다. 그들의 비판은 기본적으로 '고통'과 '무아'의 진리에 대한 피상적인 이해에서 비롯되었다. 불교는 삶을 고통의 연속으로 보는 염세주의이며, 행위의 주체이자 과보의 담지자인 영혼을 인정하지 않는 허무주의 사상으로 비쳐졌다. 그것은 물론 기독교적인 세계관의 편견이 작용한 것이지만, 『사문과경』에서 본 바와 같이 슈라마나의 철학에서 흔히 발견되는 문제 혹은 오해의 소지이기도 하였다.

붓다가 설한 '고통'과 '무아'는 정말 우리를 허무주의와 부정적 세계관으로 이끄는가?

이제부터 무아無我와 자아自我 개념을 중심으로 이 문제를 고찰해 보고자 한다.

자, 붓다는 '자아'를 부정하고 '무아'를 가르쳤다. 당신은 이 가르침을 받아들일 수 있는가?

먼저 '자아'에 대한 몇 가지 견해들을 검토해 보자.

'자아'는 '나를 나이게 하는 그 무엇', 즉 자기정체성 혹은 자기동일성을 유지하는 어떤 것이다. 강의실에서의 학생들에게 이 질문을 하면, 일차적으로 신체적 연속성에 주목하여 유전자(DNA)나 정신적 측면에서 기억을 자기정체성의 근거로 보는 직관적인 대답을 자주 듣게 된다. 그러나 두 가지 주장은 다음과 같은 가정에 의해 쉽게 허물어진다.

디스토피아적 미래를 주제로 한 공상과학 영화에 등장하는 클로닝 기술은 유전자와 자아의 동일성에 의문을 제기한다. 복제된 인간이나 동물은 유전자 정보 측면에서는 완전히 동일하지만, 유전자가 발현한 표현형에서는 독립적인 개체들이다. 일란성 쌍생아의 경우에도 유전자 정보는 동일하다. 그러나 둘은 독립적인 존재로 태어나 별개의 인격으로 성장한다.

'나'의 신체적 변화에도 불구하고 변하지 않는 '나'로서 시간적 연속성을 부여하는 기억도 자아의 요소가 될 수 없다. 실제로 우리는 경험의 대부분을 망각하면서 살아간다. 기억이 자아를 구성한다면, 우리는 자아의 대부분을 상실하면서 살아가고 있는 셈이다. 혹은 SNS에 기록된 '나'가 그것을 기록하고 보고 있는 나보다 '나의 정체성'을 더 많이 가지고 있을 수도 있다. 기억상실의 사례는 한 몸에 기억 상실 이전 자아의 소멸, 기억하고 있는 새로운 자아의 발현, 두 자아 사이의 단절이라는 새로운 문제를 야기한다.

하나의 몸이 여러 자아를 가질 수 있는가?

이 질문은 물리적 신체와는 구분되며, 경험의 기억과는 별도로 존재하는 정신적 실체로서 자아를 상정하게 한다. 영화 '아바타'에서는 주인공 제이크의 자아를 두 가지 상이한 자아관념으로 묘사하고 있다. 하나는 장애를 가진 지구인 제이크의 신체에 깃든 정신과 아바타인 나비족의 몸에 속하는 정신을 동일자로 보는 자아관념이다. 제이크의 자아는 신체의 차이에도 불구하고 동일성을 지니는 개별적 영혼과 같은 자아이다. 다른 하나는 나비족을 포함한 판도라 행성의 유기적 존재들이 하나의 생명으로 합류하는 우주적 생명으로서의 자아이다. 판도라 행성의 신성한 생명체들을 연구하던 식물학자 그레이스 어거스틴은 자신의 개별적 인격성을 소멸하고 생명의 바다로 흘러들어간다.

두 가지 상이한 자아관념은 서양종교와 동양종교에서 자아와 생명을 바라보는 관점을 보여준다는 점에서 흥미롭지만, 다음 장에서 이어지는 '윤회'의 문제와 관련해서 보다 중요한 함축을 지닌다.

여기서는 먼저 붓다의 무아無我 개념을 간단히 살펴보기로 하자.

먼저 무아無我의 가르침이 인도라는 토양에서 싹이 트고 성장하였다는 사실을 유념할 필요가 있다. '고통으로부터의 해탈'이라는 인도 종교사상의 전통적 과제를 안고 씨름하였던 붓다는 마침내 '무아'라는 대답을 깨닫는다. 이때 무아는 정통 브라만교의 '아트만(ātman)의 비존재'로서 무아(anātman)를 의미한다. 무아는 '무아'와 같은 어떤 것이 있음을 주장한 것이 아니라, 무엇의 없음, 즉 '자아'의 부정으로 정의되는 진리이다. 따라서 무아를 이해하기 위해서는 먼저 아트만이 무엇인지 알아야 한다.

『브리하다란야카 우파니샤드』에서는 아트만을 다음과 같이 정의

한다.

> 그는 보이지 않는 보는 자이며, 들리지 않는 듣는 자이며, 생각되지
> 않는 생각하는 자이며, 알려지지 않는 아는 자이다. …
> 그는 그대의 자아이며, 내면의 지배자이며, 불멸하는 자이다.
> (『브리하다란야카 우파니샤드』 III.7.23.)

아트만은 지각과 사유의 주체이다. 그것은 대상을 보고, 듣고, 사유하고, 아는 자이지만, 보이거나 들려지거나 사유되어지거나 알려지지는 않는 존재이다. 이처럼 지각되지 않는 자아가 내면의 지배자이자 불멸자인 나의 자아이다. 자아는 현실적 경험이나 사유의 범주를 넘어선 존재이기 때문에, 현실에서의 희로애락에 어떤 영향도 받지 않는다. 우리가 해야 할 일이란, 고통을 야기하는 현실의 환영을 떨쳐내고 자신의 자아를 깨달아 속박으로부터 벗어나게 하는 것이다. 여기에서 '생각하는 나'는 그림자와 같은 환영일 뿐이다. 초점은 불변하고 영원한 자아이지 현실에서의 고통이 아니다. 고통이나 기쁨의 현실이란 모두 이 영혼의 해탈을 위해서만 의미를 지닌다.

붓다는 바로 이 '자아'가 실재하지 않는다고 가르친다. 나의 지각을 초월해 있으면서 나의 주인인 영혼과 같은 존재는 인정되지 않는다. 지각되거나 사유되지 않으며 오직 지각과 사유의 주체인 영원한 불멸의 자아는 존재하지 않는다. 지각경험과 사유의 주체인 자아 혹은 영혼이 없다는 말은 무슨 의미인가? 우리는 자아가 없이도 지각할 수 있다는 말인가?

붓다 시대에도 그런 질문이 제기되었다.

사물을 지각하기 위해서는 그 지각대상과 접촉(觸)이 있어야 하고, 나아가 그에 따른 감각(受)과 애착(愛)과 집착(取)과 존재함(有)의 주체가 있어야 한다. 자아가 없다면, 누가 대상과 접촉하고 애착을 일으키고 누가 생사의 업을 일으킨다는 말인가?

이에 대해 붓다는 말한다.

나는 접촉하는 자가 있다고 말하지 않는다. 만일 접촉하는 자가 있다고 말한다면, 마땅히 묻게 될 것이다. '누가 접촉하는가?' 그러나 마땅히 물어야 할 질문은 다음과 같다. '무슨 인연으로 접촉이 발생하는가?' 그렇다면 나는 대답할 것이다. '여섯 가지 감각기관은 접촉의 원인 과 조건이고, 접촉은 감각작용의 원인이 된다.'

(『잡아함경』 15권. 372경 「파구나경頗救那經」)

『우파니샤드』에서 가르치는 바와 같은 영원하고 불변하며 인식을 초월해 있으면서 인식의 주체가 되는 존재로서의 자아(ātman)와 같은 존재는 없다. 지각의 주체가 지각의 대상을 지각함으로써 지각이 발생하는 것이 아니라, 특정한 조건의 성숙에 의해 지각이라는 사건이 발생한다. 대상을 원인으로 하고 감각기관을 조건으로 하여 발생하는 인식작용이 대상의 인식이다. 여기에 자아, 아트만, 영혼 등과 같은 인식주체의 존재는 필요하지 않다.

붓다에 따르면, '나'라고 불리는 것은 물리적 신체(色), 감각(受),

표상(想), 의지(行), 의식(識)을 포함하는 오온(五蘊, skandha)의 결합체이다. 사람들은 이 오온이라는 복합체를 불변하는 '자아'로 착각하여 집착한다. 그러나 오온은 실재성이 없으며, 자아도 아니다.

> 수행승들이여, 어떠한 물질이든, 과거에 속하든 미래에 속하든 현재에 속하든, 내적이건 외적이건, 거칠건 미세하건, 저열하건 탁월하건, 멀리 있건 가까이 있건, 그 모든 물질은 이와 같이 '이것은 나의 것이 아니고, 내가 아니고, 나의 자아가 아니다'라고 바르게 관찰해야 한다. (『쌍윳다 니까야』 22.59)

왜 그런가? 그것은 오온五蘊의 각각을 분석해 보면 알 수 있다. 붓다는 한 비구와의 대화를 통해 물질(色, rūpa)을 비롯하여 다섯 더미가 모두 아트만이 될 수 없음을 하나씩 논증한다.

> "물질(色, rūpa)은 영원한가, 무상한가?" "무상합니다."
> "무상한 것은 만족스러운가, 불만스러운가?" "불만스럽습니다."
> "무상하고, 불만스럽고, 변질되는 것을 '이것은 나의 것이다', '이것은 나이다', '이것은 나의 아트만이다'라고 주장할 수 있는가?"
> "아닙니다."
> (『무아상경』 PT iii.66)

'나'를 구성하는 각각의 요소들은 모두 무상無常하고, 불만스럽고, 변화하는 것들이다. 그런 특성을 지닌 것들은 아트만이 될 수 없다.

아트만은 영원하고, 충만하며, 불변하는 것을 특징으로 한다. 오온의 구성 성분들이 모두 아트만이 될 수 없다면, 그것들의 복합체로서 '나'라고 불리는 것도 '아트만'이 될 수 없다.

플라톤 이래 서양의 종교사상이나 인도의 정통철학에서는 신체를 가진 개별적 존재자들은 영혼과 같은 자아를 지닌다고 보았다. 기독교를 포함한 유신론적 종교전통에서는 종말의 때에 천국에 들어가게 될 영혼의 존재를 포기하기 힘들어 보인다. 하지만 현대의 문화와 철학에서 영혼과 같은 '자아'의 존재는 매우 의심스러운 것으로 간주되고 있다. 메칭거(Thomas Metzinger)의 자아모델(self-model)에 따르면, 자기의식을 가진 자아는 독립적으로 존재하는 것이 아니라 뇌에서 구성되는 것이다. 그것은 사물(thing)이 아니라 과정(process)이다. 메칭거는 세계에 '자아'란 존재한 적이 없으며, 존재하는 것은 단지 우리의 의식적 경험에 출현하는 현상적 자아라고 본다.

홍창성은 『무아, 그런 나는 없다』(2023)에서 영원, 불변, 불멸하는 '자아'나 '영혼'은 모순적 개념이며 철학적으로 정당화될 수 없음을 논증한다. 어떤 것이 영원, 불변, 불멸하다면, 그것은 복합체일 수 없다. 부분들의 집합체는 변화하고 생성소멸하기 때문이다. 따라서 영원, 불변, 불멸하는 '자아'는 단순체여야 하며, '단순체'는 어떤 속성도 가지지 못한다. 그렇다면, 개별적인 영혼이나 자아들은 모두 어떤 속성도 갖지 않아야 한다. 그런데 이것은 다시 영혼에 심각한 문제를 불러일으킨다. 단순체로서의 '영혼'은 나의 영혼과 너의 영혼에 구분이 불가능하다. 이 영혼은 어떤 개별적인 속성의 차별도 없기 때문에 하나의 영혼은 다른 모두의 영혼과 호환이 가능하다. 이것은 판도라 행성에서 우주적 생명으로 흘러들어간 그레이스 어거스틴의 영혼과 같은 것이 될 것이다.

이쯤에서 삼법인의 맥락에서 '무아'의 진리가 지닌 구제론적인 함의를 살펴볼 필요가 있다. 붓다의 문제의식은 '만물이 고통 가운데 있다'는 사실에서 출발하였다. 그리고 삼법인은 일체개고一切皆苦와 함께, 제행무상諸行無常과 제법무아諸法無我의 진리가 상호의존하여 완결되는 체계이다. 영원하고 불변하는 자아에 집착하는 이들에게 제행무상과 제법무아는 고통의 원인이 된다. 만물은 변화하고 자아는 소멸한다. 영원한 생명은 인정되지 않는다. 만물의 고통은 직접적인 나의 고통이 된다. 이것이 우리의 현실이다.

그러나 바로 이 지점에서 다시 제행무상과 제법무아는 일종의 복음으로 전변한다. 고통의 힘은 무상無常과 무아無我에 의해 효력을 상실한다. 무아일 때 고통은 실체가 없는 것임이 드러나고 무상하기 때문에 고통은 흘러가고 소멸할 것이다. 괴로움과 번뇌의 순간에 '이 또한 지나 가리라'고 말할 수 있는 이유가 무상과 무아이다. 무상과 무아에 대한 깨달음을 통해 고통은 열반으로 변화한다. 마침내 일체개고와 열반적정은 하나의 두 측면으로 밝혀진다.

8. 누가 윤회하는가?

전통적인 인도사상의 우주관에 따르면 세계는 시작도 끝도 없이 생성과 소멸을 반복하고 있다. 마찬가지로 세계에 속한 만물도, 그 안에 거주하는 유기체들도 세상에 태어나서 잠시 머무르다가 죽음을 맞이한다. 그런데 지각능력을 가진 유정有情으로 인간에게는 영원, 불변, 불멸하는 영혼인 아트만이 머물고 있다. 신체적 존재자로 한 인간이 태어나고 죽는다고 하더라도 아트만은 생멸하지 않는다. 변화하는 세계 속에서 한 인간의 신체가 수명을 다하고 죽어서 썩어 없어지더라도, 아트만이 새로운 몸을 받아서 생을 이어가는 것을 윤회라고 한다. 몸은 생멸하지만, 아트만은 불변하는 윤회의 주체이다.

윤회輪廻는 산스크리트어로 삼사라(saṃsāra)이며, 문자적으로 '떠돌다'는 의미에서, 세계 속에서 생사를 반복한다는 의미를 지니게 되었다. 불교도 인도사상의 삼사라 전통 안에서 육도윤회六道輪廻의 개념을 정식화하였다. 모든 유정은 태어남과 죽음의 순환고리에 갇혀 있으며, 각자의 업에 따라 천상계, 인간계, 아귀, 축생, 아수라와 지옥의 여섯 세계를 번갈아 가며 윤회한다. 주어진 삶에서 쌓은 선악의 업에 상응하여 행복한 천상의 세계에서 극단의 고통을 받는 지옥까지 상응하는 생을 받게 된다. 비록 천상의 세계가 가장 쾌적한 환경이긴 하지만, 모든 번뇌를 소멸하고 깨달음을 통해 해탈을 이루기에는 인간계가 가장 유리하다. 인간의 삶을 통해 모든 번뇌를 제거하고 깨달음을 증득하면 더 이상 생사를 반복하지 않고 삼사라의 굴레를 벗어날 수가 있다. 이것을 불교에서는 '생사의 문제를 해결한다'고 말한다.

그러나 불교의 윤회 개념에는 인도사상 일반의 윤회와는 본질적인 차이가 있다.

불교에서는 윤회는 있지만 윤회하는 주체가 없다. 태어남과 죽음이라는 삼사라의 굴레에 끊임없이 연료를 공급하는 원인과 조건들만이 존재할 뿐이다.

그렇다면 윤회하는 주체가 없는 윤회란 무엇을 뜻하는 것일까?

'윤회하는 주체가 없는 윤회'란 '무아의 윤회'를 의미한다. 무아이기 때문에 듣고 보고 생각하고 아는 주체가 없는 것과 같이, 무아의 윤회에서는 윤회하는 주체가 없이 특정한 원인과 조건에 의한 윤회의 현상만이 발생한다.

그런데 그것이 도대체 무슨 말인가?

윤회하는 자가 없는데 윤회가 어떻게 성립하는가?

이 같은 문제로 인해 불교사상에서는 '무아'와 '윤회'의 양립가능성을 놓고 오랜 논쟁을 이어오고 있다.

　2023년에는 불교계에서 여러 소중한 인물들이 세상을 떠났다. 그 가운데 중관학자 김성철 교수의 갑작스러운 죽음은 특히 많은 이들의 안타까움을 불러일으켰다. 학계의 소식을 주고받는 카톡방에서는 김성철 교수의 '속환사바速還娑婆'를 염원하는 글들이 줄을 이었다. 여기서 '속환사바'는 '속환사바速還娑婆 광도중생廣度衆生하소서!', 즉 '이 중생(sattva)의 세계로 속히 돌아오셔서, 널리 중생을 인도하여 주소서'라는 의미이다.

　동료와 제자 불교학자들은 김성철 교수의 신행과 그가 이룬 학문적 성취에 대한 찬사와 함께 그가 다시 이 세상에 태어나 만인의 귀감이 되는 삶으로 중생을 이끌어주기를 기원하였다. 그것이 모두의 진솔한 감정이었고, 남은 자들의 안타까움과 슬픔의 표현이었다.

　1984년, '두 이야기의 합류'라는 개념을 통해 한국의 전통과 예수의 복음을 합류하는 신학적 작업으로 주체적 한국신학의 토대를 놓았던 신학자 서남동이 세상과 이른 이별을 고하였다. 그는 기독교 정통신학에서 사후에 영혼이 천국에 가는 부활과는 달리, 영적 존재인 인간이 죽음 이후 우주적 생명의 바다에 합류하는 부활을 기대하였다. 그러나 그의 죽음을 너무나 안타까워 한 노학자는 서남동 교수가 '우주적 생명의 바다에 합류'하기보다는 차라리 전통신학에서 주장하는 천국의 기쁨을 누리는 영혼으로 부활하였으면 좋겠다고 탄식하였다. 지극한 인지상정의 마음이다. 우리는 소중한 사람들이 죽음 이후에도 영혼으로 살아 있기를 기원한다.

　종교로서의 불교는 물론 불교철학에서도 이 문제는 회피하기 힘든 주제이다. 그리고 그와 관련된 논의는 대부분 '무아'와 '윤회'의 관계를 중심으로 전개된다.

　최근『산골 노승의 화려한 점심』을 출간한 향봉 스님은 '윤회는 없다'라는 직설적인 주장으로 불교계에 파문을 일으켰다. 향봉 스님의 주장은 거침이 없다. '윤회 개념은 인도의 힌두교사상이고, 붓다가 언급한 윤회란 중생들의 근기에 맞추어 방편으로 설한 것에 지나지 않는다. 현대과학적 지식이나 사유방식에 따라 판단해 보아도, 윤회란 근거가 없는 미신에 가깝다.'

　향봉 스님의 주장에 대해 승단에서 일부는 외면하고, 일부는 격렬한 비판을 제기하였다. 허정 스님에 따르면, 향봉 스님은 '승복을 입은 단멸론자'이다. 이는『사문과경』에서 초기불교승단이 여타의 슈라마나에 가한 비판과 동일하다. 허정 스님의 논박은 경전의 제시, 논리의 비판, 윤리적 문제의 제기로 이어진다. 윤회에 대한 경증經證과 이증理證, 즉 경전적 논거와 논리적 비판을 검토하기에 앞서, 윤리적·수행적 관점의 비판에 대해 한마디 언급을 해 두고자 한다.

　허정 스님은 '죽음으로 모든 것이 단절되는 게 인생이라면, 무엇하러 계율을 받아 지키고 출가수행을 하는가?'라고 질문한다. 동서양의 철학사에서 유물론자들에게 가해졌던 비판이다. 인생이 물질에 기반한 이 한 몸의 삶으로 끝난다면, 누가 윤리적이고 도덕적인 삶을 살기 위한 수고를 자처할 것이며, 엄격한 수행생활의 고통을 감래할 것인가? 윤회나 부활이 진실이 아니라면, 도덕적 허무주의와 존재론적 단멸론에 떨어지고 말 것이라는 사고방식은 인간의 본성에 대한 부정적 견해를 전제한다. 때문에 조선의 성리학자들은 도덕적 행위의 근거로 제시되는 윤회와 부활을 저급한 종교적 믿음을 반영하는 것으로 비판하였다.

조선 후기 천주교가 유학자들의 관심을 끌던 시기에, 안정복은 도덕적 인과응보에 따라 죽음 이후 천당 혹은 지옥에 간다는 천주교의 사후설을 도덕적 행위에 대해 이익과 복을 따지는 천박한 마음이라고 비판하였다.

> 예수의 세상에 대한 구원은 전적으로 후세에 관한 것으로서 천당과 지옥의 설을 통하여 이를 권면하고 징계하지만, 성인이 도리를 행하는 것은 전적으로 현세에 관한 것으로서 덕을 밝히고 백성을 새롭게 하는 것을 통하여 교화를 펼쳐나간다. … 사람이 현세에 사는 동안에 열심히 선을 실천하여 하늘이 내려준 나의 참된 천성을 저버리지 않는다면 그뿐이지 어찌 털끝만큼인들 후세의 복을 바라는 마음을 가질 필요가 있겠는가. 정자程子가 말하기를, '석씨釋氏는 사생死生을 초탈하여 오로지 자기 개인의 사적인 일만 추구한다.' 하였으니, 천학天學이 지옥을 면하기를 기구하는 것은 자기 일신만을 위하는 행위가 아니라고 할 수 있겠는가. (안정복, 『천학문답』)

안정복은 예수교에서 후세의 구원을 보상으로 현세의 도리를 권면하는 천당지옥설을 비판하면서, 불교의 수행도 오직 사적 이익만을 추구하는 이기적 동기에서 비롯된다고 지적하고 있다. 대다수의 종교인들에게 사후세계의 안녕이 도덕적·수행적 헌신의 동기가 된다는 사실을 부정할 수는 없지만, 사후에 천상의 존재로 혹은 부귀하거나 뛰어난 인생으로 태어나는 근거로 윤회를 거론하는 접근은 사상적으로

궁핍해 보인다.

　윤회에 대한 경전의 언급은 사실 헤아릴 수 없이 많은 편이다. 관련된 논의주제를 구분해 보면, 여섯 층위를 떠도는 육도윤회六道輪廻 와 해탈, 붓다의 전생담, 수행자의 단계, 깨달음의 능력 등과 관련하여 '윤회'가 언급된다. 육도윤회는 감각기능을 가진 유정有情이 형태를 바꾸어 가며 생명을 취하는 과정을 말한다. 초기 불전에 포함되어 있는 교훈적이고 신화적인 자타카(jātaka)는 무수한 생에 걸친 붓다의 윤회를 전제로 붓다가 전생에서 쌓은 공덕을 소개하고 있다.

　수행적 차원에서 깨달음의 흐름에 진입한 예류(預流, sotāpanna), 한 번의 윤회를 거쳐 성자에 도달하는 일래(一來, sakadāgāmi), 욕계로 다시 돌아오지 않는 단계인 불환(anāgāmi), 욕계, 색계, 무색계의 모든 번뇌를 제거하고 해탈한 아라한(arahant)을 깨달음의 길로 들어선 성인의 4단계라고 한다. 성자의 단계 자체가 윤회적 전제 위해 논해지고 있으며, 특히 '일래'와 '불환'은 윤회와 직접적으로 연결된 개념이다. 또한 붓다와 같은 깨달음의 경지에서 획득하는 능력 가운데 숙명통宿命通, 즉 전생을 아는 지혜가 포함되어 있다.

　요컨대 경전에서 윤회의 언급은 부정할 수 없는 사실이다.

　그러나 동시에 경전에 등장하는 윤회의 의미가 문자적으로 받아들일 수 있는 정도로 의심의 여지가 없는지에 대해서는 여전히 의문이 남는다. 육도의 윤회와 전생담과 같은 메시지들을 근거로 삼는 방식은 신이 동정녀인 어머니의 몸을 통해 태어났다는 신화적 전설에 대한 믿음과 어떤 차이도 없어 보인다. 경전에서 신화적 색채를 조금만 제거하고 그 의미를 들여다보면, 윤회하는 주체로서의 자아의 이미지는 희미해진다.

"비구들이여, 그 시작을 알 수 없는 것이 바로 윤회이기 때문이다.
무명에 덮이고 갈애에 묶여서 치달리고 윤회하는 중생들에게
〔윤회의〕 처음 시작점은 결코 드러나지 않는다.

비구들이여, 이와 같이 오랜 세월 그대들은 괴로움을 겪었고,
혹독함을 겪었고, 재앙을 겪었고, 무덤을 증가시켰다.
비구들이여, 그러므로 형성된 것들〔諸行〕은 모두 염오해야 마땅하
며, 그것에 대한 탐욕이 빛바래도록 해야 마땅하며, 해탈해야
마땅하다."

(『상윳따 니까야』 S15:3 「눈물경」)

윤회는 중생들의 생사가 끝없이 반복되고 있는 현상 자체이며,
그것이 언제 시작되었는지 어디에서 시작되었는지 특정하기는 불가능
하다. 다만 괴로움과 고통의 까르마가 결코 드러나지 않는 시작에서부
터 끊임없이 이어지고 있으며, 그 업으로 형성된 것들은 마땅히 해탈해
야 한다. 내가 업의 주인이 아니라, 업이 나의 주인이다.

나의 업이 바로 나의 주인이고, 나는 업의 상속자이고, 업에서
태어났고, 업이 나의 권속이고, 업이 나의 의지처이다. 내가 선업을
짓건 악업을 짓건 나는 그 업의 상속자가 될 것이다. (『앙굿따라
니까야』 「경우의 경」 AN5:57)

내가 업을 짓고 자아가 윤회하는 것이 아니라, 업이 주체이고 업의 흐름이 나라고 가설되는 것이다. 이것이 업의 흐름으로 '무아의 윤회'를 설명하는 방식이다.

불교철학의 학파적 관점에 볼 때, 윤회는 각 학파의 '무아'와 '상속' 개념과 밀접하게 연결되어 있다. 초기불교에서 '자아'란 '오온'의 요소들이 일시적으로 결합하여 나타난 현상에 대한 착각이다. 오직 행위(karma)만이 오온의 요소들을 속박하고 업력이 모두 소멸할 때까지 지속성을 갖는다. 아비다르마철학은 세계를 물질적 요소, 심리적 요소, 관념적 요소들의 결합에 의해 구성된 것으로 파악한다. 여기서 업은 심리적 요소들과 깊이 관련되어 있으며, 업이 소멸하기까지는 심리적 요소들을 속박하는 지속성을 가진다.

깊은 선정으로 '멸진정'에 들어가 감각적 반응이 끊어진 상태이거나 신체적 죽음 이후에도 업의 지속성을 담지하는 '미세한(微細, sūkṣma) 의식(vijñāna)이나 몸(śarira)'의 존재가 요구된다. 윤회적 사유의 맥락에서 존재의 연속성을 '네 단계의 존재(四有)'로 분석할 수 있다. 태어남은 생유生有, 태어나서 죽음까지를 본유本有, 죽음을 사유死有, 그리고 죽음에서 태어남까지가 중유中有이다. 태어남에서 죽음까지는 물질적 신체의 생로병사에 상응하지만, 중유中有는 특별한 위상을 지닌다. 중유의 단계에서는 삶의 과정에서 지녔던 신체는 존재하지 않는 대신 다음 생에서 수태하기까지 전생의 업을 끌고 가는 중음신中陰身이라는 '중간단계의 미세한 몸'이 상정된다.

불교에서는 대체로 신체적인 미세신微細身보다는 의식에 속하는 미세식微細識을 선호한다. 몸의 기능이 멈추거나 신체가 소멸한다고 하더라도 '미세한 의식'이 남아서 흐름을 유지하는 지속성을 설명할 수 있기 때문이다. '미세식' 개념은 이후 유식사상에서 '알라야식(ālaya-vijñāna)'이라는 보다 정교하고 확장된 개념으로 발전하였다. 이 미세한 의식의 흐름이나 알라야식에는 '자아'나 '자아의식'이 없다. 다만 식의 흐름을 보고 '자아'관념을 투사하여 그것은 '나'라고 집착하는 의식적 작용이 있을 뿐이다.

동아시아에서는 전통적으로 사람이 죽으면 혼魂은 하늘로, 백魄은 땅으로 흩어진다고 생각하였다. 몸을 구성하였던 신체적인 요소와 정신적 요소들이 모두 흩어져 하늘과 땅의 본래 장소로 돌아간다는 의식이다. 따라서 죽음 이후에 현세에 영향을 미치거나 현세의 업을 지속하는 일 따위는 원칙적으로 불가능하다. 신체와 혼백이 천지의 요소로 흩어져 사라진다는 점에서는 불교와 유사성이 있지만, '미세식 微細識'이 특정한 흐름의 범주를 한정한다는 점에서 차이를 보인다.

불교사상에서 '미세식'은 자기동일성을 유지하는 '자아'와 흩어져 사라지는 '혼백'의 중간 정도에 위치한 개념이다. 항상 변화하기 때문에 영원, 불변, 불멸하는 '자아'일 수는 없지만, 완전히 흩어져 소멸하는 것이 아니라 업력의 결과를 산출한다는 점에서 혼백과는 다르다. '무아의 윤회'는 바로 이 모호한 중간지대에서 전개되기 때문에, 붓다 시대 이래 끊임없는 논란의 쟁점이 되어 왔다.

21세기 벽두에 한국의 불교학자들 사이에서 '무아'와 '윤회'에 관한 논쟁이 재현되었다. 김진(2005)은 '무아는 윤회의 주체가 될 수 없으며, 윤회는 자기동일성을 가진 주체를 전제하는 경우에만 가능'하기 때문에, 무아와 윤회는 양립불가능한 개념이라고 단정하였다. 그에 따르면, '무아의 윤회'란 '네모난 삼각형'과 같이 성립할 수 없는 모순적 개념이다. 모순을 해소하기 위해서 칸트가 실천이성의 차원에서 요청하였던 신神과 같이 자아自我의 요청을 제안하였다. 이에 대해 한자경, 김종욱 등 일군의 학자들은 '무아'와 '윤회'는 양립가능하다는 관점에서 업業의 윤회, 식識의 윤회, 연기적 윤회 등 다양한 학파철학의 해석을 제시하였다.

문제가 원점으로 돌아온 느낌이다.

어떤 형태로든 '자아'를 상정하는 해석은 수용할 수 없다. 그러나 동시에 '무아의 윤회'에서 '무아'는 '윤회'를 무의미하게 만든다.

무엇보다 문제를 어렵게 만드는 지점은, 현실의 한국불교에서 주장되는 '윤회' 개념이 대부분 '아트만의 윤회'에 상응한다는 사실에 기인한다. 현생의 수행을 통해 내생에 다시 태어날 때에는 천상의 존재나 뛰어난 인간으로 태어나기를, 바퀴벌레나 가축으로 태어나지 않기를 바라는 윤회관이다. 유사과학적 증거들로 보강된 전생의 체험이나 임사체험의 증언들은 육신의 죽음에도 불구하고 자기의식을 갖는 동일적 주체로서의 자아를 전제하고 있다. 그것은 분명 실재하는 영혼과 같은 '자아'의 존재에 기반한 윤회관이다.

만일 애벌레가 자라서 나방이 되는 것처럼, 부모의 유전자를 물려받아서 한 아이가 태어나는 것처럼, 씨앗이 자라 열매를 맺고 다시 그 씨앗이 땅에 떨어져 자라는 것처럼 윤회를 설명한다면, 혹은 판도라 행성의 나비족들처럼 죽음 이후에 생명나무의 영혼으로 합일된다고 한다면, 그것을 윤회라고 할 수 있을까? 파도의 물방울이 바다에 떨어졌다가 다음 파도에 다른 물방울로 튀어 올랐을 때, 우리는 그것들을 물방울의 연속이라고 할 수 있을까?

영화 '리틀 붓다(Little Buddha)'는 한 노승이 스승의 환생을 찾아 떠난 여행과 깨달음의 과정을 그리고 있다. 그는 네팔에서 두 명, 미국에서 한 명의 환생 후보자를 발견하였다. 우여곡절 끝에 노승은 세 명 모두를 스승 라마 도르제의 신身, 구口, 의意의 화신으로 인정하게 된다. 하나의 씨앗이 많은 열매를 맺듯이, 하나의 흐름에서 다수의 윤회가 발생한 것이다. 사실 이런 해석은 윤회 개념에 근본적인 변화를 요구한다. 세 명으로 분할된 환생들은 여전히 한 명의 라마 도르제와 동일한 주체인가?

반대로 다수의 흐름이 하나로 합쳐진 경우도 생각해 볼 수 있다. 하나가 셋으로 환생하는 일이 가능하다면, 세 명의 삶이 수렴하여 하나의 환생으로 윤회하는 경우도 상상해 볼 수 있을 것이다. 나아가 각각은 수많은 갈래로 갈라지고, 또 수많은 갈래들이 모여서 하나가 되는 윤회는 어떤가? 여기에서 '무아와 윤회'의 문제는 연기(緣起, pratītyasamutpāda) 개념에 대한 이해와 맞물리면서 해석의 지평을 넓히게 된다.

9. 네가 있으므로 내가 있다

세계는 왜 없지 않고 있는 것일까?

무엇인가 '있다'면, 그것이 존재하는 이유는 무엇일까?

아리스토텔레스는 세계가 존재하는 이유를 네 가지로 분석하였다. 어떤 것이 존재한다면, 그것은 구성하는 물질적 원인이 있어야 하고(질료인, causa materialis), 어떤 형상을 가져야 하며(형상인, causa formalis), 현재의 상태로 이끈 어떤 변화와 운동의 원천이 있어야 하며(운동인, causa efficiens), 그 변화가 최종적으로 지향하는 목적지가 있어야 한다(목적인, causa finalis). 사물 X가 있다면, 그것은 어떤 질료, 형상, 그것이 변화하게 하는 운동을 원인으로 가진다. 또한 미래의 최종목적도 하나의 원인으로 가져야 한다. 여기에 시간적 선후관계의 필연성은 없다. 화엄에서 '미래를 원인으로, 현재에 결과를 맺는다'는 표현과도 유사성이 보인다.

'세계의 존재'는 물론 모든 사소한 일들도 그것이 있게 한 원인이 있다.

나의 태어남, 나의 모든 행복과 괴로움에도 당연히 원인이 있다.

모든 존재나 사태는 그것이 필연적으로 있게 한 다른 존재나 사태를 원인으로 가진다. 이것이 인과성(causality)이다. 원인이 있으면, 필연적으로 결과가 있다. 원인과 결과는 서로 짝을 이루는 상대相對적 개념이다. 앞이 있으면 뒤가 있고, 위가 있으면 아래가 있다. 마찬가지로 원인이 있으면 결과가 있고 결과가 있으면 원인이 있다.

그런데 불교에서는 이 같은 상대적인 개념이나 존재들을 분별적 사유의 결과물로 본다. 원인과 결과 사이의 필연성은 생각만큼 필연적이지 않다. 이 점에서 인과율이란 내면적 감정에 의한 상상력의 산물이라는 데이비드 흄의 주장과 상통한다. 여기서 혼란스러운 상황이 야기된다. 인과가 없다면, 선악의 업이 과보를 받는 일은 우연적 사건이 되고 말 것이다. 열심히 노력한 사람도 노력의 대가가 아니라 단지 우연한 운에 의해 보상을 받을 수 있고, 밤낮으로 악행을 일삼는 사람도 단지 운이 나쁠 때만 처벌을 받는다면, 인생은 비극이 되고 말 것이다. 비록 그것이 진실의 단면을 보여주는 아픈 현실이라 할지라도, 인과응보의 원리를 근본적으로 부정하는 것과는 차원이 다른 문제이다. 선한 행위가 선한 결과를 맺고 악한 행위는 악한 결과를 가져오는 카르마의 인과법은 불교뿐만 아니라 모든 종교전통에서 포기할 수 없는 핵심 개념이다. 인과법을 부정한다면, 막갈리 고살라의 사명외도와 같다는 비판을 받게 될 것이다 .

그렇다면 실재하는 사태들 사이의 필연적인 인과성을 피하면서도 업의 인과작용이 효력을 유지하는 인과적 해석은 어떻게 가능한 것일까?

만물은 그 자체로 실재하는 것이 아니라, 조건에 따라 생하기도 하고 소멸하기도 한다는 연기緣起의 법칙이 붓다가 제시한 해법이다. 『맛지마 니까야』나 『상윳다 니까야』 등의 초기경전에서 제시하는 연기공식의 정형구는 다음과 같다.

이것이 있으므로, 저것이 있고
이것이 없으므로, 저것이 없다.
이것이 생하므로, 저것이 생하고
이것이 멸하므로, 저것이 멸한다.

(MN 3.63, SN 5.387)

만물은 어떤 조건 하에서 발생하는 현상들이다. 관념적 차원에서이건 물리적 차원에서이건, 인식주관과 독립적이며 자기 자신 외에 다른 원인을 갖지 않는 실재는 성립하지 않는다. 모든 사태들은 다른 사태들과의 상호연관과 상호조건에서 현상한다. 세계에 대한 경험도 경험 주체와 대상의 상호의존적 조건 속에서 드러나는 현상이다. 관찰자가 존재하지 않는다면, 관찰되는 대상도 그와 같이 존재하지 않는다.

'이것'과 '저것'은 작용-반작용과 같이 '이것'이 있다는 조건 하에서만 '저것'이 존재하며, '이것'이 없으면 '저것'도 사라진다. 길가에 핀 꽃은 그것을 보는 눈이 있으므로 아름다운 꽃으로 드러난다. 아무도 보는 눈을 가지지 못한 꽃은 피지 못한 꽃이다. 보는 자가 있기 때문에 보이는 꽃이 있고, 보는 자가 없다면 보이는 꽃도 존재하지 않는다. 마찬가지로 꽃이 있기 때문에 눈의 봄이 있고, 꽃이 없다면 눈이 꽃의 아름다움을 보는 일도 성립하지 않을 것이다.

무엇보다 붓다가 연기법을 통해 해명하고자 했던 일차적인 문제는 역시 생로병사를 포함한 인생의 고통에 관한 것이었다.

무엇이 연기인가?
무명無明을 조건으로 행行이 발생하고, 행을 조건으로 식識이 발생하고, 식을 조건으로 명색名色이 발생하고, … 육입六入, 촉觸, 수受, 애愛, 취取, 유有 … 유有를 조건으로 생生이 발생하고, 생生을 조건으로 노사老死, 슬픔, 탄식, 절망, 괴로움이 발생한다. 그것이 모든 고통의 원인이다. (SN 12.1)

붓다의 최대 관심은 모든 중생이 감당해야 하는 고통의 문제이다. 존재의 기원이나 사회적 구성의 관계와 같은 주제는 오히려 부차적이다. 문제는 우리가 일상을 살아가면서 한 순간도 벗어나지 못하는 '번뇌와 괴로움'이다. 중생의 번뇌와 괴로움은 모두 태어남(生)과 늙고 죽음(老死)이라는 조건에서 일어나는 현상이다. 그리고 그것을 거슬러 가면 무명無明, 즉 어리석음이라는 근원에 도달하게 된다. 고통은 어리석음에서 비롯된다.

무명이 있으면 행이 있고, 행이 있으면 식이 있다. 마찬가지로 무명이 없으면 행이 없고, 행이 없으면 식도 없다.

'이것이 있으면 저것이 있고, 이것이 없으면 저것이 없다.'

앞서 『맛지마 니까야』와 『상윳다 니까야』의 정형구에서 후반부는 특히 주목을 요한다.

'이것이 생하면 저것이 생하고, 이것이 멸하면 저것이 멸한다.'

여기서 '이것'과 '저것'은 존재의 정적인 상태가 아니라, 동적인 상태, 즉 벡터량으로 드러난다. '이것'과 '저것'은 생성과 소멸의 방향성을 지닌 동적인 벡터이다.

세계는 이것과 저것의 연기적 관계망 속에 상호의존적으로 존재하지만, 그렇게 정적으로 고정되어 있는 것이 아니다. 연기적 세계는 대단히 역동적인 관계들의 동역학을 이루고 있다. 모든 '이것'과 '저것'들은 움직이는 두 물체, 세 물체, 나아가 무한히 많은 사물들의 무한한 연기적 관계에 속한다. 이 동적인 연기성이야말로, 우리가 무명을 깨치고, 생사의 문제를 해결하고, 고통으로부터 해탈할 수 있는 근거이다.

무명은 고정된 것이 아니다.

무명은 생하기도 하고, 소멸하기도 하는 것이다. 우리가 고통 가운데 있다는 것은 무명을 일으키는 원인이 있었다는 의미이다. 우리가 고통을 싫어한다면, 무명을 소멸시켜야 한다. 연기법은 중생의 삶의 현실에 대한 해명인 동시에 중생이 고통의 현실에서부터 벗어날 수 있는 진리의 개시開示이다.

그러나 '이것'과 '저것'의 관계는 수행적이거나 심리적인 차원에 국한되지 않는다.

이를테면 연기緣起의 상호의존성은 생태적인 관점에서 중요한 이해의 틀을 제공하기도 한다. 한 알의 쌀은 무수히 많은 조건들이 화합하여

빚어낸 결과이다. 거기엔 농부의 노동과 적당한 햇빛과 물과 바람과
또 많은 사람들의 수고가 포함되어 있다. 그리고 농부와 노동과 햇빛과
물과 바람들은 다시 수많은 조건들에 의존하고 있다. 그렇게 무한히
이어지는 연관과 의존관계는 마침내 만물이 만물과 상호의존하는
관계망을 형성하고, 하나의 쌀은 무한한 관계망 안에서 만물에 의존하
면서 다시 만물이 의존하는 일시적 드러남이다.

우리가 그 안에서 살아가고 경험하는 세계 자체가 바로 '우리'와
'세계'의 상호의존적 관계에서 드러난 세계이다. '우리'와 '세계'가 각각
독립적인 실재로 존재하는 것이 아니라, '이것'과 '저것'이 연기적으로
조성하는 세계 안에 우리가 지각하고 경험하는 '우리'와 '세계'가 포함되
어 있다. 붓다의 세계는 실재하는 세계와 허구적 세계의 중간을 가로지
르는 인식존재론적 세계이다. 세계는 마치 보는 눈에 의존해서만
드러나는 오색 무지개와 같다.

불교의 인과론은 원인(因)과 결과(果)에 더하여 조건(緣)을 인과작
용의 핵심적 요소로 상정한다는 특징을 지닌다. X가 그 자체의 연속적
인 변화과정에서 Y를 산출할 때, X를 원인 Y를 결과라고 한다. 그리고
X에서 Y로의 인과관계가 성립하기 위해서는 특정한 조건(緣, pratyaya)
이 갖추어져야 한다. 조건과 관계없이 그 자체의 본성에 의해서 결과를
산출하는 원인 같은 것은 없다. '종을 치면 소리가 들린다'고 하는
인과적 관계도, 종과 청자聽者가 모두 음파를 매개할 수 있는 공간
안에 있다는 조건에서만 성립한다. '소리가 난다'는 결과는 종의 존재와
종의 울림, 청자, 청자의 들음, 그리고 소리를 매개하는 공간이라는
조건들의 복합적 사태이다.

아비다르마불교에서는 원인과 결과와 조건을 각각 여섯 가지 원인
(因), 네 가지 조건(緣), 다섯 가지 결과結果로 세분하여 분석한다.
6인因에서는 능작인能作因이 결과를 산출하는 작용을 일으키는 일반적
의미의 원인에 해당하고, 나머지 다섯 가지는 결과를 일으키기까지
원인의 양태에 관련된 개념들이다. 결과(果) 역시 원인과 조건이 결과
하는 양태에 따라 다섯 가지로 분류한다. 이를테면, 선악의 업業이
잠재적 성숙의 과정을 거쳐 상응하는 결과를 나타낼 때 그것을 이숙과
(異熟果, vipāka-phala)라고 한다.

인과론에서 분명하게 불교적 특징을 보여주는 지점은 인과의 작용이
발생하기 위한 네 가지 조건들이다. 인과작용이 발생하기 위해서는
① 인연(因緣, hetu-pratyaya) : 결과를 산출하는 능력을 가진 원인, ② 소
연연所緣緣 : 지각을 발생시키는 인식대상의 조건으로서 대상, ③ 등무
간연等無間緣 : 인과의 작용에서 원인과 결과 사이에 한 찰나도 허용하
지 않고 결과를 일으키는 찰나생멸의 조건, ④ 증상연增上緣 : 앞의
세 가지에 포함되지 않는, 시공간적으로 멀리 떨어졌거나 간접적인
조건들이다.

사태의 존재 혹은 생성을 가능하게 하는 네 가지 조건 가운데 첫째인
원인은 능작인을 비롯한 여섯 가지 원인(因)을 포함한다. 이것은 전통
적인 인과관계에서 원인에 해당한다. 고전적인 의미에서 인과는 하나
의 연속적 사태에서 선후의 필연적 관계를 의미한다. 그러나 양자역학
의 미시세계에서는 고전역학의 토대를 이루는 물리적 실재성이 붕괴하
고, 양자적 사태들은 불확실성과 비결정론적 상태로 떨어진다. 때문에
어떤 이들은 양자역학이 보여주는 세계에서 인과는 '현대적 미신'에

지나지 않는다고 주장한다.

고전적 인과에 대한 도전에서 흥미로운 점은 관찰자의 개입이 인과에 영향을 미친다는 사실이다. 관찰자의 지각은 관찰자와 독립적인 객관적 대상에 의존하는 것이 아니라, 관찰자와 대상이라는 하나의 사건 안에서 '대상과 지각'이라는 사태를 형성한다. 이때 지각의 결과를 산출하는 조건으로서의 대상을 소연(所緣, ālambaṇa)이라고 한다. 인식대상을 관찰자와 독립적인 외계대상(境, viṣaya)으로 보는지, 아니면 '대상과 지각'의 인과관계에서 지각사태에 포함된 인식대상, 즉 소연所緣으로 보는지에 따라 철학사적 의미를 지닌 학파의 분기가 이루어진다.

등무간연(等無間緣, samanatara-pratyaya)은 불교의 무상無常과 찰나생멸刹那生滅의 관점에서 인과관계의 해명이다. 만물은 무상하기 때문에 변화하고, 그 변화는 찰나찰나 생멸하면서 이어진다. 엄격한 의미에서 '원인과 결과'의 인과성은 더 이상 분할이 불가능한 선후관계로 연속을 이루고 있는 하나의 사태에서만 성립한다. 원인과 결과 사이에 일정한 시공간적 간격이 개입한다면, 전통적인 인과의 필연성은 무너진다. '원인과 결과'라는 두 사태 사이의 시공간에 다른 요인들이 개입할 가능성이 존재하기 때문이다.

불교적 관점에서는 '원인과 결과'라는 두 사태 사이에 시공간적 간격이 없다 하더라도 두 사태는 자체로 독립적인 실재성을 주장할 수 없다. 왜냐하면, '이것이 있으므로, 저것이 있다', '이것이 생하므로 저것이 생한다'는 연기적 관계는 '원인과 결과'라는 두 개의 고립된 사태의 인과를 부정하기 때문이다. 두 개의 사태는 등무간의 시공간적 관계에 있지 않은 무한한 다른 사태들의 직간접적인 영향 안에서 상호인과성을 유지한다. 이것을 증상연(增上緣, adhipati-pratyaya)이라 한다.

'까마귀 날자 배 떨어진다'고 해서 까마귀가 날아오른 행위가 배를 떨어뜨린 원인인 것은 아니다. 두 사태가 동시적으로 발생하였다는 사실이 인과적 착각을 일으킬 수 있다. 그러나 까마귀가 배를 밀어내면서 날아올랐다면, 까마귀의 밀침이 배가 떨어짐의 원인이 될 수 있을 것이다. 하지만 까마귀의 밀침이 아주 미세하여 태양과 달의 위치에 따른 중력의 영향을 받지 않았다면, 아슬아슬하게 매달려 있었을지도 모른다. 마침 순간적인 바람이 나뭇가지를 흔들어 놓았을 수도 있다. 직접적인 원인을 확정하기는 어렵고, 수많은 조건들만이 분명하게 드러난다. 이 모든 조건들이 증상연이다.

어떤 사태도 불변하는 자기만의 본성, 자성(自性, svabhāva)을 가지지 않는다. 모든 사물事物은 다른 모든 사물과의 의존적 관계 속에서 드러난 사태들이다. 이렇게 조건에 의해 현상한 세계를 불교에서는 유위법有爲法의 세계라고 한다. 우리가 경험하고 살아가고 있는 이 세계는 유위법의 세계이다. 나아가 특정한 조건과 상호의존의 영향 하에 존재하는 우리 우주도 유위세계이다. 드넓은 우주 속 하나의 은하, 그 은하 속 하나의 항성, 그 항성계 속 하나의 행성, 그 행성에서 수십억 년 동안 진화해 온 온갖 생명들과 인간도 유위세계의 존재들이다.

우리는 모두 연기적 존재현상들이다. '나'란 무한한 다른 조건들 위에서 이어지고 있는 인과적 사태 가운데 하나를 지칭하는 임시적 언어이다. 그런 점에서 지구상의 모든 생명체들은 '나'와 동등한 연기적 중요성을 지닌다. 아니 오히려 '그들이 있으므로 내가 있고, 그들이 없으면 나도 없다'는 것이 진실이다. 지구상의 모든 생명체들은 공존하고 공진화한다. 만약 누군가가 상호의존의 관계를 무시하고, 타자의 존재를 지우려 한다면, 그것은 필연코 자신의 소멸이라는 결과로 나타날 것이다.

연기적 세계관에서 '나'란 '타자들의 총체'이다.

전태일은 자신의 일기에 '나는 세상의 모든 너이고 너는 아직 나를 알지 못하는 나다'라는 말을 남겼다. 그는 자신의 식비를 아껴 미싱작업장의 어린 여공들에게 풀빵을 사준 따뜻한 마음의 소유자였다. 그에게는 이미 연기적 세계가 체화되어 있었다. '나는 너이고, 너는 나다.' 아직 그것을 알지 못하거나, 탐욕으로 그것에 눈감고 있을 뿐이다.

남을 속이고, 괴롭히고, 착취하고, 폭행을 가하고, 제거함으로써 자신의 존재와 삶이 의미 있고 행복하게 되기는 불가능하다. 그럼에도 무지無知와 무명無明에 빠져 있는 우리는 '나'의 이익을 위해 타인을 괴롭히는 삶을 마치 승리의 쟁취인 양 자랑스러워한다. 하지만 그것은 악업을 쌓아가는 길이고 고통의 늪으로 걸어 들어가는 행위이다.

연기의 진리를 아는 자는 '무아'를 알고, 그리고 '무아'임에도 '자비'를 행하는 삶을 살고자 한다. 그것이 '무아'인 나를 위하는 일이고, 연기적 세계 전체를 위하는 길이기 때문이다. 만물이 상호 의존 관계에 있다는 연기법은 세계의 존재나 인식의 문제에서뿐만 아니라 해탈을 위한 구제론적 관점에서도 최상의 진리이다. 연기의 진리에 대해 붓다는 다음과 같이 말하였다.

연기를 보는 자는 누구든지 다르마를 본다.

다르마를 보는 자는 누구든지 붓다를 보는 것이다.

(MN 1.28.)

10. 세계는 보이는 대로 존재한다

만일 갑작스러운 죽음을 맞게 되어, 자식들에게 단 한 문장의 유언만을 남겨야 하는 상황이라면, 당신은 무엇을 적을 것인가?

통장번호? 도움이 될 어른의 연락처? 비법 레시피를 적어둔 노트의 위치?

나의 죽음에도 불구하고 세계는 지속될 것이고, 나의 노트는 남은 이들에게 약간의 도움이 될 것이다. 전하는 말에, 임종을 앞둔 어느 거지 아버지가 아들에게 품속에 고이 간직해 온 수첩을 남겨주었다고 한다. 그 수첩에는 인근 부잣집의 잔칫날들이 빼곡히 적혀 있었다고.

그런데 재앙이 나의 죽음이 아니라 동네가 다 이주해야 한다거나, 나라가 망하는 상황이면 어떻게 해야 할까? 아니 세계에 종말이 온다면?

파인만(Feynman)은 한 문장의 대답을 가지고 있었다. 만일 갑작스러운 재앙으로 살아남은 극소수의 인류에게 단 한 문장의 지식만을

남겨주어야 하는 상황이라면, 그것은

만물은 원자原子로 이루어져 있다.

(All things are made of atoms.)

파인만은 친절하게 '그 작은 입자들은 끊임없이 움직이며, 떨어져 있을 때는 서로 끌어당기지만 하나로 밀어 넣으면 서로 반발하는 성질을 가지고 있다'는 보충설명을 첨부하였다.

이것을 원자론이라고 한다.

세계는 기본입자(building blocks)들이 모여서 만들어졌으며, 현대물리학자인 파인만에게 그 기본입자는 '원자(atom)'였다. 원자론적 세계관에서 기본입자가 항상 원자였던 것도 아니고, 같은 '원자'라도 동일한 대상을 지칭한 것은 아니었다. 그러나 '원자'는 언제나 가장 미세한 기본입자라는 의미에서 사용되어 왔다. 아이러니하게도 원자론의 시대라고 할 수 있는 현대에서 '원자'는 더 이상 '가장 미세한 기본입자'를 가리키지 못하게 되었다. 아주 오랫동안 기본입자의 이름으로 사용되었던 '원자' 속에서 더 미세한 구조가 발견되었기 때문이다.

원자原子는 고대 희랍의 데모크리토스가 만물의 구성요소를 '더 이상 쪼갤 수 없는 것', 즉 아톰(atom)으로 칭하면서 인류의 지식사전에 한 항목으로 등재되었다. 개별 원자들은 질적 차별성을 가지지 않는 양적인 기본단위이며, 다양한 사물의 질적 특성은 다수의 원자들이 결합하는 양과 방식에 의해 드러나는 현상들이다. 이것은 탈레스의 물이나 헤라클레이토스의 불과 같이 속성을 지닌 만물의 근원과는 상이한 관점이다.

물(水), 불(火), 흙(地), 공기(風)를 각각 만물의 근원으로 주장했던 학설들은 엠페도클레스의 의해 4요소를 포괄하는 하나의 체계로 확립되었다. 4원소설이 다시 플라톤과 아리스토텔레스에 의해 채택되면서 이후 2,000년 이상 데모크리토스의 원자설은 아카데미의 방구석에서 무시되거나 비판의 대상이 되었다.

지수화풍地水火風은 지중해뿐만 아니라 인도문명권에서도 널리 받아들여졌으며, 불교사상의 전래와 함께 동아시아에서도 근대 이전까지 만물의 근원으로 간주되었다. 가끔 어른들로부터 들었던 '사대육신이 멀쩡한데 무언들 못하겠냐?'라는 말이 있다. 아무리 형편이 곤궁하여도 신체건강하면 무엇이건 해 볼 수 있다는 격려의 말이다. 여기서 '사대육신四大六身'은 신체를 구성하는 지수화풍의 4대요소와 그것으로 이루어진 두 팔, 두 다리, 머리, 몸통의 신체부분을 일컫는다. 우리의 일상적인 언어생활에 희랍의 엠페도클레스와 인도불교의 4원소설이 들어와 있는 셈이다.

불교의 아비다르마철학에서는 4원소설과 함께 '원자'에 대한 논의도 오랫동안 전개하였다. 서력기원 전후의 불교논사들은, 지각할 수 있는 물질세계는 물질의 기본단위들이 특정한 방식으로 결합하여 나타난 현상이라고 이해하였다. 세계를 구성하는 기본요소는 극미(極微, paramāṇu)이며, 그것은 더 이상 분할, 분석할 수 없는 어떤 기본단위이다. 이 기본단위인 극미들이 특정한 방식으로 결합하여 우리가 관찰하고 경험할 수 있는 조대한 사물과 세계를 구성한다. 이처럼 부분이 결합하여 전체로서의 사물을 구성한다는 사고방식을 적취설積聚說이라 한다.

아비다르마철학은 기본적으로 '있는 그대로'의 세계를 파악하는 방식으로 분석分析적 태도를 중시하였다. '아비다르마(Abhidharma)'라는 명칭 자체가 '최상의(abhi) 다르마(dharma)' 혹은 '다르마(dharma)에 대하여(abhi)'라는 의미를 함축한다. 여기서 '다르마'는 '붓다의 가르침'에서 '세계의 구성원리'나 '만물의 구성요소'까지 포괄하는 넓은 의미 영역을 지닌다. 이 다르마를 '있는 그대로' 정확히 아는 방법이 현상적 사태나 사물을 '간택簡擇'하고 '분별分別'하는 분석적 자세이다.

5위75법

아비다르마철학의 체계를 확립하였으며, 풍부하고 정교한 철학적 논의를 전개하여 불교사상사에 철학적 토대를 쌓은 가장 영향력 있는 학파가 설일체유부說一切有部이다. 설일체유부는 sarvāstivāda의 번역으로, '일체(sarva)'가 '존재한다(asti)'고 '주장하는 이(vādin)'의 합성어이다. 이들은 '붓다의 가르침'이자 '만물의 원리'이고 '만물의 구성요소'인 '다르마'를 밝혀내기 위해 학문적 수행을 경주하였다. 모든 노력은 궁극적으로 '있는 그대로'의 세계에 대한 이해를 통해 고통의 사슬을 끊고 해탈하는 것이었지만, 그들의 철학적 사유체계는 종종 배우는 이들의 의욕을 꺾어버릴 정도로 번쇄하고 사변적이었다.

설일체유부는 모든 세계를 물리적 영역, 심리적 영역, 관념적 영역으로 분류하고, 세계를 구성하는 기본적인 75종의 다르마를 분석해 내었다. 물리적 영역은 오온五蘊에서 물질(色, rūpa)에 해당하는 것을 감각기관과 대상에 따라 열 가지로 세분화한다. 세계를 철저히 경험주의적 관점에서 분류하는 12처(處, āyatana)에서는 물질세계를 감각기관의 시각(眼), 청각(耳), 후각(鼻), 미각(舌), 촉각(身)과 그에 상응하는 대상을 시각대상(色), 청각대상(聲), 후각대상(香), 미각대상(味), 촉각대상(觸)의 10가지로 분석한다.

물질적 요소들을 포함하여, 특정한 조건에 의존하여 만들어진 다르마는 유위법(有爲法, saṃskṛta-dharma)에 속한다. 감각기관에 의해 지각되는 유위법의 대상은 미세한 조각들이 결합하여 만들어진 복합체들이다. 구성요소로 만들어져서 부분을 가지는 복합체는 모두 변화하고 소멸한다. 설일체유부에서 '일체가 존재한다'고 할 때, 그것은 식탁 위의 꽃병과 같은 조대한 사물을 말하는 것이 아니다. 꽃병이라는 복합체는 식탁에서 떨어지면 깨질 것이고, 오랜 시간이 지나면 낡아서 부서진다. 이렇게 변화하는 꽃병을 거듭 쪼개어 가다 보면, 지각의 영역에서 벗어나기 직전 단계의 미세한 크기에 도달한다. 그것을 실극미實極微라고 한다. 이 실극미를 사유에 의해 더 분석하면, 더 이상 쪼갤 수 없는 기본단위에 도달하게 될 것이다. 이처럼 추론적 방식에 의해 지각되는 '더 이상 분할할 수 없는' 기본단위가 가극미假極微이다. 아비다르마 논사들은 이 극미가 지수화풍地水火風의 속성을 가지는 것으로 보았다. 희랍철학에서는 원자설과 4원소설이 별개의 경로로 분기한 것에 반해, 아비다르마 철학에서는 두 이론이 하나로 통합된다.

설일체유부의 물질 개념은 언급한 10개의 다르마 외에, 감각기관이 아니라 의식에 의해 지각되는 독특한 물리적 대상인 무표색(無表色,

avijñaptirūpa)을 포함한다. 무표색은 4요소와 같은 층위에서 물리적 성질을 갖지만, 감관의 대상인 물질적 존재로 형성되지 않은 어떤 물리적 작용력과 같은 상태이다. 언어적 행위나 심적 상태의 변화 등으로 인해 형성된 업(業, kama)은 무표색으로 잠재한다. 수계의식이나 맹세, 서원 등과 같은 행위들은 무표색의 업을 남기고, 그것은 지속적으로 영향력을 행사한다. 종교적 의례가 아니더라도, 거울을 보며, '오늘부터 매일 108배를 하겠다'거나 '나는 할 수 있어!'라고 자신과 약속을 하였다면, 그 다짐의 무표색이 나의 삶에 영향을 미치게 된다.

아비다르마 논사들은 심리적 영역에 대한 특별히 세심한 분석을 통해, 그 자체는 내용을 갖지 않는 마음(心, citta)과 그 마음의 작용인 46종의 다르마를 열거하였다. 마음작용은 다시 마음이 일어날 때면 언제나 작용하는 열 가지 다르마(大地法)를 비롯해서 선한 마음에 수반하는 다르마(善地法), 악한 마음에 수반하는 다르마(不善地法), 번뇌에 함께하는 다르마(煩惱地法), 한정되지 않은 다르마(不定地法) 등으로 구분된다.

책상에 앉아 책을 펴기만 하면, 눈앞이 흐릿해지고 흐리멍덩한 상태에 빠져드는 경험을 해 보았을 것이다. 이때 작용하는 마음의 요소가 수면(睡眠, middha)이다. 정신을 집중할 수 없는 흐릿한 상태는 분명 선정과 지혜를 성취하는 데 장애가 된다. 그러나 '수면' 그 자체가 선하거나 악한 마음작용으로 분류되지는 않는다. 그것이 비록 불선不善한 마음의 상태로 연결될 수는 있지만, 그 자체는 선악과는 무관하게 '좋은 의도로 책을 읽고자 하는 나의 마음'에서도 작용을 일으킬 수 있다. '수면'은 3계界 가운데 욕계欲界에만 존재하는 마음작용이므로, 식욕, 수면욕, 성욕과 외적 대상에 대한 욕망을 제거한 색계色界에서는 이 '흐리멍덩한 상태'를 벗어날 수 있다.

관념적 영역의 다르마는 ① 심불상응행법心不相應行法: 마음이나 물질에 속하지 않지만 만들어진 경험세계의 운행과 유정의 삶을 해명하는 요소들과 ② 인과적 제약을 받지 않고 생성소멸하지도 않는 무위법(無爲法, asaṃskṛta-dharma)으로 구분된다. 심불상응행법은 관계적 다르마(인력(得), 척력(非得), 동질성(同分)), 선정의 상태(무상과無想果, 무상정無想定, 멸진정滅盡定), 생명활동(생명(命), 생성(生), 지속(住), 변이(異), 소멸(滅)), 언어구성(단어(名), 문장(句), 음소(文)) 등 14종의 다르마를 포함한다. 이를테면, 물질영역에 속하지도 않고, 마음의 작용이 끊어진 선정의 상태인 멸진정滅盡定이 별도의 다르마로 존재하지 않는다면, 선정에서 모든 번뇌와 의식작용이 끊어진 멸진정의 성취는 불가능하게 된다. 마찬가지로 사물의 변화와 생명활동은 생주이멸과 생명(命)에 상응하는 다르마들이 존재해야 한다.

마지막으로 무위법無爲法은 우리가 일반적으로 경험하는 세계에 속하지 않는 영역이다. 여기에는 열반涅槃을 의미하는 택멸擇滅과 비택멸非擇滅, 그리고 만물이 존재하는 공간을 제공하는 허공(虛空, ākāśa)이 있어야 한다.

식필유경識必有境

5위75법이 세계는 무엇으로 구성되어 있는가에 관한 존재론적인 해명이었다면, 식필유경識必有境은 '그것을 어떻게 알 수 있는가'에 대한 인식론적 근거라고 할 수 있다. 설일체유부의 인식론에 따르면, 인식주체가 '바른 관찰에 의한 바른 지각', 즉 정견正見을 하였을 때, 그러한 지각 혹은 인식(識)에는 반드시(必) 상응하는 대상(境)이 존재한다 (有). '바른 지각은 반드시 대상을 가진다'는 명제는 그들의 수행적 체험의 소산인 동시에 이론적 통찰의 귀결이었다.

길가에 핀 꽃을 보았고, 눈에 어떠한 장애도 없다면, 거기에는 '꽃'의 지각을 일으킨 무엇인가가 있다고 보는 것이 상식적이다. 꽃이 있으면 '꽃'의 지각이 발생하고, 꽃이 없으면 '꽃'의 지각이 사라진다. 착오가 없는(abhrānti) 한, '꽃'의 지각이 발생하였다면 그곳에 꽃이 있는 것이고, '꽃'의 지각이 없다면 꽃이 없는 것이다. 바른 지각은 대상의 존재와 실질적 동치이다.

이처럼 지각과 대상을 연속성 혹은 동일성의 관점에서 바라보는 직관적이고 경험적인 이해방식은 고대로부터의 사유전통과 언어관습으로 소급해 살펴볼 수 있다. 고대인도의 산스크리트문헌에서도 '본다 (√dṛś)'는 지각은 '안다'는 인식사태와 동일시되었고, '안다(√vid)'는 것은 '존재한다(vidyate)'는 의미를 함축하였다. 대상을 보는 것은 대상을 아는 것이고, '내가 너를 본다'는 것은 '내가 너를 안다'는 의미이기도 하다. 그래서 '신을 본다'면 '신을 알게 되고' 나아가 '인간성의 초월'이나 '신성모독'에 해당하는 금기의 영역에 들어선다는 의미가 된다.

불교철학에서는 물론 초월적인 신神의 존재를 인정하지 않는다. 그것은 지각을 초월해 있다는 점에서 이미 아비다르마불교에서 바라보는 경험주의적 세계의 영역에 포함되지 않는다. 지각되지 않는 것은 존재하지 않는다. 설일체유부에서 바른 지각의 대상은 꽃과 같은 조대한 사물이 아니다. 부분을 가지며 조건에 의지하여 만들어진 조대한 사물들은 불변하는 자성을 갖지 못하며, 변화하고 소멸하는 것들이다. 그러한 사물들을 깊이 통찰하고 분석해 들어가면, 물질적 세계뿐만 아니라 심리적, 관념적 측면의 세계를 구성하는 가장 기본적인 구성요소들에 도달하게 된다. 그것이 75종의 다르마들이다. 세계를 '있는 그대로' 바르게 보는 자는 꽃을 보거나, 강아지를 보거나, 자기 자신을 볼 때에, 그것을 '꽃'이나 '강아지'나 '나'로 집착하는 대신 그것들을 구성하고 있는 다르마들을 본다. '꽃'이나 '강아지'나 '나'는 실재성이 없고, 변화하며, 소멸하는 일시적 현상들이다.

여기에서도 '무아'의 진리는 관철된다. 우리가 '나'라고 생각하는 것들에서 자성을 가진 불변하는 '자아(ātman)'와 같은 것은 찾을 수 없다. 우리의 신체는 감각기관과 상응하는 대상으로 분석되는 물질적 덩어리이고, 정신은 단일한 영혼이 아니라 다양한 마음작용들의 이합집산이다. 지금 현재 '나'로 보이는 이것은 무상無常한 것이고 무아無我이다.

현대인들에게는 낯설고 이해하기 힘든 문제이지만, 아비다르마 시대의 논사나 수행자들은 감각기관인 눈으로 보는 것보다 선정의 상태에서 대상을 더 선명하고 분명하게 볼 수 있었다. 그렇게 선명하게 '보이는 것'들이 '있는 그대로'의 대상이라는 사실은 그들에게 의심의 여지가 없었다. 그것이 바르게 지각된 한에서, '지각된 것은 존재한다(esse est percipi)'는 명제에 따라 선정상태에서 체험한 세계는 생생하게 존재한다. 만약 이 선정과 열반의 세계가 존재하지 않는다면, 종교로서의 불교는 위기를 맞게 될 것이다.

삼세실유三世實有

'과거, 현재, 미래의 세계가 실재한다'는 삼세실유설은 설일체유부 인식론의 필연적 귀결이다. 만일 과거의 다르마들이 존재하지 않는다 면, 과거의 기억이나 붓다의 깨달음과 가르침 같은 것들은 모두 비존재 하는 것이 되고 말 것이다. 또한 과거에 대한 기억이나 지식은 모두 바른 인식의 근거를 상실하고 허구적인 망상이 되고 만다. 마찬가지로 미래가 없다면, 미래에 대한 인식도 불가능하고, 미래에 펼쳐질 세계의 전개나 열반의 성취도 존재하지 않게 될 것이다. 때문에 바른 인식에 의해 '지각된 것은 존재한다'는 식필유경의 원리에 따르면, 과거, 현재, 미래의 삼세三世는 실유해야 한다.

그러나 삼세실유三世實有가 과거, 현재, 미래라는 시간의 실재를 의미하지는 않는다. 아비다르마철학에서 시간(kāla)은 세계를 구성하 는 기본요소인 다르마에 포함되어 있지 않다. 시간은 사물들이 생주이 멸하는 변화의 간격과 관련되어 있다. 세계는 다르마들로 가득 차 있으며, 그것들은 아직 작용하여 현상으로 드러나지 않은 다르마들(미 래 양태)과 지금 현행하고 있는 다르마들(현재 양태), 그리고 현상하는 작용을 마치고 원상태로 돌아간 다르마들(과거 양태)들의 집합이다.

근대 연구자들은 종종 삼세실유와 현재의 현상을 영사기의 필름과 스크린의 영상으로 비유하곤 한다. 다르마들은 필름의 정지한 이미지 처럼 존재한다. 무수히 많은 필름의 이미지들은 아직 화면에 비추어지

지 않은 필름(미래), 영사기의 빛을 통해 스크린에 투사되고 있는
이미지(현재), 화면의 현상을 마치고 다른 쪽 릴에 감긴 필름(과거)으로
비유된다. 흥미롭게도 아비다르마 논사 쿠마라라타는 광선과 먼지의
비유를 통해 삼세를 설명하고 있다.

> 창틈으로 들어온 햇살이 먼지를 비추어 반짝인다. 햇살이 미치는
> 선에 먼지가 있는 것으로 보아, 비록 보이지는 않지만 햇살의
> 양쪽에도 먼지가 있다고 추측할 수 있다. 이를 통해, 햇살과 같은
> 현재의 전후에 과거와 미래도 존재한다는 사실을 알 수 있다.
> (Abhidharmadīpa 277)

수면에 파도가 밀려가듯이 다르마들은 작용을 마치고 원래의 자리로
돌아가지만, 파도는 수면을 따라 이동한다. 혹은 MRI 단층촬영의
주사선이 머리에서 발끝까지 훑어내려가며 신체의 단층을 촬영하는
장면에 비유해 볼 수도 있다. 신체라는 한 덩어리의 다르마들은 모두
거기 제자리에 있고, 주사선에 반응하여 이미지를 비추는 단층들의
연속이 현재의 작용을 이어간다.

'삼세가 실유實有한다'는 미심쩍은 주장은 현대 우주론의 하나인
블록우주론(Theory of Block Universe)에서 경이롭게 부활하였다. 이론
에 따르면, 우주의 모든 가능한 사태들은 이미 무한한 공간배열 속에
존재하고, 각각의 3차원 공간은 마치 고체와 같이 고정되어 있다.
가능세계의 3차원 공간이 무한하게 배열되어 있으며, 인접한 공간배열
의 흐름이 시간축 상의 변화로 인식된다. 영화 '인터스텔라(Interstellar)'

에서 주인공 쿠퍼(Cooper)는 블랙홀의 시공간에서 과거, 현재, 미래가 무한히 배열되어 있는 고차원 공간에서 과거의 딸에게 메시지를 보낸다. 그것은 물론 삼세三世가 모두 실재하기 때문에 가능한 일이다. '삼세실유'는 시간여행이 가능하기 위한 전제조건이기도 하다. 여행해서 갈 과거와 미래가 실재하지 않는다면, 당연히 시간여행은 허구적 상상에 지나지 않을 것이다.

이것으로 존재론, 인식론, 우주론에 상응하는 설일체유부의 다르마 분류, 식필유경, 삼세실유의 개념을 개괄해 보았다. 설일체유부는 물론 자신들이 '무아', '무상', '고통', '해탈'에 관한 붓다의 가르침을 가장 정확히 체계화하였다고 생각하였다. 설일체유부는 경량부, 중관, 유식을 포함하는 4대학파 가운데 시기적으로 가장 앞설 뿐만 아니라 가장 풍부한 철학적 논변을 제공하고 있다. 설일체유부의 철학을 망라한 백과사전인 『아비달마대비바사론』은 한역으로 200권에 달하는 방대한 분량이다. 이후에 등장하는 모든 학파철학은 사유의 기본개념에서 거의 전적으로 설일체유부의 번쇄한 철학적 작업에 빚지고 있다고 해도 과언은 아니다.

11. 아무것도 실재하지 않는다

'지각된 것은 존재한다'는 설일체유부의 철학이 만개하던 서기 2세기경, 설일체유부의 다르마 실재론에 전면적이고 치명적인 타격을 가한 인물 나가르주나(Nāgārjuna), 즉 용수龍樹가 등장하였다. 나가르주나는 제2의 붓다로 불릴 만큼 이후 불교사상사에서 비중 있는 인물로 존중받고 있다. 그의 사상은 449게송으로 된『근본중송』(Mūlamadhya-makakārikā)에 압축적으로 서술되어 있다. 보통은『근본중송』에 청목(靑目, Pingala)의 주석을 첨부하여『중론』(Madhyamaka-śāstra)이라고 통칭한다.

나가르주나는『중론』에서 붓다의 가르침에 대한 설일체유부의 해석에 대해 전면적인 전복을 시도하였다. 다르마의 자성(自性, svabhāva), 오온五蘊과 12처處 등의 존재론, 대상과 인식의 문제, 과거 현재 미래의 삼세 등 핵심적인 개념들은 모두 무자성無自性과 공空으로 해체되었다. 설일체유부에서 존재론적 토대를 이루었던 다르마들의 실재성이 부정되고, 자성을 가진 다르마 개념의 모순성이 논증된다. 만물은 무자성無自性이며, 따라서 공(空, śūnya)하다. 인식주체로서의 자아自我가 자성을 갖지 않는다는 인무아(人無我, pudgalanairātmya)는 인식대상들도 자성을 갖지 않는다는 법무아(法無我, dharmanairātmya)로 확장된다. 만물이 무자성이고 공한 것은 그것들이 모두 조건에 따라 생기한 일시적 현상에 지나지 않기 때문이다.

『중론』의 사상은 설일체유부 등 아비다르마철학의 개념과 체계의 토대 위에서 구축되었다. 나가르주나는 새롭게 등장하고 있던 『반야경』의 사상에 근거하여, 당대의 주류철학이던 설일체유부의 실재론적 경향을 비판하였다. 서력기원 전후로 방대한 분량의 반야 계통 경전들이 출현하였는데, 가장 대표적인 것으로는 '완전한 지혜의 핵심을 전하는 경전'을 뜻하는 『마하반야바라밀다심경』(Mahāprajñāpārami-tāhṛdayasūtra)이 있다. 여기서 핵심은 반야(般若, prajñā), 즉 지혜이다.

만물은 공하다

반야의 지혜는 무엇보다 만물의 공성(空性, śūnyatā)에 관한 지혜이다.

설일체유부에서는 자아自我라는 관념을 오온五蘊으로 분할하였지만, 색色, 수受, 상想, 행行, 식識 다섯 요소들의 자성은 인정하였다. 그러나 『중론』에서는 인식주체인 자아뿐만 아니라 대상세계도 자성이 없이 공空한 것들이다. 색즉시공色卽是空! '있음'은 바로 공한 것이다.

색이 공과 다르지 않고, 공이 색과 다르지 않다.

색이 공이고, 공이 색이다.

수상행식도 마찬가지이다.

(色不異空 空不異色 色卽是空 空卽是色 受想行識 亦復如是)

'사물의 현상'과 '비어 있음'은 다르지 않다. 물질적 현상들은 '있는 것'만큼 '비어 있다.' 역으로 '비어 있음' 또한 완전한 비존재의 절대무를 뜻하지 않는다. '비어 있음'은 비어 있는 것만큼 '사물의 현상'을 가지고 있다. 그리고 그것은 감각에서 의식에 이르는 심리적 현상에서도 동일하게 적용된다.

사실 물리적 세계가 얼마나 텅 비어 있는지는 현대양자이론이나 천체물리학에서 상식에 속한다. 우리 은하에는 1천억 개의 별들이 하늘을 가로지르는 은하수로 반짝이고 있다. 그 별들 사이의 어둡고 텅 빈 공간을 깊이 들여다보면, 그곳에는 또 무수히 많은 외부 은하들의 세계가 끝없이 펼쳐진다. 하늘은 별들로 가득하다. 하지만 은하들과 별들의 사이는 너무도 멀고 텅 비어 있다.

관악산 기슭의 대형 강의실을 태양계라고 하면, 태양은 강의실 탁자에 놓인 작은 콩알의 크기이고 나머지 공간은 거의 텅 빈 상태로 있다. 그나마 행성들로 밀도가 높은 이 강의실을 나서면 제일 가까운 바로 옆의 항성은 부산의 어느 강의실에 있는 작은 콩알에 비유된다. 2개의 콩알 사이는 강의실보다 더 텅 빈 공간이다. 약 400km의 거리를 두고 콩알 2개만 둥둥 떠 있는 셈이다.

이제 이 콩알의 반지름을 약 1억분의 1로 분할하면 하나의 원자에 도달한다. 원자는 중심의 작은 원자핵과 주위에 분포하는 전자로 구성된다. 다시 이 원자핵이 콩알만 하다고 가정하면 원자 전체의 크기는 잠실야구장의 크기 정도가 될 것이다. 원자의 내부구조는 잠실야구장의 한 가운데 콩알 하나가 놓여 있는 텅 빈 공간과 같다. 만물을 구성하는 원자는 텅 비어 있으며, 별들로 가득해 보이는 은하도 텅 비어 있다. 그리고 그 사이는 더욱더 텅 빈 공간이다.

반면 양자역학에서는 그 텅 빈 공간이 실은 양자파동으로 가득 차 있으며, 물질이 끊임없이 생멸하고 있다고 한다.

색色이 공空이고, 공空이 색色이다.

물론 나가르주나가 말하고자 하는 공성(空性, śūnyatā)이 현대물리학의 물질구조에 대한 해명을 염두에 둔 것은 아니었다. 『중론』에서의 공성이란 사물이 자성을 가지지 않고 상호 의존하여 발생하는 연기적 상태에 있음을 의미한다.

연기인 것 그것을 우리는 공성이라고 설한다네.

그것 역시 언어적 가명일 뿐이니, 바로 그것이 중도의 의미라네.

(因緣所生法 我說卽是空 亦爲是假名 亦是中道義) (MMK XXIV. 18)

만물은 모두 서로가 서로에게 의존하여 일시적으로 드러난 현상이기 때문에 공한 것이다. 그것은 비록 자성을 갖지는 않지만 그렇다고 완전히 비존재하는 것은 아니다. 그것이 공성이고, 상주常住와 단멸斷滅의 중도中道이다. 만물은 자성이 공하지만, 언어적 표현의 측면에서는 존재(有)한다.

궁극적 진리와 가설적 진리

공성空性과 언어적 표현으로서의 존재(有)는 진리의 두 층위를 드러내
보인다. 궁극적 차원에서의 진리인 승의제勝義諦와 현상적 차원의
진리인 세속제世俗諦의 두 층위의 진리를 상정하는 것이 이제설二諦說
이다. 이 두 층위의 진리를 구별하여 알지 못하는 사람은 붓다가
가르친 심원한 진리를 알 수 없다.

세간의 언어관습(세속제)에 의하지 않고는 궁극적 진리(第一義諦)
를 얻을 수 없고, 제일의제에 도달하지 못하면 열반을 증득할
수 없다. (MMK 24.10)

관습적 진리를 통하지 않고는 궁극적 진리에 도달할 수 없다. 그리고
궁극적 진리를 획득하지 못하면 열반에도 이를 수 없다. 진리의 탐구는
경험하고 살아가는 현실, 우리의 일상적인 언어관습에 의해 표현되는
세계에서 시작된다. 임시적이고 가설적인 현상적 세계에 대한 진리는
궁극적 진리로 향하는 선결과제이다.

언어관습에 따른 가언적 진리는 우리가 일상에서 경험하는 사실이나
과학적 지식을 포함한다. 지구의 구성에 관한 지질학적 지식, 진화에
대한 생물학적 지식, 원자세계에 관한 양자론적 지식이나 우주의
생성과 소멸에 관한 천체물리학적 지식, '태양계에서 가장 복잡한
구조물'인 인간의 두뇌에 관한 뇌과학적 지식, 동식물이 상호 영향을
주고받으며 살아가는 생태적 지식, 인간이 문명을 이루고 살아가는

역사나 사회적 지식 등도 모두 세속적 지식에 속한다.

대상에 관한 모든 지식들은 그 대상들이 실재성을 결여하고 있으며 임시적이고 가설적인 대상에 관한 지식이라는 점에서 세속적 진리이다. 불교적 관점에서 우주도 지구도 그 속에 살고 있는 인간도 모두 불변하는 자성을 가진 존재가 아니다. 그것들은 끊임없이 변화하고 생성 소멸하는 것들이라는 점에서 고정된 본성을 특정할 수 없다. 하지만 우리는 실용적인 이유에서 그것들의 한 단면을 취하며 이름을 부여하고, 그 가설적 존재들 사이의 관계적 지식체계를 구축한다. 현대과학체계에서 아직도 원자모델과 우주가설은 일관적으로 통합되지 못하고 있는데, 그것은 세계를 설명하기 위해 제시된 가설적 존재들이 아직 우주 전체를 통합하는 모델에 적합한 가설적 진리가 아니라는 의미이기도 하다.

그렇다면 부분적이고 가설적인 지식들은 궁극적이고 최종적인 진리를 드러낼 수 있을까? 뉴튼 역학적 지식은 상대성이론이나 양자역학이 보여주는 진리에 대해 어떤 의미를 지니는 것일까? 임시적인 지식체계와 보다 포괄적이고 보편적인 지식, 나아가 궁극적 진리 사이의 관계를 연속적으로 볼 것인가 불연속적으로 볼 것인가는 매우 어려운 문제이다. 패러다임들 사이가 불연속이라면 아마도 우리는 궁극적 진리에 도달하여도 그것을 알 수 없을 것이다. 그러나 만약 패러다임들이 서로 연속적이라면 패러다임의 개념 설정 자체가 부조리한 것이 되고 만다.

마찬가지로 세속제와 승의제 사이의 연속 혹은 불연속 문제는 철학적으로 중요한 함의를 지닌다. 지식의 획득이라는 측면에서 볼 때,

세속제가 선행하는 지식체계이고 승의제는 최종적으로 얻고자 하는 궁극적 진리이다. 우리의 경험적이고 가언적인 지식이 궁극적인 지식과 연속성을 지닌다면, 우리는 현실의 경험적 세계를 잘 관찰함으로써 궁극적 진리에 도달하는 길을 찾을 수 있다. 설일체유부의 관점이 이것이다.

설일체유부에 따르면, 건강한 눈으로 바르게 대상을 바라본다면 동시에 우리는 그것의 궁극적인 구성요소인 다르마를 보고 있는 것이다. 방바닥에 뒹굴고 있는 머리카락 뭉치를 보았다고 할 때, 우리는 머리카락들이 모여서 만들어진 조대한 사물인 머리카락 뭉치를 보고 있지만 한 올 한 올의 머리카락을 보고 있는 것은 아니다. 그러면 우리는 한 올의 머리카락은 전혀 보지 못하는 것인가? 만일 개별적인 머리카락을 보지 못한다면, 전체의 부분은 보지 못하는데 어떻게 그것들이 모인 전체는 볼 수 있는가? 때문에 설일체유부는 우리가 머리카락 뭉치를 볼 때, 비록 그것을 인식하고 있지는 못하지만, 이미 개별적인 머리카락들도 지각하고 있다고 설명한다. 수행이란 거친 사물들만 볼 수 있는 인식능력을 궁극적으로 미세한 구성요소인 다르마를 인식할 수 있을 단계로까지 강화하고 미세 조정하는 과정이다.

반면 경험적 지식과 궁극적 진리 사이에는 일정한 단절이 있다는 관점도 있다. 세속적 진리는 궁극적 진리와 적어도 한 찰나 이상 떨어져 있다. 우리는 감각지각의 세계에 갇힌 포로들이기 때문에 감각기관의 밖에 있는 대상을 지각하지 못하고 단지 지각의 영역 안에 던져진 인식대상만을 인식할 수 있다. 그 인식을 일으키는 대상이 어떤 모습으로 있는지는 알지 못한다.

마찬가지로 우리의 경험적이고 가언적인 지식은 대상의 존재나 진리 자체에는 도달하지 못한다. 우리는 경험적 관찰의 최종단계에서 추론을 통해 도약해야 한다. 손가락의 끝과 달 사이에는 엄청난 거리가 있다. 손가락의 끝은 궁극적 진리를 지시하지만 그것을 직접 만질 수는 없다. 이것이 다음 장에서 살펴볼 경량부의 관점이다.

그러나 만일 승의제에 세속제를 초월한 독립적인 존재의 위상을 부여한다면, 궁극적 진리는 세속과는 무관한 것이 되고, 공성空性은 세속을 초월한 형이상학적 영역에 속하게 되고 만다. 두 층위의 진리를 마치 동전의 양면처럼 본다면, 연속도 불연속도 아닌 관계로 설명할 수 있을지도 모른다. 원효의 무덤 이야기는 좋은 예이다. 피곤에 지쳐 어두운 밤에 찾아든 움막에서 곤히 잠들었지만, 그곳이 무덤이라는 사실을 알고 나서는 꿈에 귀신이 나타나 잠을 설쳤다는 이야기다. 편안한 잠자리와 귀신이 나오는 흉흉한 잠자리는 동일한 공간이었지만, 마음의 상태에 따라 다르게 나타났다. 깨닫기 전의 원효에게 두 공간은 전혀 다른 공간이었지만 깨닫고 난 후의 원효에게 두 공간은 무차별의 하나였다. 그와 마찬가지로 승의제와 세속제는 한 쪽에서는 완전히 구분되는 둘이지만, 다른 쪽에서는 차별이 없는 하나이다. 유식철학이나 화엄사상 등에서 이해하는 승의와 세속의 관계이다.

자성(svabhāva)의 부정

『중론』 15장 '존재(有)와 비존재(無)에 대한 고찰'을 살펴보자.

나가르주나는 논증의 방법으로 귀류법歸謬法을 채택하고 있다. 귀류

법이란 반대되는 가정을 제시하고, 반대되는 가정에 따르면 논리적
모순이 발생하기 때문에 가정이 부정된다고 논증하는 방식이다. 나가
르주나는 만물은 공하며, 불변하는 고유한 성질인 자성을 갖지 않는다
는 사실을 증명해 보인다.

15.1: 자성이 여러 원인과 조건에 의해 생성된다는 것은 타당하지
않다. 원인과 조건이 모여 생기는 자성은 만들어진 것이라 해야
할 것이다.
15.2: 자성은 만들어진 것이라고 할 수 없다. 자성이란 지어지지
않고 다른 존재에 의존하지 않고 성립된 것이다.

그러므로 '자성의 존재는 성립하지 않는다.'
이하 15장의 1~5게송의 논증을 풀어서 요약하면 다음과 같다.

〔모든 것은 원인과 조건에 의해 생겨난 것이다.〕
인연에 의해 생겨난 것은 만들어진 것이다.
자성은 만들어지지 않고 다른 것에 의존하지 않고 성립된 것이다.
원인과 조건에 의해 생성된 것은 자성을 갖지 않는다.
그러므로 자성의 존재는 성립하지 않는다.
자성이 성립하지 않으면, 타성(他性, parabhāva)도 성립하지 않
는다.
자성도 타성도 성립하지 않는다면, 존재 자체가 성립하지 않는다.
존재가 성립하지 않으면, 비존재도 성립하지 않는다.

논증의 전반부는 '자성을 가진 존재'가 성립하지 않음을 귀류논증의
방식으로 보여준다. 모든 존재하는 것들은 원인과 조건을 가진다.
만일 자성을 가진 존재가 실재한다면, 그것은 원인과 조건의 발생을
부정하는 결과를 도출한다. 그러나 그것은 타당하지 않다. 따라서
자성을 가진 존재는 성립하지 않는다.

전   제: 만물은 인연으로부터 발생한 것이다.

주장명제: 자성(自性, svabhāva)을 가진 존재는 실재하지 않는다.

반대가정: 자성을 가진 존재가 실재한다고 하자.

가정의 동치: 자성을 가진 것은 인연으로부터 발생한 것이 아니다.

가정의 결론: 전제와 가정의 모순

결   론: 자성을 가진 존재는 성립하지 않는다.

주목해야 할 점은 나가르주나가 여기서 자성(svabhāva)이나 타성
(parabhāva) 혹은 존재(bhāva)나 비존재(abhāva)를 입증하고자 하는
것이 아니라는 사실이다. 세계를 자성과 타성, 존재와 비존재의 관점에
서 보는 사람들은 붓다의 가르침에서 진정한 핵심을 놓치고 있는
것이다. 나가르주나가 여기서 보여주고자 하는 핵심은 어떠한 실재론
이나 본질주의도 그 자체의 논리에 의해 붕괴된다는 사실이다.

15.9:

문: 만일 자성이 존재하지 않는다면, 어떻게 변화가 성립하겠는
가?

답: 만일 자성이 존재한다면, 어떻게 변화가 성립하겠는가?

무언가 변화하고 작용한다는 것은 변화와 작용의 주체가 있어야 한다. 윤회한다면, 윤회의 주체인 자아가 있어야 한다. 이것이 대론자의 질문이다. 나가르주나는 매우 단순하고 명쾌하게 대론자의 주장을 반박한다. 불변하는 자성을 가진 존재라면, 어떻게 변화와 작용이 성립하겠는가? 그것은 자기모순이 아닌가?

이러한 논쟁의 방식은 희랍 피론주의(Pyrrhonism)에서 독단을 반박하기 위해 제시하였던 '등치(isostheneia)' 개념과 유사하다. 피론주의자들은 확정적인 진리를 주장하지 않고, 독단주의를 반박하기 위해 대론자의 주장과 '동등한 무게'를 갖는 반대주장을 제시한다. 예를 들어,

주장: 인간의 본성은 선하다.

　　　인간의 본성이 악하다면, 세계는 지옥이 되었을 것이다.

대치: 인간의 본성은 악하다.

　　　인간의 본성이 선하다면, 세계는 천국이 되었을 것이다.

세계는 지옥도 천국도 아니다. '인간의 본성이 선하다'는 명제와 '인간의 본성이 악하다'는 명제는 동등한 무게를 가지며, 서로의 주장을 무너뜨린다. 인간의 본성에 대한 판단이란 서로 막다른 대치와 모순적 상황으로 몰아갈 뿐이다. 따라서 지혜로운 자는 일체의 판단을 중지(epochē)해야 하며, 오직 그때에만 마음의 평정(ataraxia)을 이룰 수

있다.

나가르주나의 결론은 다음과 같다.

15.10 :

'존재한다'는 주장은 상견常見이고, '존재하지 않는다'는 주장은
단견斷見이다.

지혜로운 자는 '있음(有)'이나 '없음(無)'에 집착하지 말아야 한다.

12. 파랑나비의 날개는 파란색일까?

설일체유부 논사들은, 우리가 감각기관에 이상이 없이 대상을 바르게 보았다면 '보여진 것' 그대로 '대상이 존재한다'고 생각하였다. 파랑나비를 보았다면, 거기에 '파랑'과 '나비의 형태'를 가지고, '우아한 날갯짓을 하며 날아다니는' 그것이 틀림없이 존재한다. 중관논사라면, '파랑'이나 '나비'라는 것들은 그 자체로 실재하는 것이 아니라 무수한 조건들의 상호 영향에 의해 '파랑'이나 '나비'로 가설되는 현상을 드러내고 있을 뿐이다. 그것들은 모두 자성을 갖지 않으며, 공空하다.

존재의 유有와 공空을 주장하는 두 학파에 대응하여, 불교철학사에서 가장 문제적이며 역사적으로 미스테리한 학파가 등장하였다. 그들은 자기 철학의 이론적 근거를 경전 자체에서 찾는다는 의미에서 경량부(經量部, Sautrāntika)라는 학파명을 가졌다. 그들의 주장은 주류 설일체유부에 대한 전면적인 도전이었고, 매우 파격적이었으며, 때론 파괴적인 성격을 띠었다. 경량부에 따르면, 지각을 일으킨 원인으로서 대상이 인식주체의 밖에 독립적으로 존재하지만 우리가 그것을 직접 지각할 수는 없다. 지각을 통해 '보이는 것'은 단지 우리의 인식영역 안에만 존재한다. 혹은 우리의 인식영역 안에 존재하는 것만이 우리가 감각기관을 통해 지각할 수 있는 대상이다. 경험세계는 의식에 던져진 '표상(vijñapti)'일 뿐이고, 현상은 찰나적 현재의 연속이다. 과거와 미래는 존재하지 않는다.

경량부철학은 궁극적인 차원에서 설일체유부의 실재론을 취하면서도, 그것을 현실의 경험적 세계와 명확히 구분한다. 경험세계는 대상의 실재성에 근거하기 때문에 허구적 존재는 아니지만, 그것이 대상세계를 직접적으로 지시하지 못한다는 점에서 존재 자체와는 거리가 있다. 세계는 대상의 표상이고, 의식에 드러난 현상세계이다. 경량부학파는 역사적으로 단명하였으며, 독자적인 논서를 남기지도 못하였다. 그럼에도 불구하고 불교철학의 전통에서는 설일체유부, 중관, 유식학파와 함께 4대학파의 하나로 중요시해 왔다. 이제 이 경량부철학의 특징을 간단히 살펴보기로 하자.

'보이는 세상은 실재가 아니다'

저명한 물리학자이자 저술가인 카를로 로벨리(Carlo Rovelli)는 『보이는 세상은 실재가 아니다』에서 우리가 그 속에 살고 경험하는 이 우주의 실재(Reality)는 '보이는 것(what it seems)'과 같지 않다는 사실을 상세히 설명하였다. 불교인식론에 따르면, 세계에 대한 인식은 대상에 대한 직접적인 지각(pratyakṣa)과 추론(anumāna)을 통해 이루어진다.

실재론적 철학에서는 우리의 직접지각이 대상에 대한 직접적인 지식을 제공한다고 본다. 그러나 경량부에서는 우리의 지각이 대상에 도달하지 못한다. 우리의 지각은 단지 인식에 던져진 형상(ākāra)에 대한 지각이다.

멕시코의 어느 밀림에서 파랑나비를 보고 있다고 하자.

모르포(Morpho)나비의 날개는 신비한 파란색으로 사람들을 매료시킨다. 2004년 개봉한 영화 'The Blue Butterfly'(파랑나비)는 신화적인 파랑나비의 신비와 어린아이의 꿈이 교차하는 감동적인 서사를 보여준다. 파랑나비의 파란색이 더욱 신비로운 이유는, 그 파란색이 파랑나비의 날개에는 존재하지 않기 때문이다. 모르포나비의 날개는 초록색이다. 파랑나비의 날개에는 파란색 색소가 들어 있지 않다. 나비의 파랑은 날개의 독특한 표면구조가 특정한 파장의 빛을 반사하거나 산란하여 만들어진다.

화려한 깃털에 두 개의 커다란 푸른 눈을 그려 넣은 공작의 깃털도 사실은 파란색이 아니다. 북극의 새하얀 눈 위를 걷는 하얀 북극곰의 털색도 갈색이다. 나비 깃털의 독특한 기하학적 광구조(photonic structure)로 인해 특정한 색의 파장만을 반사하여 날개의 파랑색을 띠거나, 북극곰의 흰색으로 보이게 되는 것이다. 이처럼 날개나 털의 기하학적 구조로 인해 만들어진 '파랑' 등을 구조색(structural color)이라 한다. 우리는 감각기관을 통하여 나비의 파랑이나 북극곰의 하양을 보았지만, 대상에 파랑과 하양은 존재하지 않는 것이다.

그렇다고 파랑을 보게 하는 원인이 아주 존재하지 않는 것은 아니다. 비록 파랑나비의 날개에 파란색 색소는 없다 하더라도, 날개로부터 반사되는 파란색의 파장은 존재하는 것이다. 우리 눈 밖에 '파랑'을 보게 하는 특정한 대상이 존재하기 때문이다. 색깔에 대한 바른 지각은 대상의 색깔에 대한 지각일까, 아니면 대상의 색과는 구분되지만 특정한 빛의 파장으로 현현하는 색깔에 대한 지각일까? 그것도 아니면 우리 의식이 만들어낸 환상 혹은 착각인가?

아프리카의 나미비아 힘바족의 색 지각과 언어 개념의 관계에 대한 흥미로운 연구가 있다.

힘바족은 색을 분류하는 색 범주 개념에서 서구인이나 여타의 종족들과 차이가 있다. 일반적으로 서구인들이 빨강, 파랑, 노랑, 검정, 흰색 등 10여 가지 색 범주를 가지는 데 반해, 힘바족은 세란두(se-randu), 담부(dambu), 주주(zuzu), 바파(vapa), 부루(buru) 등 다섯 범주를 가지고 있다. 세란두는 빨강, 갈색, 오렌지 등을 포함하고, 담두는 녹색, 빨강, 베이지, 노랑, 주주는 짙은 빨강, 짙은 파랑 등 짙은 색, 바파는 노랑과 흰색, 부루는 녹색과 파랑 계통을 지시한다. 그 결과 힘바족은 색상 테이블에서 미세한 명도 차이를 갖는 녹색들은 담두, 주주, 부루의 서로 다른 녹색들로 잘 구분해 내면서도, 서구인에게는 뚜렷이 보이는 녹색과 파랑을 색테이블에서 구분하는 데 어려움을 겪는다. 녹색과 파랑은 모두 하나의 색 부루에 상응하기 때문이다.

이 연구는 색에 대한 지각은 빛의 파동이 만드는 객관적인 색이 아니라 문화와 언어적 구성에 의해 영향을 받을 수 있다는 사실을 보여준다. 최근 인지과학 연구에서도 두뇌가 상황을 재구성함으로 인해 일으키는 색깔의 착시현상(optical illusion)이 재미있는 사례들로 언급되곤 한다. 그렇다면, 내가 '파랑'을 보았을 때, 그것은 나의 의식의

'파랑'인가, 빛의 특정한 파장의 '파랑'인가, 대상의 표면에 있는 색깔 '파랑'인가?

경량부의 인식론에 따르면, 인식주체로부터 독립된 대상 자체는 지각의 대상이 아니며, 경험적 지각이 존재한다는 사실로부터 인과적으로 추론되는 실재이다. 따라서 경험세계는 대상 자체와는 구분되고, 의식에 표상된 대상들의 집합이다. 이러한 경량부의 분석은 찰나 생멸하는 대상에 대한 지각이 언제나 대상의 생멸 한 찰나 이후에 이루어진다는 사실에 근거한다. 경량부에서 지각의 발생을 시간축으로 도식화하면 다음과 같다.

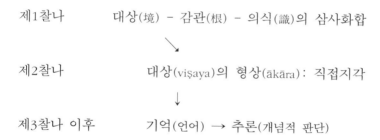

제1찰나   대상(境) - 감관(根) - 의식(識)의 삼사화합

제2찰나   대상(viṣaya)의 형상(ākāra): 직접지각

제3찰나 이후   기억(언어) → 추론(개념적 판단)

대상의 지각은 대상(境), 감관(根), 의식(識)의 세 가지 사태가 간격이 없이 동시에 접촉할 때에 발생한다. 제1찰나에서 삼사三事의 접촉接觸, 즉 삼사화합和合의 결과로 제2찰나에 대상의 형상(ākāra)이 드러난다. 이 형상은 전 찰나의 대상과는 다르지만, 대상과 유사(sādṛśya)하게 현현한 인식대상이다. 대상과 형상은 사이에 빈틈이 없이 찰나의 연속으로 이어지기 때문에, 형상을 통한 추론에서 대상의 존재를 입증할 수 있고, 반대로 대상의 존재에 근거하여 형상의 진실성이

담보된다.

제2찰나에서 형상은 의식에 던져진 것이기 때문에, 대상의 형상形相은 이미 의식의 영역에 포함되는 인식대상이다. 따라서 형상의 인식은 의식의 자기인식에 다름 아니다. 경량부에서는 이 찰나의 지각을 분별이 없는 직접지각(pratyakṣa)으로 이해한다. 수행이 잘된 인식주체는 제2찰나에서 분별이나 망상의 개입이 없이 인식대상(ālamaṇa)을 '있는 그대로' 지각할 수 있으며, 그것이 우리가 감각지각을 통해 도달할 수 있는 최선이다.

경량부의 지각이론에 따르면, 파랑나비의 '파랑'이 날개의 색소가 가지고 있는 파랑인지는 알 수 없다. 지각의 능력을 넘어서 있는 대상의 색깔은 나비의 날개와 눈과 의식이 접촉하는 다음 찰나에 형상(ākāra)을 던져준다. 이 찰나의 형상을 분별의 간섭이 없이 '있는 그대로' 지각하는 것을 직접지각이라고 한다. 일반적으로 제2찰나의 형상은 의식의 안으로 던져진 인식대상이다. 인식대상은 의식 안에 존재하는 의식적 존재이다. 그런데 여기서 미묘한 문제를 제기할 수 있다. 대상을 원인으로 가지지만 대상과는 분리되어 있고, 대상이 감각기관과 접촉하는 순간에 다음 찰나로 던져진 하나의 형상이, 의식과 동일 찰나이지만 의식의 밖에 존재할 가능성이 그것이다. 이 경우 제2찰나의 지각은 자기인식의 아니라 외부에 객관적으로 존재하는 형상의 지각이 된다. 이 문제는 다소 정밀한 검토를 요구하는데, 이후 물리적 실재를 부정하는 유식학파에서 유상有相유식과 무상無相유식의 논쟁의 맥락에서 유사한 문제의식이 부각된다.

눈이 보는가? 식이 보는가?

대상의 지각과 관련된 아비다르마철학의 논쟁에서 '눈이 본다'는 근견
설根見說과 '의식이 본다'는 식견설識見說 사이에 흥미로운 논란이 전해
오고 있다.

먼저 감각기관으로서 '눈'이란 신체의 물리적 기관으로서 눈과는
차이가 있다. 지각작용에서 눈은 '보는 작용(見, dṛṣṭi)'이다. 또한 그것
은 '보는 감각기관' 혹은 '안근眼根'이라고 칭한다. 설일체유부의 정설에
따르면, 안근은 두 개의 물리적 눈에 각각 존재하며, 보는 작용은
두 개의 눈 각각에 의해 발생한다. 감관으로서 눈은 대상을 관조하여
의식에 비추는 방식으로 대상을 본다. 눈이 파랑을 본다고 할 때,
파랑에 대한 관조와 '파랑'으로 판단하는 작용이 함께하여 '파랑을
본다'는 사태를 발생시킨다.

이에 대하여 독자부는 물리적 눈은 두 개이지만, '보는 작용'은
하나이므로, 우리는 두 개의 안근으로 보는 것이 아니라 '하나의 안근'으
로 본다고 주장한다. 다르마뜨라따(Dharmatrāta)는 '파랑을 본다'는
사태는 반드시 '파랑'에 대한 판단도 함께 요구하기 때문에 보는 것은
눈이 아니라 의식이라고 주장하였다. 여기에서 '눈이 보는가?' 아니면
'식이 보는가?'에 관한 논란이 야기되었다.

식견가: 감각기관인 눈은 '파랑'을 판단하지 못한다.

따라서 눈이 '파랑을 본다'고 말할 수 없다.

근견가: 눈은 색깔 등을 비추어 보며, 그것을 '본다'고 한다.

식견가: 눈이 비추어 보는 것을 '본다'고 하면, 눈은 뜨고, 소리에 대한 의식을 일으켜 음악을 듣고 있을 때에도 본다고 해야 할 것이다.

근견가: 눈만 뜨고 있다고 현재에 보고 있는 것은 아니다. 감각기관의 대상과 의식이 조응하는 상태에서만 해당 지각작용이 발생한다.

'눈이 본다'는 것은 감각기관인 눈(안근)이 대상을 비추어보고, 대상을 비추어보는 안근과 상응하는 의식(안식)이 판단을 함으로써, '파랑을 본다'와 같은 하나의 사태가 발생한다. 보는 것은 눈이지만, 안식이 없으면 무엇을 보았는지 알 수 없다.

식견가에 대한 근견가의 비판과 식견가의 대응 역시 흥미롭다.

근견가: 눈이 보기 때문에, 벽에 가로막힌 대상을 볼 수 없다. 식이 본다면, 장애물이 있다고 해도 능히 볼 수 있을 것이다.

식견가: 벽에 가려져 있다면, 애초부터 '보는 의식'이란 발생하지 않는다.

근견가: 의식은 장애물에 저항을 받지 않고 발생할 수 있는데, 벽 뒤에 있는 대상에 대한 의식이 왜 발생하지 않는가?

식견가: 벽 등으로 가려진 대상을 보는 경우도 있다. 눈은 벽에 가로막힌 대상은 보지 못한다는 주장도 근거가 없다. 수정, 유리, 물 등에 가려진 색은 볼 수 있기 때문이다.

　이 같은 근견가와 식견가의 논쟁에 대하여, 경량부 계통에서는 대상(境), 감각기관(根), 의식(識)이 화합和合하여 지각을 일으킨다는 화합견설을 주장하였다. '파랑을 본다'는 하나의 사태는 '파랑'의 원인이 되는 어떤 사태와 그것을 비추어 보는 감각기능을 담당하는 눈(眼根), 그리고 시각적 정보를 '파랑'으로 파악하는 의식(眼識)이 함께 접촉하였을 때 발생하는 특수한 현상이다. 시각기능이 없는 두더지는 물론 시각대상을 다르게 파악하는 박쥐의 경우에도 '파랑을 본다'는 사태는 존재하지 않거나 전혀 다른 의미를 지니게 될 것이다.

　경량부 지각론에서는 대상, 감관, 의식의 삼사三事가 화합하여 접촉接觸이 발생하였을 때, 감각지각(受), 관념(想), 사유(思)가 연쇄적으로 찰나생멸하며 이어진다.

　제2찰나에서 직접지각이 발생할 때에 대상과 감관, 의식의 접촉은 이미 사라지고 없으며, 아직 지각에 대한 언어적 개념이나 기억은 발생하지 않은 상태이다. 개별적 사태는 매 찰나에 생기하여 작용을 마치고 소멸한다. 설일체유부에서처럼 존재하는 미래의 다르마들이 현재 찰나에 현상 작용을 일으키고 과거로 떨어지는 것이 아니라, 오직 한 찰나의 생멸작용이 연속적으로 이어질 뿐이다. 온 우주는 매 찰나 생성하고 소멸한다. 따라서 오직 현재만이 존재한다. 경량부사상의 완성자인 상좌 슈리라타(Śrīlāta)에 따르면,

　이미 발생하였으며, 아직 소멸하지 않은 것, 그것이 존재의 정의이다.(已生未滅 是爲有相)

존재는 찰나의 연속이다. 그러나 설일체유부의 대가 중현(衆賢, Sanghabhadra)은 경량부의 존재론을 맹렬히 비판한다. 경량부는 '한 찰나의 존재만을 설하는' 자들이다. 오직 현재만이 실재한다면, 붓다의 깨달음과 가르침은 사라져 버렸을 것이며, 미래에 깨달음을 통한 열반은 존재하지 않게 될 것이다. 설일체유부에게 경량부는 현재찰나 절대론자이고, 삼세의 관점에서 보면 단멸론자들이다.

오직 현재만이 존재한다면, 어떻게 다음 찰나의 존재가 성립할 수 있는가?

종자(bīja)와 상속전변차별

대상 자체로부터 분리된 형상의 세계는 근본적으로 의식의 세계에 속한다. 물리적 외계대상들도 경험세계에서는 의식에 던져진 형상들의 세계이고, 형상들이란 대상의 표상(表象, vijñapti)이며 심적 요소들이다. 이 경험세계 존재들의 기본단위를 이루는 것이 씨앗을 의미하는 종자(種子, bīja)이다. 사물의 지각이나 행위의 작용은 종자의 형태로 생멸하며 지속성을 유지한다. 씨앗이 발아하고, 싹이 트고, 꽃이 피어 열매를 맺는 것과 같이 모든 행위의 종자들은 잠재해 있다가 조건이 성숙하였을 때 결과를 맺는다.

경량부에서 조건에 의해 생성되고 만들어진 유위법有爲法 세계의 기본단위는 종자(bīja)이다. 종자는 원자적이지만 물리적인 요소가 아니고, 심적인 잠재력이나 작용의 힘을 가진다. 이 종자의 힘에 의해 행위의 업이 변화하고 종래에 결과를 맺는 과정은 상속전변차별(santatipariṇāmaviśeṣa)의 개념을 통해 설명된다. 상속전변차별은 하나의 사태가 어떻게 변화하면서도 연속성을 유지하고, 마침내 인과적인 작용력을 지속하여 결과를 맺는지를 해명한다.

인도의 여름처럼 뜨거운 날에 우유 한 잔을 탁자에 두었다고 하자.

한 잔의 우유는 한 잔의 종자들에 비유할 수 있을 것이다. 햇빛이 열을 가하고 시간이 지나면서 우유는 조금씩 변화하게 된다. 우유의 종자들은 매 찰나 주어지는 새로운 조건에 상응하여, 미세한 성질의 변화를 이루지만, 여전히 우유의 성질을 잃지 않는다. 그러나 일정한 시점에 도달하면, 한 순간 우유는 이제 우유의 성질을 버리고 요거트가 된다. 질적 변화가 이루어지는 것이다. 이것을 전변의 차별 혹은 특수한 전변이라고 한다. 이처럼 양적 변화가 누적하다가 특정한 조건이 성숙하였을 때 질적인 변화를 수반하는 것이 상속전변차별이다.

종자와 상속전변차별 개념은 경량부철학에서 창안한 독창적인 개념으로 이후 유식학의 알라야식설의 발전에 지대한 영향을 미친다. 요약하자면, '상속'은 전후 찰나의 종자가 각각 인과적으로 소멸하고 발생하는 연속적 흐름을 말하고, '전변'은 찰나 생멸하는 종자가 전후 찰나에 조금씩 다르게 나타나는 것을 의미한다. 씨앗이 싹이 되는 과정은 단순히 반복적인 상속에 의해서만이 아니라 전후 찰나 사이에 변화가 누적되어 드러나는 현상이다. 이렇게 연속적으로 이어지며 전변하는 종자가 질적 변화를 일으키는 것이 '차별'이다. 이 세 가지는 서로 분리되어 발생할 수 없는 것이므로 결국 '상속전변차별'이라는 단일 개념으로 통일되며, 이후 '식의 전변'이라는 유식적 개념으로 발전하였다.

13. 꿈꿀 때와 깨었을 때

경포대에 가면, 다섯 개의 달이 뜬다.

하늘에 뜬 달, 바다에 비친 달, 호수에 잠긴 달, 술잔 속의 달, 님의 눈 속에 뜬 달.

어느 달이 실재이고, 어느 달이 아름다운가?

'하늘에 뜬 달'은 실재이고, 바다와 호수와 술잔과 연인의 눈 속에 있는 달은 그림자들인가?

설일체유부 등 실재론적 관점에서는 단순하고 직관적인 대답이 가능하다. 하늘에 떠 있는 저 달은 실재하고, 나머지 달들은 허구적 이미지들이다. 그러나 경량부는 이에 동의하지 않을 것이다. 경량부적 관점에서는 대상에 대한 직접적인 지각이 불가능하다. 때문에 지금 눈으로 보고 있는 '하늘에 뜬 달'도 또한 실재의 달이 아니다. 그것도 '호수에 잠긴 달'과 마찬가지로 단지 우리 의식에 던져진 형상일 뿐이다.

그렇다면 달의 지각을 일으키는 대상 X와 다양한 '달'의 형상들

사이에는 존재론적 위상 차이가 전혀 없는 것일까? 이 문제와 관련하여 디그나가(Dignāga)의 저술 『관소연연론』(Ālambaṇaparikṣa)의 내용을 잠시 검토해 보도록 하겠다.

디그나가(陳那)는 지각이 발생하기 위해서 두 가지 조건이 충족되어야 한다고 보았다. 하나는 지각을 발생시키는 원인이자 힘의 근원인 대상의 실재성, 다른 하나는 지각에 내용과 형식을 부여하는 대상의 형상(形相, ākāra)이다. 사물을 구성하는 가장 작은 기본단위인 극미極 微 자체는 지각되지 않는다. 더 이상 쪼개지지 않는 가장 미세한 단위인 극미를 직접 눈으로 보는 것은 불가능하다. 하지만 극미들이 적집하여 만들어진 사물들은 지각의 대상이 된다.

지각영역을 넘어서 있던 기본단위들이 모여서 지각의 대상이 되는 질적 전환은 어떻게 가능하게 되었을까?

설일체유부에서는 다수의 극미들이 집적하는 방식을 화집(和集, samudita)으로 정의한다. 시각의 대상이 되는 능력을 가지고 있는 개별 극미들이 다수가 모였을 때, 화집한 조대한 사물은 감각기관인 눈이 실제로 지각할 수 있는 대상영역으로 들어오게 된다는 해명이다. 가장 전형적인 설명은 머리카락의 비유이다. 우리는 바닥에 떨어진 한 올의 머리카락은 보지 못하지만, 욕조의 배수구에 모여 있는 머리카락 뭉치는 선명하게 볼 수 있다. (현실에서는 예민한 시력을 가진 아내가 언제나 바닥에 떨어진 한 올의 머리카락에 청소기를 돌린다. 그러나 2,000년 전 인도의 어두운 방에서 사유하고 있는 논사들의 세계에서 하나의 머리카락은 보이지 않는 존재이다. 보이는 것은 한 움큼씩 빠져서 돌아다니는 머리카락 뭉치뿐이다.) 이 머리카락 뭉치를 볼 때, 실제로는 개별적인 머리카락을 보고 있는 것이다. 조대한 사물을 눈으로 지각한다고 할 때, 감각기관이 지각하는 것은 변화하는 조대한 사물 자체가 아니라 그것을 구성하고 있는 구성요소들, 즉 다르마들이다.

경량부는 극미의 결합방식으로 화합(和合, sañcita) 개념을 제안한다. 개별 극미들은 추론의 방식에 의해 실재성이 확인되기는 하지만, 감각기관에 의해 직접적으로 지각되지는 않는다. 그러나 다수의 개별 극미들이 화합하여 조대한 사물을 구성하였을 때, 개별 극미들 자체에는 속하지 않은 '조대한 사물의 형상'이 발생한다. 경량부 논사들은 화합의 결합방식을 설명하기 위해 종종 '숲'이나 '군대의 행렬'의 비유를 사용한다. 멀리서 숲을 보면 나무는 보이지 않지만 숲은 볼 수 있다. 개별적인 구성요소들인 나무가 보이지 않음에도 산의 숲과 단풍의 아름다움은 한 눈에 지각할 수 있다. 군대의 행렬도 마찬가지로, 행렬 속의 개별 병사들을 보지 못해도, 다수의 군대 행렬이 이동하는 모습은 볼 수 있다. 우리는 개별적인 구성요소들을 보는 것이 아니라, 그것들로부터 발현한 형상(形相, ākāra)으로서 '숲'과 '군대 행렬'을 보는 것이다.

경량부 논사들은 말한다. 여기 무거운 통나무가 있다고 하자. 한 명의 나무꾼이 들어보려고 하였지만 꿈적도 하지 않았다. 두 명, 세 명, … 아홉 명의 나무꾼이 들어 올리려 하였을 때에도 '나무의 들림'이라는 사태는 일어나지 않았다. 그런데 열 명이 힘을 합쳐 드는 순간 '나무의 들림'이라는, 질적으로 전혀 다른 사태가 발생하였다. 지각의 발생은 그와 같다. 개별적인 대상들은 지각을 일으키지 못하지만, 다수가 화합하였을 때 지각을 일으키는 능력이 발생한다.

양 진영이 서로를 비판하면서 사용하는 비유는 역설적 상황을 잘 보여준다.

경량부는 통나무 비유보다 더 선명한 사례를 들어 설일체유부를 비판하고자 한다. 만일 하나의 극미가 지각을 일으키는 힘을 가지고 있다면, 그것이 하나이건 다수이건 보여야 할 것이다. 그런데 논쟁의 당사자 모두가 동의하는 바와 같이 한 올의 머리카락은 보이지 않는다. 여기서 하나가 보이는 작용을 일으키지 못하는 것은 맹인이 보지 못하는 것과 같다. 한 명의 맹인이 대상을 보지 못하는데 다수의 맹인이 모인다고 보여지는 것이 아니다. 맹인이 사물을 보지 못한다면, 그들이 한 명이건 다수이건 보지 못하는 것은 마찬가지이다.

이에 대해 설일체유부는 다음과 같이 반박한다. 만일 개별 극미들이 맹인처럼 지각의 능력이 없다면, 극미들이 다수가 모여도 지각작용을 일으키지 못할 것이다. 그러나 우리는 대상을 지각한다. 그러므로 다수가 모여서 지각을 일으킨다는 사실은 개별적인 요소들이 맹인과 달리 지각하는 힘을 가지고 있다는 의미가 된다. 다수가 화집한 대상을 우리가 지금 보고 있다는 사실은 개별적인 대상들에 보이는 능력이 있다는 증거이다. 따라서 맹인의 비유는 개별 극미들이 지각을 일으키는 능력을 가지고 있다는 우리의 입장을 지지한다.

디그나가는 이 양자를 대립시켜 설일체유부와 경량부가 서로의 주장을 논파하도록 유도한다. 설일체유부의 주장은 지각을 일으키는 힘을 지닌 다르마의 실재성에 주목하여, 대상에 대한 지각이 일어난다고 주장한다. 그러나 우리는 구성요소인 다르마, 극미, 원자를 보는 것이 아니다. 우리의 지각대상은 항아리나 나무, 숲 등과 같은 조대한 사물들의 형상이다. 구성요소들이 지각을 일으키는 힘을 갖는다는 주장은 우리가 지각하는 사물들의 경험세계를 설명하지 못한다.

반면, 경량부 이론에서는 조대한 사물들의 형상을 지각하는 경험세계에 대한 설명을 제공하지만, 그것을 구성하는 기본요소들의 존재에 대한 의문을 야기한다. 다수의 극미들이 화합이라는 방식으로 모여 지각의 대상이 되는 형상이 발현하고, 단지 그 형상만을 볼 수 있다고 한다면, 우리는 그 형상의 원인이고 지각을 일으키는 능력을 가진 대상에 대해 아무것도 모르는 것이 된다. 지금 지각하고 있는 인식대상을 현상하게 한 존재의 힘 혹은 실재성의 토대가 형상에는 없다.

여기서 우리는 두 학파의 이론을 통합하여, '개별 극미들이 실재하고, 각각이 지각을 일으키는 능력을 가지고 있지만, 다수의 극미들이 특정한 수와 배열로 결합하였을 때에만 지각의 대상이 되는 형상을 만들어낸다'는 가설을 세워 볼 수 있을 것이다. 실제로 경량부와 후기 설일체유부의 수정된 결합이론에서는 이와 유사한 방향으로 선회가 발견된다. 이는 '하위의 구성요소들이 가지고 있지 않은 특성이 상위의 전체 구조에서 불가예측적으로 출현한다'는 창발론創發論과 상응하는 이해방식이다. 설일체유부의 존재론과 경량부의 인식론이 이론적으로 상호 보완하여 발전적으로 통합될 수 있는 조건이 형성되었다.

그러나 여기에서 극적인 반전이 일어난다. 바수반두(Vasubandhu)는 인생 후기의 저술 『유식이십론』에서 그 가능성의 존재론적 토대를 허물어 버린다.

'극미는 실재하지 않는다'

> 대상은 하나도 아니고, 다수의 극미도 아니며,
> 또 화합한 것 등도 아니다. 극미가 성립하지 않기 때문에. (게송11)

설일체유부와 경량부는 외계 대상의 실재성은 인정한다는 전제 하에, 그 외계 대상이 지각을 발생시키는 직접적인 '작용력'과 '형상'을 가지는 가에 대한 문제로 논쟁하였다. 한때 경량부철학에 매료되었던 바수반두는 이 지점에서 극미 개념 자체에 문제가 있음을 자각한다.

후기 바수반두의 시각에서 볼 때, 원자(극미)의 결합방식에 의해 사물의 구성과 지각의 문제를 해명하고자 하는 두 학파의 시도는 보다 근본적인 지점에서 붕괴할 가능성이 있었다. 극미는 조대한 물질을 무한히 쪼개어 더 이상 쪼갤 수 없는 물질의 기본단위를 말한다. 그런데 물질 개념과 극미 개념은 서로 배제하는 모순적 관계에 놓여 있다. 물질은 공간을 점유하고 다른 물질의 침투를 허용하지 않는 저항력을 가질 때 그 존재가 확인된다. 반면 극미는 더 이상 쪼갤 수 없을 때까지 무한히 분할하여야 하기 때문에 극미 자체의 부분과 형태를 가질 수 없다. 부분을 갖는다면 다시 쪼개어질 수 있기 때문에 극미의 정의에 부합하지 않는다. 결국 '물질'과 '극미'라는 두 개념은 양립할 수 없는 상황에 도달한다.

> 〔어떤 것에〕 방향과 부분의 구분이 있다면, 그것의 단일성은 성립하지 않는다. (게송14ab)

만일 어떤 것이 부분을 갖는다고 하면, 그것에는 단일성이 성립하지 않는다. 부분을 갖는 것은 이쪽 면과 저쪽 면에 차이가 있을 것이며, 이쪽 면에 햇빛이 비친다면 저쪽 면에는 그림자가 질 것이다. 따라서 서로 다른 성질을 갖는 그것은 '단일한 실체'가 아니다. 이처럼 부분을 가지는 것은 사물의 기본단위인 극미가 될 수 없다.

혹자는 니야야–바이셰시카와 같이 조대한 사물 전체에 상응하는 실재로서 단일성을 생각할 수도 있을 것이다. 니야야–바이셰시카에서는 부분들이 모여서 하나의 실체를 합성(saṃyoga)하는 결합방식을 제시하였다. 구성하는 각각의 부분들이 모여서 나비는 전체로서의 '나비', 항아리는 전체로서의 '항아리', 한 마리의 물고기는 전체로서의 '물고기'라는 단일실재성을 가진다. 그리고 하나의 전체로서 물고기의 실재성은 다시 모든 부분들에 내속(內屬, samavāya)한다. 다시 말해 물고기의 모든 부분들 세포들 하나하나에 '물고기성'이 두루 스며들어 있다. 항아리의 일부분인 손잡이만 잡아도 항아리 전부를 들어 올릴 수 있다거나, 물고기의 부분을 보고도 그 물고기 전체를 알아볼 수 있는 것은 다 항아리나 물고기의 단일실재성이 모든 부분에 편재하기 때문이다. 물고기가 단일한 실재가 아니라면, 낚시를 물은 물고기는 물고기 전체가 아니라 주둥이만 달려 올라와야 할 것이다.

그러나 바수반두는 모든 부분에 편재하는 단일실재성으로서 극미 개념을 상정할 경우 발생하는 문제점을 지적한다. 개울을 가로지르는 나무다리가 있다고 하자. 나무다리가 단일실재성을 가진 하나의 실체라고 하면, 나무다리의 처음도 나무다리의 맞은편 끝도 모두 단일성을 지닌 하나일 것이다. 이 경우 다리를 건너는 사람은 다리의 이쪽 끝에서 다리에 발을 올려놓고, 다음 발은 저쪽 끝에서 내려서면 다리를 건널 수 있을 것이다. 다리는 이쪽 끝과 저쪽 끝이 구별되는 둘이 아니라 하나의 실재이기 때문이다. 그러나 이것은 불합리하다.

또 조대한 사물을 무한히 쪼개어 더 이상 쪼갤 수 없는 무한수렴의 상태는 영零이 된다. 그런데 만일 극미가 부분을 갖지 않는 영零에 수렴한다면, 그런 극미들을 모아서 크기를 갖는 조대한 물리적 대상을 만드는 일을 불가능하다. 크기를 갖지 않는 극미들을 모으려 하면, 하나의 극미는 다른 극미와 중첩되고 말 것이다. 아무리 많은 극미들을 더하여도 영인 하나의 점에 크기가 영인 점들을 무한히 쌓게 될 뿐 공간상의 크기를 점유하지는 못할 것이다. 따라서 물리적 극미는 성립하지 않는다.

물질의 분할에 의해 도달하는 기본단위가 크기를 갖는다면 정의상 그것은 극미가 아니다. 크기를 갖지 않는다면, 단일실재성이거나 크기가 영零인 점이어야 할 테지만, 그 역시 논리적으로 성립하지 않는다. 무엇인가 모여서 사물을 구성하고 작용력을 미치는 어떤 것이 존재하는데, 그것이 공간적 크기를 갖지 않는다면, 그것은 무엇일까?

여기서 바수반두의 극미(원자) 개념은 라이프니츠가 '물리적 원자에서 모나드'로 이행한 것과 유사한 형태의 변화를 겪는다. 초기 물리적 원자 개념을 수용했던 라이프니츠는 더 이상 쪼갤 수 없는 단일체로서 물리적 원자의 개념에 문제가 있음을 발견하였다. 바수반두가 『유식이 십론』에서 고찰하였던 바와 같은 무한분할에 관련된 모순적 상황들이다. 따라서 라이프니츠는 물리적 원자 개념을 '더 이상 쪼갤 수 없는 최종적인 단일체'인 모나드(monad)로 대체하였다. 모나드는 물질이 아니므로 부분이 없고 공간적 크기를 점유하지 않는다. 크기를 갖지 않는 것은 형태를 가질 수 없다. 그리고 모나드는 그 자체의 내적 속성으로만 특징지어지며, 다른 모나드들이 침투하거나 영향을 미칠 수 없다.

이제 물리적 원자 개념은 메타-물리적인 원자 개념으로 전환된다. 더 이상 분할 불가능한 기본단위는 물질성을 상실하고, 비물질적이고 심리적인 영역의 존재로 대치된다. 경량부에서 창안한 종자(種子, bīja) 개념이 좋은 예이다.

세계는 꿈과 같다

경량부설에 따르면, 대상 세계가 실재하기는 하지만 우리가 대상 자체를 직접 지각할 수는 없다. 바수반두는 그 대상 자체는 물리적 극미가 아니라 메타-물리적인 원자이며, 그것은 종자(bīja)라는 은유로 묘사될 수 있다고 본다. 우리의 경험 세계는 단지 인식에 던져진 형상들의 집합이라고 보았던 경량부적 아이디어가 후기 바수반두에서는 세계가 '오직 표상일 뿐(vijñaptimātra)'이라고 정식화된다. '오직 표상일 뿐'인 세계는 물리적 실재성을 갖지 않고 단지 의식 속에서 벌어지는 현상이라는 점에서 '꿈'과 같다.

그러나 매일 꿈에서 깨고, 동쪽에 뜨는 해를 보며, 맛있는 음식을 먹으면 배가 부르는 생생한 일상의 경험을 살아가는 우리들에게, '세계는 꿈과 같다'는 말은 납득하기 어렵다. 역시 세계는 우리가 경험하는 그대로의 물리적 실체로 존재한다는 주장이 직관적으로 받아들이기

용이하다. 바수반두의 일차적 적대자들은 바로 직접적인 경험에 근거하여 '꿈과 같은 세계'를 비판한 소박실재론자들이었다.

> 만일 세계가 〔물리적 실체가 없이〕 의식에 표상된 것일 뿐이라면,
> 대상이 특정한 시간과 장소에서만 지각된다는 사실,
> 모든 사람들에게 같은 대상이 동일하게 지각된다는 사실,
> 〔꿈속과는 달리〕 행위의 작용이 나타난다는 사실
> 네 가지는 성립하지 않을 것이다. (게송2)

세계가 물리적 대상이 없이 단지 꿈에서처럼 표상이 나타난 것일 뿐이라면, 태양은 아침마다 시간에 맞추어 동쪽에서 떠오르지 않을지도 모른다. 상상의 세계에서처럼, 태양은 정해진 시간이 없이, 아무 곳에서 뜰 수도 있을 것이다. '해가 서쪽에서 뜬다'는 놀라운 사건은 물리적 실체인 태양에게는 불가능하지만, 꿈속이나 의식 속에서는 얼마든지 가능하다.

해가 아침마다 동쪽에서 뜬다는 사실이 단지 나만의 경험이라면, 혹 의심해 볼 수도 있을 것이다. 어떤 사람은 외계인을 보았다고 하고, 어떤 사람은 죽음의 길을 보고 왔다고도 한다. 마찬가지로 나만이 깊은 산속에서 홀로 신비한 '파랑나비'를 보았다면, 그리고 다시는 그것을 보지 못하였다면, 아마도 그것은 단지 환상이었을 뿐이라고 생각할 수도 있을 것이다. 하지만 매일 아침에 동쪽 하늘을 보면 누구나 태양이 떠오르는 것을 본다. 그것은 우리 의식의 밖에 실제로 물리적 세계가 존재하기 때문이 아닌가?

한 가지 더하자면, 내가 의식 속에서 음식을 먹었다고 배가 부르지 않으며, 보기 싫은 놈의 뒤통수를 한 방 날렸다고 그 친구가 아파하거나 화를 내며 달려들지는 않는다. 의식 속의 행위는 작용을 일으키지 않는다. 만일 의식 속의 행동이 작용의 결과를 낳는다면, 아마 인구의 절반이 맞아 죽었을지도 모른다. 그러나 실제는 전혀 그렇지 않다.

물리적 세계가 존재하지 않는다면, 사태의 발생에 있어서 시간과 공간의 한정성, 다수의 공통적 지각, 행위의 작용이 미치는 결과의 발생 등은 일어나지 않을 것이다. 그런데 우리는 그 네 가지 사태가 매우 일관적이고 안정적으로 일어나는 경험세계에서 살고 있다. 소박 실재론자들은 말한다. 그것은 객관적인 물리적 세계가 실제로 존재하기 때문이다.

이 같은 주장에 대한 바수반두의 대답은 세 가지로 요약할 수 있다.

먼저, 시간과 공간의 한정은 사실 꿈에서도 동일하게 이루어진다. 아무리 꿈속이라도 시공간의 한정은 있다. 꿈에서도 허겁지겁 아침 출근을 서두르다 실수를 하고, 늦어서 태양이 중천에 떠 있긴 해도 그것이 서쪽에서 동쪽으로 돌아가는 일 따위는 일어나지 않는다. 꿈속에서도 새는 하늘에 있고, 물고기는 바다에 있다. 꿈속의 세계도 정해진 시간과 공간의 한정을 벗어나지는 않는다. 꿈이란 기본적으로 깨었을 때의 경험의 잔영이므로 깨었을 때 세계와 완전히 일치하지는 않는다 하더라도 시공간의 한정에서 완전히 벗어나는 것도 아니다. 그것은 마치 꿈과 같은 현실을 살아가던 우리가 깨달음을 얻었을 때 알게 되는 현실과 세계의 실상 사이의 차이와 유비적으로 볼 수 있다.

우리가 동일한 태양을 같은 시간에 볼 수 있는 것은 우리 모두가 수십억 년의 진화를 함께 해오면서 누적한 공업共業의 결과이다. 지구 상의 모든 유기체들은 처음 생명이 발생하였을 때부터 생존을 위한 공통의 행위/업을 행해 왔다. 모든 유기체들은 생명이라는 하나의 공업을 지속해 가고 있다. 인간은 아마도 약 3백만 년 전쯤 루시의 등장으로 시작된 인류로서 공통의 업을 쌓아오고 있다. 지금은 인간종 의 거실에서 주인 노릇을 하며, 하루 종일 밖에서 사료값을 벌고 돌아오는 인간을 반겨주는 댕댕이들도 약 1만 5천 년 전부터 인류와 공통의 업을 이어오고 있다. 개와 인간이 오랜 기간 동안 지속해 온 공통의 행위 결과가 지금 집안에서 기다리는 개와 산책과 사료 값을 담당하고 있는 인간의 모습이다.

공통의 업은 세계를 지각하는 감각기관의 형성과 기능에도 영향을 미친다. 개들은 냄새를 통해 주변환경을 파악하고 즐거움을 느끼도록 진화하는 동안 인간은 다양한 색깔과 미묘한 소리의 질감을 즐길 수 있는 감각능력과 고도의 사유능력을 발전시켜 왔다. 때문에 댕댕이 는 내가 불교철학 책을 읽는 이유를 알 수 없고, 나는 댕댕이가 길모퉁이 에서 맡은 냄새의 향기를 알 수 없다. 그러나 개와 내가 같은 시간에 동일한 태양을 볼 수 있는 이유는 우리가 매우 오랜 공통의 업을 가지고 있기 때문이다. 개미는 지구가 둥근 것을 모르고, 두더지는 태양이 눈부신 것을 알지 못한다.

바수반두에 따르면, 꿈에서 행위는 깨어났을 때에도 작용을 미칠 수 있다. 꿈에서 행위는 대부분 꿈속에서의 작용을 일으킨다. 꿈에서 친구를 때리면 꿈속의 친구가 화를 낼 것이다. 관심은 꿈에서의 행위가 꿈 밖에 영향을 미치는 경우이다. 바수반두는 몽정의 사례를 들어 '행위의 작용'을 설명한다. 꿈속에서 사랑을 나누면 실제로 꿈 밖의 신체에서 몽정을 하게 된다. 그처럼 꿈과 같은 이 세계이지만 이곳에서 의 행위는 이 꿈에서 깨었을 때 작용을 미치게 된다는 것이다.

　이것은 단지 꿈과 같고 표상일 뿐인 이 세계에서의 행위가 수행적이 고 윤리적이어야 하는 이유를 설명해준다. 단지 꿈과 같고 환영과 같은 인생이니 사라지면 그만이고 어떤 영향이나 흔적도 남기지 않을 것이라고 생각하면 큰 오산이다. 꿈에서의 행위가 깨어날 때 영향을 남기듯이, 꿈과 같은 이 생에서의 행위는 깨어난 세계에 작용의 결과를 남긴다.

14. 세계는 의식의 흐름

'통 속의 뇌'

널리 알려진 '통 속의 뇌' 모형은 힐러리 퍼트남이 행한 사고실험에서 제시되었다. 특별히 고안된 장치 속에 뇌를 놓고, 감각정보를 제공하는 장치들이 외부세계와 연결되어 있다. 뇌 속에서는 오감을 통한 감각정보와 기억과 다양한 자극에 의한 사유활동이 이루어진다. 그 가운데, 지금 내가 자판을 두드리며 글을 쓰고 있는 나의 모습을 바라보는 동시에 그 바라보는 나를 인식하고 있는 것과 같이, 자신의 신체와 의식작용을 인식하는 자기인식도 이루어진다. 내가 '통 속의 뇌'이고, 지금 경험하고 있는 세계가 전부 밖에서 제공된 정보에 의존한 의식작용이라면, 나는 내가 '통 속의 뇌'인지 아닌지를 확실히 알 수 있을까?

수심 1,000m의 심해를 항해하는 잠수정을 생각해 보자.

햇빛이 도달하지 못하기 때문에 잠수정의 세계는 칠흑 같은 어둠이다. 수압은 해수면의 100배에 달하기 때문에 외부를 관찰할 창문을 만들기도 어렵다. 잠수함이 외부세계를 파악하는 수단은 외부의 카메라와 소리탐지 소나와 접촉하였을 때의 저항이 있다. 이제 우리 모두 해저 1,000m의 잠수정 안에서 항해를 하고 있다고 하자. 잠수정의 밖으로 나가 직접 주변을 살피는 일은 불가능하다. 우리가 주변 환경을 파악하고 안전하게 항해하는 여정은 온전히 '카메라'와 '소나'와 '접촉' 정보에 의존하고 있다. 세 가지의 종류의 정보만으로도 우리는 매우 안전하게 위험을 회피하고 심해의 신비한 경관을 즐기면서 목적지까지 항해할 수 있을 것이다.

그런데 만일 누군가 잠수정을 수면 바로 아래 두고, 외부정보를 조작한다고 생각해 보자. 카메라와 소나의 정보를 해킹하고, 접촉상황을 외부에서 매우 정교하게 조작한다면, 잠수함 안에 있는 우리는 목적지로 항해하고 있다고 생각할 것이다.

영화 '나우 유 시 미(Now You See Me)'의 후반부에 월터는 네 명의 마술사들을 칠흑 같은 어둠 속을 날아가던 비행기 밖으로 던져버린다. 주인공들이 모두 허무하게 죽었다고 생각하는 순간, 매직의 비밀이 밝혀진다. 사실 비행기는 날고 있지 않았다. 특수한 장비에 올려진 비행기는 비행하듯이 동체를 상하좌우로 움직였고, 창에는 비 대신 물을 뿌렸으며, 네 명의 마술사들을 밖으로 던져 버릴 때는 인공적인 바람과 소음을 일으켰다. 모든 외부적 정보들은 비행기가 날고 있다는 착각을 일으켰다.

사실 우리의 뇌는 잠수정의 승조원들이나 월터와 같은 상황에 놓여 있다.

뇌는 빛을 보지 못하고, 소리를 듣지 못한다. 심지어 뇌는 통증도 느끼지 못한다. 두통은 뇌를 둘러싸고 있는 혈관이나 근육 등의 말초신경이 통증의 정보를 뇌에 전달하여 아프다고 느끼는 것이다. 색깔, 소리, 향기, 맛, 촉감 어느 것도 지각하지 못하는 뇌는 눈, 귀, 코, 혀, 피부에서 지각되는 정보들에 의존하여 세계를 구성한다. 세계를 구성한다는 말은 지금 내가 경험하고 있는 시공간의 형태와 변화를 형상화하여 구성해 내고 있다는 의미이다.

인간의 감각기관은 매우 조화롭고 뛰어나서 생존에 유리한 것으로 보인다. 지금까지 주변환경의 위험과 위기로부터 우리를 구해준 것은 대부분 뛰어난 감각정보들 덕분이다. 아마도 외부세계는 우리가 경험하는 바와 유사하게 존재할 것이고, 우리는 앞으로도 우리의 감각기관에 의존해서 안전하게 살아갈 것이다. 그럼에도 불구하고, 우리 모두가 잠수함 속의 승조원이거나 월터이거나 매트릭스에 갇힌 인간들일 가능성을 배제할 수는 없다. 물론 그럴 가능성은 매우 희박할지 모른다. 그럼에도 우리는 여전히 우리가 '통 속의 뇌'가 아님을 확실하게 입증할 수는 없다.

데카르트는 지금 사유하고 세계를 경험하고 있는 '나'가 전능한 악마에 의해 속임을 당하고 있는 '통 속의 뇌'와 같은 존재가 아닌가 의심하였다. 여기서는 전능한 악마가 '통 속의 뇌'나 잠수정의 탐지장치들을 대신한다. 주어진 정보들을 통해 세계를 경험하고 사유하는 나는 실재하지 않는 비행을 하며 경쟁자들을 어두운 밤하늘의 비행기 밖으로 던져버렸다고 생각할지 모른다. 데카르트는 여기서 잘못된 정보에 속았건 아니건 그것을 믿거나 의심하는 나의 존재 자체는 부정할 수 없다고 결론짓는다.

거의 비슷한 교차점에서 데카르트의 선택은 불교와 정반대의 길로 향한다.

경량부와 유식적 관점에서도 나의 지각경험과 사유는 '전능한 악마'나 '통 속의 뇌의 입력장치' 혹은 '잠수정의 탐지장치'들이 제공한 정보들에 의지한다. 나와 나를 둘러싼 세계의 현상은 모두 끊임없이 들어오는 지각정보들이 촉발하는 형상의 연쇄작용이다. 경량부 논사들은 정보를 제공하는 장치들의 저쪽에 어떤 대상이 있을 것이라고 믿는다. 그러나 후기 바수반두를 비롯한 유식논사들은 외부에 실재하는 세계를 인정하지 않는다. 세계는 주어진 감각정보와 사유를 포함하는 의식이 전부이다. '통 속의 뇌'라는 사고실험 장치도 물리적 실재가 아니라 그러한 모형으로 주어진 의식적 존재이다. 끊임없이 들어오는 감각정보와 쉬지 않고 일어나는 사유작용은 모두 의식의 흐름일 뿐이다.

한 걸음 더 나아가 '그렇다면 나는 실재하는가?'라는 의심도 의식의 흐름에 속하고, 의심할수록 '나'의 존재가 분명해진다는 결론도 의식의 작용일 뿐이다. 데카르트처럼 의심의 주체로서 '나'의 존재가 증명되는 것이 아니라, 하나의 분별적 사고가 추가되는 것에 지나지 않는다. 끊임없이 흘러가며 지속되는 의식의 흐름처럼, '나'는 불변적이고 자기 동일적인 어떤 것으로 확정되지 않는다. 이 흐름 속에서 데카르트처럼 '나'라는 의식을 일으켜 확신을 가질 수도 있지만, 그러한 집착이야말로 모든 번뇌와 고통을 일으키는 문제의 원인이라고 판단할 수도 있다. 서구의 근대를 규정하는 데카르트의 증명은 불교적 관점에서는 최악의 실착이다.

일수사견—水四見

우리는 어둠 속을 항해하는 잠수정 내부의 의식들이다. 잠수정의 모델에 따라 외부탐지장치의 종류와 성능이 다양하다. 어떤 모델은 흐릿한 카메라만을 달고 느릿느릿 움직인다. 다른 것에는 카메라와 소나와 접촉센서가 달려 있다. 어떤 잠수정은 고성능 카메라, 최신 소나, 센서에 화학성분 분석장치도 탑재되어 있으며, 내부는 4D 상영 관처럼 꾸며져 있다. 각각의 잠수정 안에서 그려보는 세계는 매우 다른 모습이다.

일수사견—水四見은 '하나의 물을 네 가지 방식으로 본다'는 뜻이다. 이 비유는, 우리 인간과 다른 유정의 생명체들이 세계를 경험하는 방식에는 잠수정 모델보다 훨씬 더 큰 차이가 있다고 설명한다.

여기에 끊임없이 흘러가는 어떤 것이 있다. 현대의 과학자들은 그것을 H_2O라는 화학식으로 표기한다. 그것을 인간은 마시는 '물'로 인식한다. 인간들에게 그것은 투명하고 생명을 유지하기 위하여 마실 수 있는 것이다. 물고기에게 그것은 자신들이 살아가는 집이며 세계이다. 물고기는 물속에서 동서남북은 물론 상하로 자유롭게 날아다닐 수 있다. 물을 벗어난 세계는 죽음을 의미한다. 아귀들에게 그것은 '똥과 고름의 강'이다. 아귀들이 사는 세상은 불결하고 냄새나는 것들로 가득하다. 하늘에서 고름이 내리고, 골짜기마다 똥과 고름이 흐른다. 그런 곳이 아귀들이 살기에 적절하고 적합한 장소이다. 반대로 천상의 존재들에게 그것은 대지에 뿌려져 반짝이는 보석들이다. 그것은 세계를 아름답고 눈부시게 장식하는 수정水晶이다.

인간과 물고기와 아귀와 천상의 존재가 그것을 서로 다르게 보는 이유는 그들이 각기 다른 업을 쌓아 왔기 때문이다. 일군의 생명체들은 약 3억 년 전쯤부터 물고기의 길을 벗어나 인간종으로서의 공업共業이 형성되기까지 긴 시간을 걸어왔다. 행위와 업의 오랜 누적으로 인간과 물고기는 하나의 대상을 '물'과 '세계'로 전혀 다르게 지각할 만큼 멀어진 것이다.

개와 인간은 아주 오래전에 진화의 분기가 이루어졌지만, 약 1만 5천 년 전쯤부터 공생을 모색해 왔다. 그 결과 우리는 개와 많은 것들을 공유한 세계에 살고 있다. 때론 개들과 공유할 수 있는 세상을 어떤 인간들과는 공유할 수 없는 경우도 있다. 편견과 혐오에 사로잡힌 인간들이 보는 세계는 댕댕이의 세계만큼 아름답지 못하다. 그럼에도 우리는 인간이라는 공업共業에 의해 동일하게 보는 세계를 공유하고 있다.

비유적 해석은 언제나 오해와 왜곡의 위험을 내포하고 있다. 일수사견의 비유 역시 유식적 세계를 해명하기 위한 목적에도 불구하고 경량부적 해석의 가능성이 남아 있다. 인간의 '물'과 물고기의 '집'과 아귀의 '고름'과 천신의 '보석'이 있게 하는 '어떤 것', 이를테면 H_2O와 같은 물리적 실재를 상정해 볼 수 있다. 다양한 공업의 주체들에게는 그 자체의 모습으로 지각되지는 않지만, 각각의 현상으로 드러난 그 기저에 어떤 '존재의 근거'가 있을 수 있다.

나가르주나의 중관에서는 그것을 '공성空性'으로 설명할 것이다. 경량부라면 그것을 대상의 실재성 혹은 잠재적 성격을 가진 종자種子의 흐름으로 볼 것이다. 유식사상에서는 경량부적 외계 실재성을 부정하고 대신 현상의 현현과 변화에 근저를 이루는 '식의 흐름'으로 해석할 것이다.

식의 변화

유식사상에서 우리가 경험하는 현상들은 모두 '식의 전변轉變'에 의해 이루어진다.

> 자아(我)와 세계(法)를 가설하여 다양한 현상이 펼쳐지는데,
> 그것은 모두 식이 변화하여 드러난 것이다.
> 이 변화를 일으키는 것에는 세 가지가 있다.
> (『유식삼십송』, 게송1)

모든 현상의 기저에는 의식(vijñāna)이 있다. 그것은 아직 어떤 형상을 갖지 않은 '의식 그 자체' 혹은 '유식성(vijñaptimātratā)'으로 설명되는 심층의식의 흐름이다. 이 식이 특정한 조건에서 '자아(我)와 세계(法)', 주관과 객관, 인식주체와 인식대상 등 이원적 언어 개념으로 가설되는 다양한 현상들로 나타난다. 여기서 자아(我)와 세계(法)의 '가설'은 유식철학이 '자아(我)와 세계(法)'를 실재성이 없는 것, 즉 '인무아(人無 我, pudgalanairātmya)'와 '법무아(法無我, dharmanairātmya)'인 '식의 변화'로 해명한다는 사실을 보여준다.

유식철학에서 세계는 감각지각의 경험세계와 분별의식의 세계, 그리고 잠재적이고 심층적인 의식세계로 구성된다. 그것을 각각 요

별了別, 사량思量, 이숙異熟이라 칭한다. 이숙식은 알라야식(ālayavi-jñāna)의 번역이며, 행위의 작용력과 흔적, 종자로 저장된 의식들 일체가 내장되어 있는 잠재적이고 심층적인 의식의 층위를 말한다. 알라야(ālaya)라는 말이 '저장'을 의미하는 데서 짐작할 수 있듯이, 알라야식에는 일체의 모든 종자들이 저장되어 있으며, 그것들은 거센 폭류가 흘러가는 것처럼 항상 변화하면서 흐름을 지속한다.

알라야식은 식의 흐름, 종자의 흐름, 혹은 업의 흐름과 같은 것으로 이해할 수 있다. 그러나 그것에는 어떤 자기동일적인 주체 혹은 자아의 존재를 허용하지 않는다. 잠재적인 알라야식이 현행하여, 우리의 감각 지각과 분별적 사유의 현상을 드러낸다. 이 현상적 세계에서 발생하는 말과 행위는 다시 업의 종자가 되어 알라야식에 저장되어 흘러간다. 신체적 행위, 언어적 행위, 의식적 행위를 통해 업業을 일으키고 그것은 일체의 종자種子로 알라야식에 포함된다. 이때 일체종자식인 알라야 식은 언어적 개념적 종자로 저장되는 명언종자名言種子와 행위의 힘이 잠재적인 형태로 변화하여 저장되는 업종자業種子의 두 종류가 있다.

사량(思量, manas)은 음차하여 말나식未那識으로도 불리는데, 잠재적인 알라야식에 의존하여 일어나는 의식에 속한다. 사량식은 특정한 대상에 대한 지각이나 인식을 일으키는 것이 아니라, 이를테면 확고한 근거가 없이 일어나는 의식들이다. 데카르트의 두뇌를 복잡하게 하였던 '의심'과 그 결과 의심할 수 없이 존재한다고 믿었던 '나'와 같은 관념들은 모두 사량식이 아무 근거 없이 만들어내는 의식이다. 사량식 은 알라야식에서 흘러가는 일체의 종자식을 한 덩어리로 보고 그것을 '자아'라고 집착한다. 자아에 대한 의식의 발생과 함께 말나식에서 자아에 대한 그릇된 견해, 자만, 열등감, 자기애, 아집과 같은 의식이 생겨난다.

지각작용과 분별의식이 모두 끊어진 멸진정滅盡定이나 성자의 길에 들어선 수행자들에게는 더 이상 자아의식이 일어나지 않는다. 역으로 말하면, 성자의 길에 들어가지 못한 평범한 우리들은 말나식의 지배를 받고 있다. 때문에 우리는 어느 정도 열등감과 어느 정도의 자기애를 가지고 살아갈 수밖에 없고, 그만큼의 번뇌와 고통의 짐을 질 수밖에 없다.

요별(了別, vijñapti)은 감각기관과 사유기관을 포함하는 여섯 감관과 그에 상응하는 대상을 포함하는 12처處가 펼쳐 보이는 경험세계를 현상한다. 요컨대 요별의식은 우리가 이해하고 분별하는 경험적 세계에 대한 의식이다. 오직 식의 흐름인 경험세계는 인식주관과 인식대상의 두 측면으로 드러난 감각의식이자 표층의식으로 분석된다.

요별식의 층위에서 의식은 언제나 만족(kuśala), 불만족(akuśala), 불확정(kuśalākuśala)의 성질을 갖는다. 이것은 불교가 세계의 인식과 구성 자체를 정서적이며 윤리적 차원에서 이해하고 있다는 하나의 증거이다. 세계는 윤리적이고 심리적 상태와 무관한 객관적인 것으로서 우리 앞에 있지 않다. 자기 자신과 이웃을 지각하고 인식하는 과정에는 언제나 도덕적 상태와 판단이 개입되어 있다.

이러한 온갖 의식의 변화(전변)는 허망한 분별로서, 이것에 의해 분별된 그러한 모든 것은 실재하지 않는다. 그러므로 일체는 오직 식識일 뿐이다. (제17송)

　세계를 인식한다는 것은 분별적 의식을 펼쳐보이는 과정에 다름 아니다. 우리가 생존하고 살아가기 위해서 이 분별적 의식은 불가피하다. 하지만 나의 의식에 따라 판단하고 행위하면서도 잊지 말아야 할 것은 온갖 의식은 허망한 분별이고 실재성을 갖지 않는다는 사실이다. 일체는 오직 식識이 만들어내는 현상 혹은 환상이다.

세 층위의 존재들

식이 변화하여 전개한 세계는 분별적 사고가 지어낸 허구적 세계(遍計所執, parikalpita), 모든 것들이 서로 의존하여 드러나는 연기적 세계(依他起, paratantra), 연기적으로 성립한 세계에서 분별이 사라진 궁극적 세계(圓成實, pariniṣpanna)의 세 층위를 갖는다. 중심은 만물이 서로 의존하여 현상한다는 연기(緣起, pratītyasamutpāda)에 놓여 있다. 중관철학의 관점에서는 연기법에 따라 현상한 세계를 세속으로, 무한한 조건들이 서로 조건이 되어 세계를 현상시키는 연기를 궁극적 진리(眞諦)인 공空으로 해석한다. 유식사상에서는 다른 것들에 의존하여 생기한 의타기依他起를 중심으로, 그것에 개념적 분별을 투사한 변계소집遍計所執과 변계소집을 완전히 제거한 의존적 발생 그 자체 혹은 의타기하기 이전의 완전한 본성으로서 유식성을 원성실圓成實이라고 한다.

　변계소집은 우리가 일상을 살아가면서 경험하는 언어적이고 분별적인 세계이다. 그것은 꿈속에서 벌어지는 전쟁이나 사랑처럼 비실재하는 것들이다. 눈에 보이는 세계를 살아가는 세속인들에게 변계소집은 경험적 사실들로 기능한다. 우리는 '돈'을 지불하고 '꽃'을 사서 '항아리'

에 꽂아두고 감상할 수 있다. 그러나 '돈', '꽃', '항아리'와 '아름다움의 감상'과 같은 것들은 모두 특정한 조건에 의존하고 있으며, 가치판단과 일정한 합의 하에서만 의미를 유지한다. 여기에는 완전한 언어적 희론과 함께 가설적 세계의 언어게임도 포함된다.

'돈'은 모든 인간의 욕망이 물화物化한 변계소집의 극단적인 사례이다. 물고기와 쌀을 교환하는 거간으로 기능하였던 '돈'은 물리적 속성을 상실한 욕망 자체로 추상화하여 이제는 '그림이 그려진 종이'나 '숫자'만으로 위력을 발휘하게 되었다. 이 종이와 숫자의 힘은 모든 사람들의 욕망에 대한 동의 하에서만 작동하며, '그림 그려진 종이'나 '숫자' 자체는 그것이 표상하는 어떤 실재성이나 작용력도 지니고 있지 못하다. '돈'의 비실재성은 '그림 그려진 종이'의 가치가 종이 자체보다 더 떨어져 비누를 싸는 포장지로 사용되었던 비극적 상황에서 더욱 극명하게 입증되었다. 평생의 노동을 표시하던 은행계좌의 '숫자'가 보이스피싱에 의해 지워지고 사라질 수도 있다. 다수가 합의하는 변계소집은 여전히 힘이 강하다. 욕망의 합의가 만들어낸 허공의 꽃과 같은 '돈'의 힘이 자본주의 경제를 살아가는 인간의 생활과 의식까지 규정하는 현실이 변계소집의 힘을 증명하고 있다.

욕망의 극단적 추상화는 구체적이고 다양한 사물과 행위의 액면가를 지워버리고 만다. 변계소집한 사태들이 비록 실재성은 결여하였지만 실용적 측면에서 일정한 기능을 수행하였다. 그러나 분별과 집착이 극에 달하면서, 허구적 존재성이 분별적 언어의 기능을 전복하고 만다. 생산자의 '얼굴이 지워진 돈'은 약자를 갈취하는 조폭들이 가난한 복지단체의 선행과 선한 동기를 가진 봉사자들의 공덕조차 돈으로 살 수 있게 만들어버린다. 실재성에서 극적으로 멀어진 욕망의 허구적 의식과 집착이 변계소집된 세계 자체를 전복시키며 허구적 존재의 실상을 드러내는 생생한 예이다.

의타기依他起는 '다른 것에 의존하여 생기'한 것으로 만물의 연기적 현상을 지시한다. 유식철학의 전개 과정에는 의타기의 성격을 서로 다르게 해석하는 두 가지 전통으로 유상有相유식과 무상無相유식의 학파적 갈래가 등장한다. 두 이론은 모두 사물의 물리적 실재성을 부정하고, 경험세계가 의식의 전변으로 드러난 현상이라는 점에서 의견이 일치한다. 그러나 의식의 흐름이 서로에게 의존하여 생기하는 현상 그 자체의 성질에 대한 해석에서 견해를 달리한다. 유상유식은 명칭에서 알 수 있는 바와 같이 연기적으로 생기한 찰나의 의타기가 형상(相, ākāra)을 갖는다고 보는 반면, 무상유식은 첫 찰나의 의타기가 아직 형상을 갖지 않는다고 주장한다.

폭류와 같이 흐르는 식의 흐름이 있다고 하자. 이 식의 흐름은 특정한 조건에서 물방울이 튀듯이 다양한 조건들에 의타기하여 X를 현현한다. 이 X는 450~495nanometer(나노미터)의 파장을 가진 빛이다. 무상유식의 시각에서 보자면, X는 특정한 파장의 빛이지만 아직 파랑은 아니다. 파랑은 이미 분별이 개입한 결과이다. 그러나 유상유식에서는 이 X가 파랑이라고 생각한다. 특정한 빛의 파장과 파랑은 동일한 것이며, 의타기하여 일정한 영역의 빛의 파장이 현상하는 순간 이미 파랑의 형상(ākāra)이 거기에 존재한다. 분별작용은 파랑을 '파랑'이라는 언어적 개념으로 인식하는 다음 찰나에서 일어난다.

유식 전통에서는 또한 '새끼줄과 뱀'의 비유로 삼성설을 설명하곤 한다.

어두운 밤길을 걷다가 바로 발밑에 있는 뱀을 보고 화들짝 뛰어올라 집으로 달아났다고 하자. 놀란 가슴을 쓸어 담고 잠을 자기 위해 눈을 감아도 발밑에 뱀의 모습이 아른거린다. 다음 날 날이 밝을 때를 기다려 그곳을 찾아보니 거기에는 새끼줄이 놓여 있었다. 머리가 쭈뼛거리던 두려움은 사라지고 헛웃음이 삐져나온다. 여기서 있지도 않은 뱀은 변계소집을 비유한다. 단지 새끼줄을 보았을 뿐임에도 이전의 뱀의 기억을 떠올려 비존재하는 대상으로 착각하는 분별작용을 일으킨 것이다. 아침에 발견한 새끼줄은 의타기에 해당한다. 그것은 어떤 것이지만, 분별작용으로 본 것과는 다르다. 이 새끼줄은 짚으로 만들어졌다는 점에서 그 자체로 자성을 갖지 않는다. 그것을 구성하는 요소들의 특정한 결합의 조건에서 새끼줄이 현상한 것이다. 이 비유가 짚과 같은 어떤 본질적인 구성요소를 전제하느냐 하면 그것은 아니다. 비유는 이해를 돕기 위한 것이지만 종종 오해의 소지가 되기도 한다는 점을 다시 한 번 유념하기 바란다.

15. 죽은 후 영혼은 소멸하는가?

붓다의 출현과 가르침이 있고 약 1,000여 년이 지난 7세기 인도불교는 철학적 측면에서 화려한 전성기에 접어들었다. 인도불교철학은 설일체유부, 경량부, 유식, 중관사상이 각축하면서 바수반두, 안혜(安慧, Sthiramati), 바비베카(Bhāviveka, 淸辯), 호법(護法, dharmapāla), 찬드라끼르티(Chandrakīrti, 月稱), 디그나가(Dignāga, 陳那), 다르마끼르티(Dharmakīrti) 등의 다채로운 철학들이 만개하였다. 여기서 일부의 이름만 거론하고 넘어가는 이유는 다른 사람들의 사상이 덜 중요하기 때문이 아니라 개론적 저술에서 다룰 수 있는 경계를 넘어서기 때문이다.

또 한 가지 흥미로운 사실은 바로 동시대 동아시아의 불교사상도 최전성기에 접어들고 있었다는 점이다. 인도에 뿌리를 둔 '붓다의 가르침'(불교)은 붓다 입멸 후 약 500년이 지나면서 서서히 동아시아 대륙에 전파되기 시작하였다. 인더스강의 펀잡(Punjab)지역에서 번성하던 불교학파들이 히말라야를 돌아 지금 서역西域이라고 불리는 타클라마칸 주변의 도시국가들에서 사막의 선인장꽃처럼 화려하게 꽃피었다. 그리고 이 서역의 불교는 실크로드를 따라 하서회랑河西回廊을 타고 한 걸음씩 중원으로 이동하였다.

처음으로 불교가 장안長安에 도달한 것은 비단길을 걸었던 상인의 보따리 속에 들어간 불상이나 간단한 불교전적을 통해서였다. 약 1세기부터 전해진 불교는 서서히 대중 속으로 스며들다가 3세기 노장사상의 유행과 함께 지식인들의 관심권에 진입하였다. 동아시아 전래 초기 불교의 특징은 크게 격의불교格義佛敎와 신멸불멸논쟁神滅不滅論爭, 교판敎判을 통해 그 특징을 간취看取해 볼 수 있다.

먼저 교판敎判에 대해 아주 간략히 언급한 후 격의불교와 신멸불멸론에 대해 보다 상세한 소개를 덧붙이고자 한다. 교판이란 교상판석敎相判釋의 줄임말로, 가르침의 특성을 헤아리고 판단하여 종합적인 체계를 구성하는 작업을 지칭한다. 교판은 한문으로 번역된 한역경전에 대한 분류체계로서 동아시아불교에만 나타나는 특수한 성질이다. 아직 붓다의 가르침에 대한 이해가 일천하였던 초기부터 다양한 불교의 전승들이 무차별적으로 번역 소개되었다. 2세기경에 이미 초기경전과 대승경전이 전승 형성의 선후와 관계없이 비슷한 시기에 한문으로 번역되었다. 그러나 초기 한역불경의 독자들은 아직 인도불교의 고유한 맥락과 개념들을 구분하고 불교전승의 층위를 이해하기에는 역부족이었다. 때로 정반대의 견해를 주장하는 경전들이 불설에 대한 혼란과 오해, 왜곡을 야기하였다. 때문에 전해진 경전을 일목요연하게 정리하고 가르침의 시기와 층위를 구분하는 작업이 요구되었다.

따라서 불교에 대한 나름의 완결적 자기 이해를 주장하고자 했던 논서의 저자들은 누구나 먼저 한역불전이 전하는 불설의 위치에 대한 교판을 행해야만 하였다. 교판은 대체로 붓다께서 가르친 시간과 순서로 배열하는 방식과 가르침의 수준과 궁극적 진리성의 단계에 따라 구분하는 방식으로 이루어졌다. 수많은 교판이 행해지긴 하였지만, 대체로 『화엄경』과 『열반경』이 가장 뛰어난 가르침이라는 점에 일치하고 있다. 『화엄경』이 깨달은 직후에 깨달음의 내용을 남김없이 그대로 다 드러낸 완전한 가르침이라면, 『열반경』은 깨달음의 내용을 방편을 빌려 점차적으로 풀어낸 가르침이다.

격의불교

격의格義란 언어와 문화가 전혀 다른 풍토에서 성립된 불교사상을 동아시아 문화와 사상적 맥락에서 이해하기 위해 채택한 불교 개념의 이해 방식을 말한다. 가장 대표적인 예로 『반야경』에서 만물의 무자성과 비어 있음을 지칭하는 공(空, śūnya) 개념을 들 수 있다. 초기 번역가들은 노장사상의 무無 개념을 사용하여 직관적인 이해를 시도하였다. 이러한 격의적 설명이 독서가들로 하여금 노장사상 등 자신이 익숙한 개념을 근거로 불교 개념에 쉽게 접근할 수 있도록 돕기는 하였지만, 비유적 해석에서와 같은 왜곡의 위험을 내포하고 있었다. 실제로 4세기 초에 이르면 도안道安 등의 승려들이 격의적 해석이 야기하는 문제를 지적하고 극복방안을 모색하였다.

격의불교의 문제점은 정확한 경전 번역의 중요성을 인식시켰다.

경전이나 논서의 정확한 번역을 통해서만 붓다의 가르침을 훼손하지 않고 본래 의미에 충실하게 전달할 수 있을 것이기 때문이다. 경전의 한역漢譯에 신기원을 세우며 본격적으로 수준 높은 불교철학적 논의가 이루어질 수 있는 토대를 마련한 최초의 역경사는 쿠마라지바 (Kumārajīva, 鳩摩羅什, 344~413)이다.

신멸불멸논쟁

격의불교 시기에 동아시아 최초로 이루어진 불교철학적 논쟁이 신멸불멸론, 즉 '영혼의 소멸에 관한 논쟁'이었다. 여기서 신神은 불멸하는 정신이나 영혼에 상응하는 개념이다. 전래 초기의 동아시아불교에는 소위 소승불교와 대승불교의 경전과 논서가 뒤섞여 전해졌을 뿐만 아니라 힌두교적인 개념과 불교의 특수성이 명확히 구분되지도 않았다. 불교의 초기 수용자들은 이해하기 어려운 '무아無我'보다는 종교적 함의가 풍부한 '윤회輪廻' 개념에 끌렸던 것 같다.

영혼과 윤회의 문제는 모융牟融의 「모자이혹론牟子理惑論」에서 처음으로 본격적인 논의가 제기되었다.

질문: 불교에서는 사람이 죽으면 다시 태어난다고 하는데 나는
　　　이 말을 믿지 못하겠다.
모자: 사람이 죽으면 가족들이 지붕에 올라가서 그의 이름을 부른
　　　다. 그는 이미 죽었는데 누구를 부르는가?
대답: 그의 혼백魂魄을 부른다.

모자: 영혼이 돌아오면 다시 살아나는데, 돌아오지 않으면 어디로
　　　가는가?

대답: 귀신이 된다.

모자: 그렇다. 혼신魂神은 진실로 없어지지 않는다.

　모자牟子의 문답구성은 자신의 논지에 맞추기 위해 다소 작위적이라
는 비판을 받을 수 있다. 그러나 유교의 생사관에 따르면, '혼백魂魄의
기氣'가 모여서 인간이 태어나고, 죽음은 필연적이며, 죽는 순간 혼魂의
기는 하늘로 백魄의 기는 땅으로 흩어져 버린다. 혼을 부르는 초혼招魂
의식은 몸을 빠져나간 혼이 다시 몸으로 돌아와 살아나기를 기원하는
행위이며, 몸이 다시 살아나지 않을 때 죽음을 공식화하는 의식이다.
혼백이 하늘과 땅으로 흩어져 다시 돌아오지 않으면 죽음이 확정된다.
죽음 이후의 사후세계는 존재하지 않으며, 사후에 의미 있는 세계는
후손들이 살아가는 세계이다. 종교적 측면에서 제사祭祀와 귀신鬼神의
문제는 특히 신유교에서 얼마간 논란의 여지가 있지만, 여전히 인격적
존재로서 귀신의 귀환을 인정하는 것은 아니다.

　전통적인 중국의 종교철학에서 신체적 죽음은 정신의 소멸도 동시에
수반하는 것으로 보았다.

　태어나면 반드시 죽고, 신체가 흩어지면 정신은 멸한다.(生必有死,
　形散神滅)

　(하승천, 「달성론達性論」)

하승찬은 「보응문報應問」에서 살생의 인과적 보응에 대해 논한다. 불교에서 살생을 금기하고 그에 따른 보응의 필연성을 주장하는 것에 반해 하승찬은 상황적인 해석을 제시한다. 자연의 운행에는 제비나 벌레에 상응하는 질서가 있는데, 만물의 질서를 무시하고 모든 종류의 살생은 응분의 죄과를 받는다는 인과법은 인정할 수 없다. 도살장에 끌려가는 소가 우는 소리를 듣고 불쌍한 마음이 들어 그 고기를 먹지 않는 자세가 군자의 도리이기는 하나, 사람들이 가축을 길러 잡아먹는 행위가 과보를 낳은 죄라고 할 수는 없다.

하승천의 글에 대한 답신에서 유소부劉少府는 선악의 업業에는 반드시 보응이 있다고 강조한다.

인과因果가 틀림이 없는 것은 마치 형체에 그림자가 따르는 것과 같다. …
선악의 업業은 보응하지 않는 것이 없다. 단지 과거와 미래는 눈과 귀로 지각할 수 있는 것이 아니기 때문에 그것을 믿는 사람이 적고 오히려 그르다고 말하는 이가 많을 뿐이다.

일체는 원인이 있고 나서 결과가 있으며, 모든 것은 조건(緣)에 따라 일어나고 없어진다. 또한 업보에는 늦고 빠름이 있다.

거위가 사람에게 죽임을 당하는 것은 벌레가 제비에게 죽임을 당하는 것과 같다. 거위와 벌레는 현세現世에서 업을 받고, 사람과 제비는 내세來世에서 과보(報)를 받을 것이다.

놀랍게도 유소부의 주장은 오늘날 불교인들의 일반적인 윤회관 내지 인과관과 정확히 일치한다. 대중신앙으로서 동아시아불교의 기본 형태는 이미 쿠마라지바의 번역 작업이 있기 이전에 어느 정도 정형화를 이룬 것으로 볼 수 있다.

동진東晉의 혜원(慧遠, 334~416)은 세속을 등지고 출가한 사문沙門에게는 세속적 권력에 존경을 표시할 의무가 없다는 주장을 「사문불경왕자론沙門不敬王者論」이라는 저술로 발표할 만큼 신념이 확고한 승려였다. 그는 이 논서에서 인간을 형신形神이라는 이원적 복합체로 전제하고, 사람이 죽으면 신체(形)는 흩어지지만 '신神'은 이어진다고 주장하였다.

불이 장작에 옮겨지는 것은 신이 몸에 옮겨지는 것과 같다. 불이 다른 장작에 옮겨지는 것은 신이 다른 몸에 옮겨지는 것과 같다. … 어리석은 사람은 몸이 일생에서 다하는 것을 보고 신과 정도 더불어 없어진다고 생각한다. 이것은 불이 한 나무에서 다하는 것을 보고 모든 불이 영원히 꺼졌다고 생각하는 것과 같다. (「사문불경왕자론」, 『중국불교사』, 심재룡, p.34)

장작과 불의 은유에서, 신체는 장작처럼 불에 타 재가 되어 소멸하여도 영혼은 불처럼 끊임없이 다른 나무로 옮겨가 삶을 이어간다. 혜원에게 영혼(神)은 윤회의 주체인 동시에 열반의 주체이다. 이처럼 윤회하며 열반의 성취에까지 도달하는 주체로서 영혼의 존재는 이후 현대까지 이어지는 동아시아불교의 중요한 경향성 혹은 특징이라고 할 수 있다.

신멸불멸논쟁은 동아시아불교에 특징적인 인과응보의 윤리적 규범과 구제론적 관심의 성격과 기원을 잘 보여준다. 초기 동아시아불교의 수용자들은 '무아'를 강조하는 교리적 관심보다는 당시 사회에서 요구되는 실천윤리와 고난으로부터의 구제와 복락의 약속이라는 종교적 희망에 주목하였던 것으로 보인다. 또 윤회의 주체에 대한 논란에서 육신과 정신(영혼)의 관계를 다양한 측면에서 고찰하였던 논의 과정은 불교와 유학의 양 진영에서 삶과 죽음에 대한 성찰을 심화하였다. 이 논쟁은 20세기 중반 세계철학계가 관심을 집중하였던 심신논쟁의 고전적 전례로 간주할 수 있을 듯하다.

신멸불멸논쟁은 대체로 쿠라마지바의 엄밀한 번역 작업에 의한 중관논서의 한역이 유통되기 이전에 이루어졌다는 점을 유념하여야 한다. 공성空性을 핵심으로 하는 『중론』, 『백론』, 『십이문론』 등의 논서들이 번역되고 나서야 동아시아불교는 사상의 깊이를 담아내는 전문적인 개념어들을 갖게 되었으며, 중관의 공空사상에 대한 심층적 이해에 도달하게 되었다. 비로소 동아시아에서 불교가 철학적 수준의 사고체계를 갖추게 된 것이다.

쿠마라지바(Kumārajīva)와 경전 번역

쿠마라지바의 부친은 인도북서부 카슈미르에서 서역의 구차국으로 온 이주민이었다. 쿠마라지바는 일찍 출가하여 불교철학이 꽃피었던 카슈미르로 유학하였다. 그곳에서 경전과 설일체유부의 아비다르마를 공부한 쿠마라지바는 이후 대승불교사상으로 전향하였다. 그는 전란의 희생양이 되어 포로생활을 하는 중에 한자를 익혔으며, 장안에 도착한 401년에는 산스크리트 원전과 한문에 모두 통달한 번역가의 자격을 갖추고 있었다. 이로써 동아시아불교는 초기불교와 아비다르 마철학, 대승사상에 능통하고 산스크리트어와 한문에도 통달한 번역가의 한역 경전과 논서를 가질 수 있게 되었다.

자신에게는 불운의 씨앗이었던 쿠마라지바의 천재성은 이후 1,500년 이상 이어지는 동아시아의 불교전통에 거대한 주춧돌을 놓았다. 그는 산스크리트어의 운율과 문자적 의미에 주의하면서 동시에 독자들에게 정확한 의미를 전달할 수 있는 번역어를 찾기 위해 분투하였다. 그 결과 쿠마라지바가 길어낸 신조어들이 오늘날 우리에게도 익숙한 '공空', '색色', '열반涅槃', '극락極樂', '지옥地獄', '대승大乘', '보리菩提' 등의 개념들이다. 누구나 알고 있지만 누구도 그 내용을 정확히 알지는 못하는 '색즉시공 공즉시색' 또한 쿠마라지바의 번역이다.

그의 번역 목록에는 『금강반야경金剛般若經』, 『묘법연화경妙法蓮華經』, 『유마경維摩經』, 『대지도론大智度論』, 『중론中論』, 『백론百論』, 『십이문론十二門論』 등 한문불교권에서 지금까지 널리 유통되어 읽히고 있는 경론을 비롯하여, 『좌선삼매경坐禪三昧經』 등 다수의 명상 문헌들도 포함되어 있다. 팀을 이루어 번역을 진행하는 과정에 그는 축도생竺道生, 승조僧肇 등의 걸출한 제자들을 배출하였으며, 중관논서의 한역과 함께 중관철학을 중심한 삼론종三論宗의 성립을 추동하였다.

이처럼 쿠마라지바로 인해 카슈미르와 서역지방에서 번성하던 불교사상이 최상의 번역으로 중국에 전달되기 시작하였다. 쿠마라지바의 번역으로 인해 동아시아불교는 난삽한 초기번역인 고역古譯의 모호함 이나 왜곡에서 벗어나 보다 정확하고 추상적이며 정교한 사변적 논의 가 가능한 단계로의 도약을 이루었다. 이후 중국불교는 파라마르타(眞 諦, 499~569)의 번역으로 유식, 여래장사상에 대한 이해의 심화 과정을 거쳐, 마침내 동아시아인이 직접 인도로 유학하여 불교의 다양한 학파철학을 공부하고 경전과 논서들을 들여와 번역해 내는 독립적인 단계로 성장해 나간다.

16. 동아시아의 불교철학파
-중관과 유식

삼론종三論宗: 동아시아 최초의 불교학파

타클라마칸 사막의 동쪽 끝에 위치한 돈황燉煌은 비단길에 수놓은 오아시스 도시이다. 이곳에 비단길의 동쪽 끝에 닿아 있는 한반도의 역사와 관련된 이야기들이 전해지고 있다. 돈황의 석굴벽화에 이미 고구려와 신라 사신의 모습이 발견된 사실은 잘 알려져 있지만, 이보다 앞서 이곳에서 유학하였던 고구려 승려 승랑僧朗을 언급하지 않을 수 없다. 승랑僧朗의 생몰연대는 불확실하다. 그가 고향인 고구려의 요동遼東을 떠난 것이 476년경이며, 장안에서 반야와 화엄사상 등을 공부한 후 479년 무렵부터 돈황에서 삼론학을 배운 것으로 알려져 있다.

삼론학은 쿠마라지바가 번역한 중관 계통의 논서『중론』,『백론』,『십이문론』을 소의논서로 하는 중관철학파로서, 삼론종의 성립은 동아시아에서 불교의 핵심사상을 중심으로 한 학파철학이 등장할 수 있었던 학문적 진보가 이루어졌음을 입증한다. 물론 초기 삼론학자들이 곧바로 중관사상의 심오한 경지를 이해하고 독자적인 해석체계를 갖추어낸 것은 아니다. 고삼론古三論이라 불리게 된 당시의 삼론학은 아직 반야중관의 공空사상을 충분히 이해하지 못하고, 여전히 실재론적 잔재를 지니고 있는 『성실론』에 영향을 받고 있었다.

사태를 타개하고 심오한 공성空性의 이해에 근거한 삼론체계를 수립한 이가 바로 승랑이다. 나가르주나(2C), 쿠마라지바(5C초), 그리고 승랑(5C말)과 법랑法朗을 거쳐 길장(吉藏, 549~623)에서 동아시아의 삼론학이 완성되었다. 그는 『중관론소』나 『대승현론』에서 자주 섭산대사(승랑)의 중관 해석에 기초하여 중관사상의 바른 뜻을 새기고 삼론학의 '바른 통찰(正觀)'을 정립하였음을 밝히고 있다. 고구려의 혜관慧灌은 다시 625년 이 삼론학을 일본으로 전하여 '일본 삼론학의 비조'로 존숭되었다.

길장吉藏은 『삼론현의三論玄義』 저술을 통해 완결된 체계로서 자신의 중관철학을 펼쳐보인다. 그는 『삼론현의』에서 '바른 진리(正法)'를 '공空'과 '중도中道'로 요약하고, 저술의 목적을 잘못된 견해들을 타파하는 파사破邪와 올바른 진리를 드러내는 현정顯正에 두고 있음을 분명히 하였다. 파사破邪의 측면에서 길장은 먼저 ①불교 밖의 여러 사상들, ②아비다르마철학, ③『성실론』의 관점, ④대승에서의 그릇된 견해를 각각 논파한다.

먼저 불교 밖에 종교사상들에 대해서는 여섯 가지 주제에 대한 불교의 우월적 진리를 주장하고 있다. 첫째, 외교外教에서는 오직 현세의 삶을 해명하지만 불교는 과거, 현재, 미래를 포함하는 삼세의 삶에 대한 진리를 제공한다. 둘째, 외교에서는 인간의 감각지각이나 의식의 문제를 다루지 못하는 데 반해 불교에서는 감각과 의식은 물론 초월적 감정과 능력까지 해명한다. 셋째, 외교에서는 만물과 태허太虛가 분리되지만, 불교에서는 현상을 부정하지 않으면서 진실을 설한다. 넷째, 외교에서는 무위無爲 그대로 만유의 성립은 불가능하다. 그러나 불교에서는 진리 그 자체는 부동이면서도 현상세계를 성립시킨다. 다섯째, 외교에서는 이원대립을 벗어나지 못하였지만, 불교에서는 주관과 객관의 분별이 극복되었다.[2]

길장에 따르면 아비다르마철학은 부류가 다양하여 여섯 학파가 전해진다. 그들의 근본주장은 모두 다르마의 자성이 실재한다는 견해에 토대를 두고 있다. 길장은 아비다르마철학의 오류를 열 가지로 나열해 가며 논파하는데, 여기서는 두 가지만 살펴보기로 한다.

첫째, 아비다르마철학에서는 '존재(有)'를 '진실(道)'이라고 한다. 그러나

> 지극한 진실(道)이란, … 그것을 말하고자 하면 그 진실을 잃어버리고, 그것을 알고자 하면 그 반대로 어리석어진다. 그것을 있다고 하면 그 본성을 거역하고, 그것을 없다고 하면 그 본체를 손상시킨다.

중관사상에서 설하는 진실(道)은 '존재(有)'나 '언설'에 한정시킬

---

2 키무라 키요타카 (1989), p.72

수 없는 진리이다. 인용문에서 '그것을 말하고자 하면 그 진실을 잃어버리고(言之者失基眞)'는 『도덕경』의 '도를 도라고 말할 수 있으면 이미 도가 아니고(道可道非常道)'를 연상시키는 문구이다. 여기에서 궁극적 진리인 승의제勝義諦와 노자 『도덕경』의 도道가 통합을 이루고, 노자의 무無 개념이 중관의 공空으로 재해석되어 가는 철학적 토착화가 진행되는 과정을 확인할 수 있다. 비판의 핵심은 진리란 언어적으로 한정될 수 없을 뿐만 아니라, 그것이 존재한다고 하는 상견常見이나 그것이 존재하지 않는다는 단견斷見 어느 것도 허용하지 않는다는 사실이다.

열 번째 비판에서 길장은 『열반경』의 '중생들이 궁극적 진리眞諦를 알게 하기 위하여, 여래는 세속적 진리(俗諦)를 베풀어 설하였다'는 부분을 인용하여, '궁극적 진리'와 '언어적 진리', 혹은 '성스러운 진리'와 '세속적 진리' 사이를 구분하는 두 진리설(二諦說)을 끌어들인다.

> 아비달마 무리들은 비록 세속적인 존재(俗有)를 알고 있지만, 궁극적인 공성(眞空)을 깨닫지는 못하였다. 이미 진공眞空에 대해 미혹하기 때문에 속유俗有에 대해서도 미혹하다. 때문에 아비다르마는 진제와 속제를 모두 함께 상실한 것이다.

아비다르마철학은 세속적인 차원의 존재론에 대해서는 알고 있었지만, 궁극적인 차원의 공성空性에 대한 이해에는 이르지 못하였다. 공성에 대한 바른 이해가 없이는 세속적 차원에서 존재에 대한 이해도 왜곡되어 버린다. 결국 공성에 대한 바른 깨달음이 없는 진리 해석이란 궁극적 차원은 물론 관습적 차원에서도 불완전한 것이다.

그렇다면 삼론종에서 주장하는 바른 두 층위의 진리설은 무엇인가?

승랑은 두 층위의 진리의 관계에 대하여 '두 층위의 진리(二諦)가 함께하여(合) 중도中道를 드러낸다(明)'는 방식으로 올바른 해석의 원칙을 이제합명중도설二諦合明中道說로 정식화하였다. 다시 말해 두 층위의 진리조차 궁극적인 중도를 드러내기 위한 대비적 개념이다. 구체적으로 승랑은 약리이제설約理二諦說이 아니라 약교이제설約敎二諦說의 관점에서 이제二諦를 해석하였다. 약리이제설은 '두 진리'를 '리理', 즉 본질적인 진리 자체로 보는 견해인 반면, 약교이제설은 '두 진리'를 '교敎', 다시 말해 궁극적 진리를 전하기 위한 가르침의 방편으로 간주하였다. 따라서 승랑은 '궁극적 진리'와 '언어적, 세속적 진리'라는 구분 자체도 궁극적인 것이 아니며, 단지 진리를 전달하기 위한 수단으로 여겼다.

'두 층위의 진리는 방편적 가르침(二諦是敎)'이라는 주장은 3중의 논리적 단계로 구성되어 있다. 제1단계의 이제설에서는 '모든 존재가 있다'(P)는 유有에 대하여, '모든 존재는 공하다'(Q)는 공空을 설한다. 제2단계에서는 '만물은 있기도 하고 없기도 하다'는 속제에 대해 '만물은 있는 것도 아니고 없는 것도 아니다'는 승의제를 설한다. 제3단계는 '유무有無의 둘이기도 하고 불이不二이기도 하다'는 세속적 진리에 대해 '유무의 둘도 아니고, 불이도 아니다'가 궁극적 진리라고 설한다.

이제설의 단계적 상승을 설명하면서, 이전 단계의 '두 진리'를 지양하고 다시 새로운 세속과 진실 차원의 진리가 제시된다. 궁극적 진리와 세속적 진리의 두 층위는 그 자체로 진리인 것이 아니라, 진실도 아니고 세속도 아닌 다음 차원으로 나아가기 위한 방편으로 기능한다.

214

법상종法相宗: 동아시아 유식학파의 발전

유식사상의 현지화도 논서의 번역과 함께 촉발되었다. 먼저 바수반 두의 저술 『십지경론』의 번역과 함께 등장한 초기 유식학파는 지론종 地論宗이다. 『십지경十地經』(Daśabhūmika sūtra)은 서력기원 전후의 초기 대승경전에 속하며, 『화엄경華嚴經』(Avataṃsaka sūtra)의 제26품 에도 포함되어 있다. 깨달음에 이르는 수행의 10단계에 대해 기술하 고 있는 이 경전에 대해 바수반두가 주석서 『십지경론』(Daśabhūmi-kabhāsya)을 남겼으며, 그것이 다시 6세기 초에 보리유지(菩提流支, Bodhiruci)와 늑나마제(勒那摩提, Ratnamati) 두 역경사에 의해 한역되 었다.

이들 두 인도출신 승려들이 번역 과정에 알라야식의 해석에 대해 의견이 대립하면서 갈등이 야기되었다. 늑나마제는 제8식 알라야식을 항상 존재하며 청정무구한 참된 의식(眞識)으로 불성佛性과 동일시하 였다. 늑나마제의 해석에 동의하고 추종한 이들을 지론종 남도파南道派 라고 하였다. 그들은 제8식을 청정무구한 여래장과 같은 진식眞識으로 이해하여 궁극적으로 깨달음의 성취를 이룰 수 있는 심적 근거로 생각하였다.

반면 보리유지는 제8알라야식을 번뇌에 오염된 망식妄識으로 보았 기 때문에 알라야식에는 궁극적 깨달음의 가능성이 존재하지 않았다. 대신 청정무구한 진식眞識은 제8식에서 한 단계 더 나아간 제9식이라고 보았다. 보리유지의 알라야식 해석을 지지한 그룹은 지론종 북도파北 道派로 분기하였다.

불운한 번역가 진제眞諦는 특히 유식사상과 여래장계 경론을 다수 번역하였으며, 그 가운데 바수반두의 형으로 알려져 있는 무착(無着, Asanga)의『섭대승론攝大乘論』(Mahāyānasaṅgraha) 3권과 바수반두의 주석인『섭대승론석攝大乘論釋』15권을 번역하여 섭론종攝論宗의 성립에 직접적인 자극을 제공하였다. 지론종 북도파의 학설은 파라마르타 (Paramārtha, 眞諦, 499~569)가 한역한『섭대승론』의 유통과 함께 새롭게 형성된 섭론종攝論宗에 흡수되었다.

두 학파는 비록 오래 지속하지 못하였지만, 유식철학에서 '제8식, 알라야식'이라는 핵심적인 개념의 해석을 두고 학파적 논쟁을 펼치면서, 이후 등장하게 될 법상종과 화엄종에 이론적 자양분을 제공하였다.

삼장법사 현장(玄奘, 602~664)은 당시 혼란스러운 유식학계의 논란을 해결하고자 627년 인도로 떠나 645년까지 인도의 나란다 대학 등에서 유학하였다. 그는 귀국길에 방대한 분량의 아비다르마 논서와 대승경전, 다양한 유식 문헌을 가지고 돌아왔다. 국가적 지원을 받으며 진행한 조직적인 번역사업을 통해 그는 총 76종의 산스크리트문헌을 1,347권의 한문본으로 번역해 내었다.

이 가운데 대표적으로『구사론』30권,『순정리론』80권,『비바사론』200권 등 아비다르마 논서,『대반야경』600권 등 반야중관계 경전,『해심밀경』5권,『유가사지론』100권,『섭대승론본』3권,『섭대승론세친석』10권,『섭대승론무성석』10권, 그리고『유식이십론』,『유식삼십송』의 주석 편집본인『성유식론』10권 등은 다양한 분야에서 동아시아 불교철학의 수준을 몇 단계 격상시킨 놀라운 성과물들이다.

바수반두는 자신의『유식삼십송』에 대한 상세한 주석을 쓰지 못하고 생을 마쳤다. 때문에 난해한 30개의 게송에 대해 여러 해석이 난무하였고, 현장은 그중 대표적인 10대논사의 주석을 가지고 돌아왔다. 당초 열 개의 주석을 모두 번역할 계획이었으나, 규기窺基의 제안을 받아들여 다르마팔라(Dharmapāla, 護法)의 주석을 중심으로 스티라마티(Sthiramati, 安慧)의 경쟁이론을 제시하고, 그외 논사들은 드물게 참고하는 형식의 편집주석서 『성유식론』을 찬술하였다.

따라서 『성유식론』의 유식사상은 다르마팔라의 유상유식 계통에 따르고 있으며, 간혹 현장의 스승 계현戒賢 혹은 현장 자신의 독창적인 해석이 부가된 것으로 나타난다. 이곳에서는 유식 8식설의 기본구조에 대한 앞 장의 설명에서 다루지 않은 '종자-현행'의 관계와 '유식唯識사분설四分說'에 대해서만 간단히 언급하고자 한다.

유식사상의 8식설에서 알라야식의 성격을 가장 잘 묘사하는 명칭이 일체종자식一切種子識이라는 개념이다. 일체만물의 잠재태인 알라야식은 거대한 강물이 흘러가듯이 끊임없이 흘러가면서 조건에 상응하여 우리들이 경험하는 현상세계를 현행한다. 이 현행은 인식의 배경을 이루는 세계, 즉 기세간器世間과 감각지각의 대상(전5식의 세계), 의식과 분별망상의 세계(6식, 7식의 세계)를 포함한다.

일체만물의 종자로 잠재해 있던 알라야식이 현상을 생기하고, 현상세계의 행위와 작용은 다시 일체종자의 형태로 잠재하게 된다. 이것은 '종자가 생기하여 현행(種子生現行)'하고 다시 '현행이 훈습하여 종자로 잠재한다(現行熏種子)'고 정식화한다. '종자와 현행'은 한 찰나에 완결되고, 상속의 흐름은 종자에서 종자로 이어진다(種子生種子).

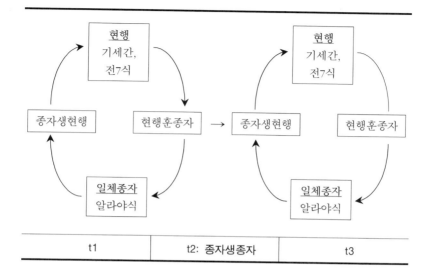

그리고 다음 찰나에 새로 생성된 '종자'와 그것의 '현행'이 새로운 순환을 펼쳐간다. 엄밀히 분석하자면, 한 찰나에 '종자생현행'과 '현행훈종자'의 두 가지 사태가 발생할 수는 없으며, '종자생종자'에서도 한 찰나 동안 현상세계가 사라지는 문제가 발생한다. 그러나 이 '종자-현행' 모델은 잠재태와 현실태 사이의 관계와 그것의 지속에 관한 매우 심오하고 영감을 주는 해석체계임에 틀림이 없다.

이제 한걸음 더 들어가 종자가 현행으로 생기할 때, 그것의 형상은 종자와 어떻게 대응하고 어떤 양태를 띠는가에 대한 물음이 제기될 수 있다. 식이 변화하여 '보는 자'와 '보이는 것', 인식주체와 인식대상의 분별이 이루어질 때, 그 양자는 하나의 종자에서 비롯하는가 아니면 서로 다른 별개의 종자에서 비롯하는가?

유식사분설唯識四分說

질문에 대한 『성유식론』의 해답은 '안난진호安難陳護 일이삼사一二三四'라는 연상어구에 압축되어 있다. 여기서 4분分이란 상분相分, 견분見分, 자증분自證分, 증자증분證自證分을 통칭하는 말이다. 상분相分은 인식의 대상으로 소연(所緣, ālambaṇa)을 가리킨다. 마음에서 인식의 작용이 일어날 때 인식의 주체와 함께 동시에 떠오르는 인식의 대상이 그것이다. 상분은 세부적으로 영상影像상분과 본질本質상분으로 구분한다. 영상상분은 인식주관에 가깝게 직접적으로 인식되는 형상을 말하고, 본질상분은 인식주관에 직접적으로 인식되는 영상상분이 의지하는 간접적인 대상을 지시한다.

견분見分은 간단히 말하면 '보는 자'이다. 물론 여기서 '보는 자'는 인격적 주체를 말하는 것이 아니라 상분이 생기하는 것과 동시에 일어나는 '비추어 보는 기능 혹은 작용'을 의미한다. 자증분自證分은 지각의 대상이 아니라 '견분見分'을 대상으로 삼은 작용을 지칭한다. 그러나 진나의 자증분 개념이 견분을 대상으로 하는가, 아니면 자증분은 견분과 상분이 일어나기 전의 자기인식이며 그로부터 견분과 상분이 갈라져 나오는 것으로 보아야 하는가에 대해서는 논란의 여지가 있다. 마지막으로 증자증분證自證分은 앞의 자증분을 인식하는 작용을 말한다. 증자증분은 인도문헌에서는 발견되지 않으며 현장의 한역에서 새롭게 부각되었다.

이같이 종자가 상이하게 드러나는 마음의 네 가지 형상에 대해, 안혜는 다른 것들에 의존하여 의타기依他起하는 의식 그 자체를 하나

(一分)뿐인 참된 식의 작용으로 보았다. 안혜는 만일 하나 이외에 다른 형상이 대상으로 존재한다면 그것은 '오직 표상일 뿐' 외부에 대상을 가지지 않는다는 유식唯識의 개념에 부합하지 않는 것이라고 보았다. 하지만 난타難陀는 '보는 자'인 견분見分과 '보이는 것'인 상분相分을 포함하는 이분二分으로 의식작용을 구분하였다. 견분과 상분 두 가지 모두 의타기하여 생기한 형상이지만, 그것에는 가실假實의 구분이 있는데, 견분이 진실한 것이고 상분은 가설적이다. 만일 인식의 대상인 상분이 진실하다고 하면 유식唯識이 성립하지 않을 것이다.

진나陳那는 견분과 상분에 더하여 자기 자신을 인식하는 자증분自證分을 포함하여 삼분三分을 구성하였다. 여기서 상분은 '인식되는 대상'이고 견분과 자증분은 '인식하는 작용'이다. 만일 자증분이 없다면, 견분이 대상만을 인식하기 때문에 '인식하는 심적 기능'에 대한 올바른 인식은 불가능하게 될 것이다. 자증분은 인식하는 주체의 형상을 인식하는 기능을 가지며, 이를 통해 인식작용에 대한 자기관찰과 자기인식이 가능하게 된다. 또는 자증분을 견분과 상분이 분화하기 이전의 첫 찰나에 의타기한 형상 그 자체로 본다면, 자증분의 문제는 서로 의존하여 발생하는 처음 형상의 성질에 관한 물음으로 전개될 것이다. 만일 어리석은 사람이 견분과 상분을 인식주체인 '자아'와 인식대상인 '대상'으로 주장한다면, 그것을 분별과 어리석은 판단에 집착하는 변계소집이라고 한다.

호법護法은 삼분에 더하여 자증분을 인식하는 증자증분證自證分까지 포함하여 사분四分을 갖는다고 보았다. '대상을 인식하는 작용'인 견분은 '인식하는 작용'을 인식하는 기능이 없기 때문에 자증분이 요구되었다. 자증분이 '보는 작용'을 인식함으로써 인식작용에 대한 이해가 가능해졌다. 그런데 이제 자증분, 즉 '인식하는 자를 인식하는 기능'은 누가 인식하는가? 다음에는 '인식하는 자를 인식하는 자를 인식하는 자'로 무한소급에 떨어지고 만다. 증자증분은 이 무한소급을 중단시키는 특수한 의식작용이다. 자증분은 '인식하는 자를 인식하는 자'인데 증자증분도 '인식하는 자를 인식하는 자'이다. 자증분은 견분과 증자증분이라는 '인식하는 자를 인식'하고, 증자증분은 자증분이라는 '인식하는 자를 인식'한다.

상분相分 ← 견분見分 ← 자증분自證分 ↩ 증자증분證自證分

그렇게 자증분과 증자증분이 서로를 인식함으로써 무한소급은 중단 되고 4분으로 '인식하는 기능/작용'에 대한 해명이 완결된다. 현장과 규기의 법상종에서는 물론 호법의 4분설을 가장 뛰어나고 완전한 체계로 설명한다. 그러나 디그나가에서 다르마끼르티로 나아가는 불교인식논리학에서는 자증분自證分 혹은 자기인식(svasaṃvedana)의 이해에 토대한 유식 해석을 전개한다. 사분설에 기반한 호법 계통의 법상유식과 불교인식논리학의 유식체계 사이에서 철학적 우열을 판단 하려는 시도는 어리석다. 진전된 이해와 새로운 유식철학의 실험을 위하여 우리는 여러 학파적 관점과 논리의 전개방식에서 드러나는 차이와 다양성에 보다 주목해 볼 필요가 있다.

17. 그것은 '진정한 불교'가 아니다?

불교의 매력과 강점 가운데 하나는 모든 인간에게 부처가 될 수 있는 본래적 성품이 존재한다는 불성사상이다.[3]

길희성은 기독교신학으로 출발하여, 지눌과 일본 정토종 연구를 거쳐, '영적 휴머니즘'으로 그의 삶을 정리한 대표적인 영적 지성이었다. 그는 선한 기독교인이었고, 열정적인 불교학자였으며, 영적인 휴머니스트였다. 그는 만년에 『일본의 종교문화와 비판불교』(공저)와 『영적 휴머니즘』이라는 저술을 남겼는데, 우리는 이 저술들에서 다양한 종교들 특히 기독교와 불교가 무엇을 접점으로 대화하고 하나의 지향점을 공유할 수 있는가에 대한 그의 지적 탐색을 짚어볼 수 있다.
 『일본의 종교문화와 비판불교』는 '불성佛性사상'에 대해 전면적으로

---

3 길희성·류제동·정경일 공저(2020), p.277.

문제를 제기하여 학계에 파란을 일으킨 마츠모토 등의 비판불교에 대한 평가를 싣고 있다. 비판불교는 1980년대 일본 조동종 계통의 연구자 하카마야 노리아키와 마츠모토 시로가 촉발한 본격적인 동아시아불교 비판이다. 두 학자는 요컨대 동아시아불교에 근간을 이루고 있는 여래장如來藏 혹은 불성佛性사상이 힌두교의 아트만(ātman)설에 다름 아니라고 비판한다. 그들은 형이상학적 실재론에 토대를 둔 불성사상이나 본각本覺 개념이 일본사회에서 부락민部落民의 차별과 같은 인종적 차별주의나 천황제를 중심으로 한 민족적 국수주의의 문화와 역사에 이데올로기를 제공하였다고 비판한다.

두 학자의 비판불교는 일본 내에서보다는 세계 불교학계에 충격파를 던졌으며, 한국 학계 또한 다양한 측면에서 비판불교를 비판적으로 탐구하였다. 비판불교의 논지와 논증에 대한 세계 학계의 반응은 *Pruning the Bodhi Tree*(1997)를 낳았고, 『보리수 가지치기』(2015)로 번역 출간되었다. 한국 학계의 학술적 대응은 『비판불교의 파라독스』(2000)로 결집되었다. 길희성 등의 『일본불교와 비판불교』(2020)는 종교 간의 대화와 다원주의적 맥락에서 비판불교에 대한 새로운 독해의 가능성을 보여주고 있다. 아마도 근대 동아시아불교에서는 가장 흥미롭고 의미 있는 논쟁으로 일독해 볼 만한 가치가 있다고 생각한다.

여기서는 먼저 문제의 '여래장如來藏' 혹은 '불성佛性' 사상에 대해 간단히 검토하고 나서, 비판불교의 비판에서 촉발되는 몇 가지 흥미로운 문제들을 다루어 보도록 하겠다.

여래장(如來藏, tathāgatagarbha)

여래장은 '여래(tathāgatha)와 태(garbha)'의 합성어로, 문자적으로는 '여래의 자궁'이나 '여래의 태아'를 의미한다. 합성어의 두 의미가 함축하는 바가 크게 달라질 수도 있지만, 여기서는 '붓다가 될 잠재성' 정도로 이해하고 논의를 이어가고자 한다.

'열반에 이를 잠재성'으로 중생이 가지고 있는 '청정한 마음' 혹은 '수행을 통해 번뇌를 끊고 해탈할 수 있는 가능성'으로서 심적 상태나 개념적 씨앗은 초기불교에서도 발견된다. 아비다르마불교에서 중생의 마음은 무상無常, 고苦, 공空, 무아無我인 것으로 설해지지만, 그에 반하여 열반의 상태는 항상(常), 즐거움(樂), 청정함(淨)으로 묘사되고 있다. 그런데 이 열반의 상태에 무아無我에 대응하는 '자아(我)'가 포함되지 않는다는 사실에 주목할 필요가 있다. 깨달음이나 열반을 자아의 존재에 근거하여 청정한 영혼이 들어가는 상태와 같은 것으로 보는 해석을 경계하고 있는 게 아닌가 생각된다.

유식철학의 알라야식 해석은 여래장 개념의 정립에 직접적으로 관련되어 있는 것으로 보인다. 알라야식은 근본 개념에 있어 온갖 마음의 요소들 일체가 종자의 형태로 함장되어 있기 때문에 허망하고 거짓된 속성을 포함하고 있는 '망식妄識'으로 간주되었다. 그러나 알라야식이 현현한 중생의 삶에도 수행을 통한 깨달음의 가능성은 인정된다. 그것은 알라야식 속에 청정한 마음의 흐름이 존재하기 때문이다. 이 청정한 식의 흐름을 제8알라야식과 구분하여 '허물이 없는 의식'인 무구식無垢識으로 상정하는 9식설을 앞 장에서 살펴보았다. 여기서

'청정한 의식의 흐름'을 제8알라야식 안에 두거나 제9무구식으로 분리하거나 간에, 깨달음의 원인이고 붓다가 될 수 있는 가능성인 이 '청정한 의식'의 정체 규명이 중요한 과제로 떠오른다.

'붓다가 되는 것'을 목표로 하는 대승불교에서 '붓다가 될 잠재성'이자 '자성청정한 마음'이라는 개념적 메타포는 보다 적극적이고 구체적으로 형상화되기 시작하였다. 가장 처음 '여래장'이라는 개념이 분명하게 사용된 경전은 『여래장경』으로 알려진다. 이 짧은 경전에는 모든 중생에게 깨달음의 가능성이 있다는 사실을 아홉 가지 비유로 설명한다.

시든 연꽃 가운데 앉아 있는 부처님
꿀벌 무리 가운데 감추어져 있는 꿀
단단한 껍질 속에 감추어져 있는 열매
더러운 곳에 떨어져 감추어져 있는 순금
가난한 집에 있는 보물
나무 열매 안에 들어 있는 씨앗
누더기에 싸여 있는 순금상
비천한 여인이 수태한 존귀한 왕의 아들
진흙에 묻힌 황금상

『여래장경』에서는 아직 '여래장'의 개념적 함축을 묘사하는 정교한 비유를 구성하고 있지는 못하지만, 오히려 직관적인 비유들이 전하고자 하는 메시지를 선명하게 부각시킨다.

선남자여, 일체중생의 몸이 비록 여러 고통스러운 세계를 윤회하면 서 익힌 번뇌 가운데 있더라도 '여래장'은 언제나 오염되지 않는다.[4]

중생의 현실은 시든 꽃과 같아서 여전히 번뇌와 고통 가운데 있지만, 그럼에도 '시든 연꽃 가운데 앉아 있는 부처님'처럼 모든 중생은 '여래장'을 갖추고 있으며, 이 여래장은 번뇌와 고통에 의해 오염되지 않는다. 붓다의 눈에는 모든 중생에게 여래장이 있다. 붓다의 지혜의 눈으로 보면 중생이 모두 껍질 속에 감추어 있는 열매와 같다. 번뇌의 껍질이 중생의 속에 있는 여래의 지혜를 덮고 있는데, 그것을 알지 못하고 쓸데없는 쭉정이라고 버리는 것과 같다. 그와 같이 중생에게는 탐진치와 번뇌와 망상에도 불구하고 모두 여래장이 갖추어져 있다.

만일 여래장이 마음의 '자성청정한 흐름'이고 '열매'나 '씨앗'과 같은 것이라면, 번뇌와 고통을 포함한 모든 염오한 마음이 소멸하였을 때, 열반으로 이끄는 '영혼'과 같은 어떤 것이라고 볼 수 있지는 않을까?

대혜大慧야, 내가 설하는 여래장은 외도가 설하는 자아(ātman)와 다르다. … 어리석은 범부들을 무아에 대한 두려움에서 벗어나게 하기 위해 분별이 없는 여래장을 설했다. 미래 현재의 모든 보살마하살들은 이 여래장을 자아로 집착해서는 안 된다. (『대승입능가경』)

여래장의 가르침을 전하는 이유는 외도들에게는 자아(ātman)에

---

4 원경(1997), p.131.

대한 집착과 허망한 견해를 떠나 불교의 깨달음을 얻도록 이끌기 위함이고, 어리석은 범부들에게는 무아無我에 대한 두려움에서 벗어나 붓다의 진리를 깨닫게 하기 위해서이다. 여래장이 마치 '자아自我'처럼 보이지만, 그것은 '무아인 여래장'이며, '여래장인 무아'이다. 『승만경』에서도 여래如來는 자아도 아니고(非我), 중생도 아니고(非衆生), 목숨도 아니고(非命), 사람도 아니다(非人). 따라서 여래장은 그와 같은 그릇된 소견에 떨어진 이들이 이해할 수 있는 대상이 아니라고 단언한다.

『대승기신론』

'대승의 믿음을 일으키는 논서' 『대승기신론大乘起信論』은 동아시아 불교의 사상과 특성을 보여주는 가장 대표적인 저술 가운데 하나이다. 전통적으로 저술의 저자는 마명(馬鳴, Aśvaghosa)이고, 진제(眞諦, Paramārtha)가 번역한 것으로 알려져 왔다. 하지만 최근의 연구에 따르면 저자를 확정할 수 없는 것은 물론 그것이 인도에서 지어진 문헌인지도 의심받고 있다. 일본의 오오타케 스스무(大竹晋)는 최근작 『대승기신론 성립 문제의 연구』에서 『대승기신론』이 6세기 중엽 북조에서 유통되었던 위서僞書라고 결론짓고, 이것으로 지난 1,500년간 수수께끼로 남아 있던 문헌의 기원에 대한 논란이 마무리되었다고 선언하였다.

　『대승기신론』에 대해서는 수많은 주석서들이 저술되었지만, 그 중에서 특히 대표적인 주석서로 혜원(慧遠, 523~592)의 『대승기신론

의소大乘起信論義疏』, 원효(元曉, 617~686)의 『기신론소起信論疏』, 법
장(法藏, 643~712)의 『대승기신론의기大乘起信論義記』의 세 주석이
중요시된다. 『대승기신론』이 철학적으로 특별히 중요성을 지니는
이유는 이 논서가 동아시아불교의 교학적 성격을 규정짓는 여래장사상
을 핵심으로 하는 동시에, 유식과 화엄사상 등을 매개하거나 하나로
통합하려는 시도를 보여주고 있기 때문이다.

일찍이 논서의 이런 특성을 간파하고 동아시아불교사상사의 전면
으로 끌어올린 저술이 원효의 두 주석서 『대승기신론소·별기』이다.
원효는 첫 번째 주석서 『별기』에서 논서의 사상을 중관과 유식의
통합이라는 관점에서 조망하였으며, 이후 『대승기신론소』에서는 유
식과 여래장사상의 화쟁和諍을 시도하였다.

『대승기신론』은 내용에서 일심一心을 근본으로 하고, 그것이 진여眞
如와 생멸生滅의 2문門, 그리고 본체(體), 형상(相), 작용(用)이라는
세 양태로 전개된다. 일심의 의미와 층위를 어떻게 설정하는가에
따라 『대승기신론』의 사상적 위치가 결정될 뿐만 아니라 동아시아불교
에서 학파철학의 내용에도 영향을 미친다. 일심은 『대승기신론』과
관련된 학파철학들이 유심唯心적 맥락에 서 있음을 분명히 한다. 하나
(一)는 현상의 근원인 동시에 전체성을 의미한다. 세계는 일심이고,
일심은 '중생의 마음(衆生心)'과 동일시된다.

일심이 전개하면 진여眞如와 생멸生滅의 두 측면으로 현행한다.
그런데 여기서 이 일심을 진여와 생멸의 전개 이전의 근원적 상태로
볼 것인가, 아니면 진여와 생멸의 합 혹은 공존상태로 볼 것인가를
문제삼을 수 있다. 원효의 해석에서 일심一心은 화엄적 일심에서 여래

장 일심과 알라야식의 마음까지가 중첩되는 특징을 보여준다.

　나아가 진여와 생멸의 전개에 대한 해석에서도 원효는 독특한 접근 방법을 보여준다. 진여眞如는 세계의 '있는 그대로'이며 일체가 평등 무차별한 진리의 본성이다. 그것은 참된 존재이자 진리(法)이며, 분별 적이고 헛된 망념妄念을 떠난 마음의 본체이다. 진여는 진실하고, 자성청정하며, 상락아정을 본성으로 한다. 이에 대하여 생멸生滅이란 세계의 현상이며, 생기하였다가 소멸하고, 태어났다가 죽으며, 만물 이 제각각의 모습으로 현현하고 변화하는 일체의 현상을 지칭한다. 생멸은 가설적이고, 염오한 번뇌와 망상과 고통의 현실이 그대로 드러나는 현상의 세계이다.

　진여와 생멸의 두 측면은 알라야식의 두 가지 마음의 흐름, 제9아말 라식과 제8알라야식, 혹은 여래장과 알라야식의 대비를 연상시킨다. 원효는 바로 이 지점에서 진여와 생멸의 해석을 통해 유식과 여래장 사상의 종합을 모색하고 있다. 유식의 알라야식은 생멸 유전하는 유정의 업식을 보다 용이하게 설명할 수 있는 대신, 그것이 어떻게 청정한 열반의 상락아정에 이를 수 있는지 해명하는 데 한계가 있다. 반면, 여래장은 모든 중생에게 성불의 가능성을 주는 반면, 무상하고 생멸하는 진리를 설명하기 어렵고 상주불변의 아트만설로 비쳐지기 쉬운 난점이 존재한다.

　이렇게 상호 모순되고 배척하는 듯한 알라야식과 여래장 사상을 통합적으로 이해하고 해석하기 위하여 원효는 『대승기신론』에 등장하 는 진여와 여래장의 개념에 대해서는 유식논서들을 인용하여 해명하 고, 생멸과 알라야식에 관련된 문제에서는 여래장계 논서를 근거로 삼아 논의를 전개하고 있다. 생멸에 대한 여래장적 해명과 알라야식에 대해 수행과 열반의 가능성 확보는 『대승기신론』 해석에서 핵심적인 과제이다. 원효는 바로 이 점을 정확하게 인식하고, 논증에서 해당 경전의 인용을 의도적으로 교차시키고 있는 것이다.

이제 다시 논의의 처음으로 돌아가 보자.

동아시아 불교는 비불교적인가

불교의 종교적 수용과 다소 지체된 교학적 적응의 과정은 외래의 종교사상이 유입되는 일반적인 과정과 단계를 보여준다. 문제는 양자의 시차가 동아시아 불교의 종교와 교학에 긴 지층을 형성하였다는 점이다. 대중종교로서 불교는 신불멸론의 맥락에서 '영혼(神)'의 지속성과 윤회를 신앙하는 반면 불교의 철학적 측면에서는 '공성空性'과 '무아無我'가 사유의 토대를 이루고 있다. 종교와 철학으로서 불교의 두 흐름은 오랜 시간 서로 교차하면서 여래장, 화엄, 선불교 등에서 다소 모호한 상태로 공존하여 왔다.

오랫동안 지속되어 온 애매한 공존상태가 근래 마츠모토 시로 등을 중심으로 한 비판불교의 등장으로 갑작스럽게 시험대에 오르게 된 것이다. 마츠모토의 주장은 단순하다.

여래장은 힌두교의 아트만과 동일하다. 따라서
여래장사상은 불교가 아니다.

230

나아가, 여래장사상과 동의어라고 할 수 있는 불성佛性에 기반한 사상은 불교의 외피를 쓴 힌두교에 지나지 않는다. 마츠모토의 논증은 문헌학적으로 매력적이고 논리전개가 선명하다. 『열반경』의 다음 구절을 포함하여 불성을 해설하는 서술들은 아트만(ātman)에 대한 힌두교문헌의 서술과 평행을 이룬다.

일체 중생은 〔신체 안에(在於身中)〕 불성佛性을 가지고 있다. (『열반경』)
여래장은 청정하고 모든 중생의 신체 안에 들어가 있다. (『능가경』)
적육단에 한 무위진인이 있다. (『경덕전등록』)

마츠모토 시로의 문헌적 추적이 보여주는 증거는 '여래장' 혹은 '불성' 개념이 힌두교의 아트만과 동일한 맥락에서 유래하였으며 사용되고 있다는 사실을 설득력 있게 논증한다. 더구나 동아시아불교를 신행하고 있는 대중 불자들이 보여주는 '참나'의 추구나 '윤회'에 대한 믿음은 모두 비판불교의 입지를 강화해 주는 것으로 보인다.

그러나 다른 한편으로 앞서 『대승입능가경』의 인용을 통해 살펴본 바와 같이, 교학적 측면에서 여래장사상은 분명하게 힌두교의 아트만과 구분하고 있었다는 사실을 확인하였다. '여래장' 개념의 유래와 맥락이 '아트만(ātman)설'과 같다고 해서, 그것이 불교에서 채택되어 사용되고 있는 의미가 '아트만'과 동일한 의미와 맥락을 따른다고 단정할 수는 없다. 이를테면, 근대 기독교의 수용 과정에서 낯선 성서 개념을 번역할 때 '장로'나 '전도', '자비'와 같은 불교적 개념어들을 사용하였지만, 현재 기독교에서 '장로'와 '전도'가 전통적인 불교적 개념으로 사용되는 것은 아니다.

주의해야 하는 지점은 이론과 현실 사이에 상당한 괴리가 존재하고, 비판불교의 논란이 이론적 문제와 현실적 문제 사이에서 어긋나는 현상을 보여준다는 사실이다. 이 문제는 마츠모토 시로 등이 제기한 비판불교의 학문적 동기가 국외의 타자에 대한 제국주의적 폭력과 국내의 타자에 대한 폭력적 차별에 적극적으로 협력하거나 방조한 불교에 대한 반성에서 비롯되었다는 배경에서 더 극적으로 드러난다. '시민'으로서의 정치적 양심과 '불자'로서의 열정으로 현실불교에 대한 날카로운 비판의식을 갖게 된 두 학자가 찾아낸 문제점은 '우리가 알았던 불교는 불교가 아니었다'는 새삼스러운 발견이었다. 따라서 지금까지 일본의 불교를 비롯하여 동아시아불교가 노출한 모든 문제들은 '불교의 문제'가 아니라 '이교적 아트만 사상이 야기한' 문제였다는 진단인 셈이다.

따라서 문제에 공감하는 이들이 해야 할 일은 붓다가 가르친 불교, 즉 '무아'와 '윤회'의 가르침에 충실한 불교의 근본으로 돌아가는 일이다. 그러나 이 같은 근본주의로의 회귀는 문제를 해결하는 것이 아니라 문제를 회피하는 결과를 낳게 된다. 세상이 종교를 걱정하는 시대에 여전히 종교의 의미와 가치를 주장하는 사람들이 들고나오는 '진정한 불교인의 오류'를 범하고 있기 때문이다. 불교인이라면 부락민을 차별하고 천황제를 옹호하며 전체주의적 사회질서를 지지하는 부도덕한 사람들이 될 수 없을 것이다. 그것은 부끄러운 일이고 불교의 가르침에 부합하지 않는다. 그것은 불교가 아니다. 그렇게 '말'함으로써 '진정한 불교인'인 나는 면책될 수 있을까?

현실과 이론의 부조화는 한국학계의 반응에서도 간접적으로 드러난다. 한국불교학계는 공식적이고 폭넓은 연찬의 결과 『비판불교의 파라독스』라는 비판적 연구결과를 출판하였다. 그런데 이 저술에는 비판불교 학자들이 애초에 문제 삼았던 현실불교의 문제점들에 거의 눈길을 주지 않는다. 한국의 불교에서 현실문제란 일본불교에서보다 깊고 이중적이다. 비판불교 스스로 비판하고 있는 일본불교의 역사적 과오와 윤리성에 대한 문제제기와 비판이 일차적이다. 즉 제국주의 침략과 그 선봉장이었던 조동종의 역할을 그들이 '진정한 불교'가 아니었기 때문이라는 설명으로 만족할 수 있는가?

그리고 이 질문은 바로 한국불교의 현실로 향하게 된다. 한국을 포함한 동아시아 삼국의 불교는 '불성사상'이라는 공통의 토양 위에서 있다. 한국불교에 부락민의 차별이나 국가주의와 같은 정치적이고 윤리적 문제는 없는가? 다른 한편 한국불교와 일본불교는 매우 두드러진 차이를 보이는데, 그 차이는 어디에서 비롯되는가? 또 일본과 차별적 성격을 주장하는 한국불교에서 일본과는 다른 어떤 내적 윤리와 규범이 작동하고 있는가?

또 다른 역설은 종교 간의 대화 현장에서 발생한다. 비판불교는 '여래장'과 '불성'을 궁극적으로 단일하고 영원한 실재를 전제하는 기체설基體說이며, '무아'와 '연기'를 중핵으로 하는 불교사상의 근본에서 벗어난 비불설이라고 비판하였다. 그러나 앞서 길희성의 인용에서 본 바와 같이 '영성적 교류'를 주장하는 종교간 대화의 현장에서 환영받는 불교는 '참나'의 종교이자 '일체중생 실유불성'의 종교이다. 아이러니하게도 현실불교를 기체설로 비판하면서 불교를 '진정한 불교'의 근본주의적 규격에 가두었던 마츠모토 시로 당사자는 정토종 계통으로 선회하고 있다고 한다. 근본불교는 무죄할 뿐만 아니라, 무능하기도 한 것이었던가?

김성철은 이 논란을 분석적 지식과 종합적 지식의 대비를 통해, 일본불교학계의 분석적 접근방식이 전체를 보지 못하는 잘못을 초래하였다고 분석하고, 불교의 가르침과 학설들을 '진제와 속제'의 두 층위의 진리 측면에서 통합적으로 보아야 한다고 지적한다. 김성철에 따르면 '기체설'로 비판되는 '여래장'이나 '불성' 개념은 개별적 주체나 속성이 아니라 모든 중생의 공통적 사태로 이해되어야 한다. 불성佛性이란 모든 중생이 가지고 있는 공동의 성품이자 보편적 생명이며 보편중생의 이상적 상태이다.

안타깝게 김성철 교수가 홀연히 세상을 등지고 논의의 진전은 멈추게 되었다. 밝은 혜안의 후학이 나와서 한국불교의 현실과 이론의 간극을 회통하고 '공성에 기반한 대승보살'의 종교사상을 꽃피워 주기를 기원해 본다.

18. 하나가 전부, 전부가 하나

'우분투(ubuntu)'는 아프리카 줄루(Zulu)족에서 '인간'을 지칭하는 언어로, '주변세계와 연결되어 있는 존재로서의 나'라는 의미를 함축한다. 보다 구체적으로는 '네가 있으므로 존재하는 나' 혹은 '우리가 있으므로 존재하는 나'로 해석되기도 한다. 최근에는 '우분투' 개념의 사회사상적 의미가 확장되어, '전체/환경 속의 한 부분으로서 개별자'라는 철학적 의미를 획득하였다. 아프리카 철학자이자 언론인인 콜린 채시(Colin Chasi)는 사회적 불의에 저항하는 민중들과 사회정의와 변화를 위해 싸우는 전사들을 위한 이념적 근거로서 우분투 개념에 주목하고 있다.

우분투는 개인과 개인들로 구성된 사회를 관계적 연관성 속에서 파악한다는 점에서 불교의 연기적 세계관과 조응하는 부분이 있다. 그러나 우분투는 아프리카의 역사성에 뿌리를 둔 개념인 만큼, 식민화되어 소외와 착취의 대상으로 전락한 맥락 안에서만 그 변혁성과 역동성을 유지할 수 있다. 만약 '전체 속의 자아'라는 자기의식이 제도화된 전체주의적 맥락에서 강요된다면, 그것은 대단히 폭력적인 결과를 낳을지도 모른다. 바로 그런 위험이 현실화한 사상적 이탈이 불교철학에서도 발생한 적이 있다.

천태天台와 화엄華嚴사상으로 동아시아불교는 명실상부하게 독자적인 불교사상의 시대를 열게 되었다. 교학적 배경에서 천태종이 유식과 중관을 기본으로 하여 일념一念 중심의 사상체계를 형성하였다면, 화엄종은 유식과 여래장을 통합하여 화엄 일심一心의 사상체계를 완성하였다. 두 학파는 모두 전체로서의 하나와 부분으로서 하나들 사이의 관계에 주목하였다는 점에서 동아시아적인 통합적 사고와 함께 니야야–바이셰시카의 부분(avayava)과 전체(avayavi)의 관계를 연상시키는 사유방식을 보여주고 있다. '부분과 전체'의 관계를 통합적으로 규명하고자 하면서도, '부분'과 '전체' 가운데 어느 쪽에 무게 중심을 두는가에 따라 두 학파의 철학적 성격은 상반되는 방향으로 전개된다.

천태산天台山

동아시아불교 신앙의 중심지로 오대산五臺山이나 아미산峨眉山 등을 꼽는다면, 독자적인 학파의 산실로서 대표적인 지역으로는 천태종의 천태산, 화엄종의 오대산, 선종禪宗의 조계산, 그리고 유식, 화엄, 삼계교 등의 중심 사찰이 운집하였던 종남산終南山 등을 떠올리게 된다. 이 가운데 천태산은 천태종의 명칭과 함께 교학의 완성자인 천태 지의(智顗, 538~597)의 존칭에도 이름을 남겨 더욱 밀접한 관계를 증거하고 있다.

천태대사 지의는 일찍이 율장律藏과 아비다르마 논서를 배우고, 북방계의 선수행을 익혔으며, 오랫동안 천태종의 소의경전인 『법화경』의 강론에 공을 들였다. 그는 천태3부작이라고 알려져 있는 『법화현의』, 『법화문구』, 『마하지관』을 통해 천태종의 교학과 수행체계를 확립하였다.

천태종의 핵심사상은 서력 기원 전후에 형성된 대승계 경전인 『묘법연화경妙法蓮華經』(Saddharmapuṇḍarikasūtra)에 근거하고 있다. 『법화경』에 따르면, 진리를 듣고 깨달음을 추구하는 성문聲聞이나 진리의 수행을 통해 깨달음에 이른 연각緣覺의 길로는 성불成佛하여 붓다가 될 수 없다. 중생은 오직 세간에 출현한 붓다의 대자비심으로 깨달음의 가능성을 얻게 되며, 중생을 구제하고자 하는 보살승菩薩乘만이 중생을 성불하게 하는 일불승一佛乘의 길이다. 붓다는 이미 무한한 시간 전에 성불하였지만, 중생의 구제를 위하여 인간의 모습으로 나타난 것일 뿐이다. 따라서 석가모니 붓다는 이미 오래 전에 성불하여 완성된 붓다의 본체, 즉 법신法身의 현현이다.

이 같은 『법화경』의 사상에 근거하고 있는 천태교학은 현상과 실재를 중첩하여 하나로 보는 특성을 가지고 있다. 현상에서 존재하고 경험되는 일체는 동전의 양면처럼 '있는 그대로' 진실한 모습(實相)이기도 하다. 모든 현상은 동시에 진실이므로, 현실에 대한 절대적 긍정의 관점을 지니게 된다. 현실의 중첩적 층위를 관통해서 보는 방식에서 '일체는 실체가 아니라 공空이다', '일체는 조건에 의해 성립한 가설적 존재(假)이다', 그리고 '일체는 공空이나 가假의 분별을 초월한 절대존

238

재로서 중中이다'고 본다. 이 '세 가지 진실(三諦)'이 융합한 삼제원융三諦圓融에서 완전한 진리 그 자체가 드러나게 된다.

현상과 진실이 중첩되어 있고, 세 층위의 진실이 융합되어 있다는 관점에서는 전 우주는 하나로 연결되어 있고, 하나의 현상세계에서 전 우주를 보는 것이 가능하다. 이것이 '한 순간의 마음에 온 우주가 담겨 있다'는 일념삼천一念三千 사상이다. 번뇌와 열반이 혼재하는 지금 여기의 한 찰나에 무한한 시간 전에 성불한 붓다가 현신하고 무한히 펼쳐진 전 우주가 현전現前한다.

이 장대한 우주적 스케일의 통합적 사고는 미묘한 시각의 흔들림으로 실천적 현실에서 혼란의 빌미를 제공할 수 있다. 천태대사의 『관음현의觀音玄義』에 등장하는 다음 구절은 다소 충격적이다.

물음: 일천제一闡提와 부처는 어떤 선과 악을 끊었는가?
대답: 일천제는 선善의 수행을 모두 끊었지만 선善의 성품은 남아 있고, 붓다는 악惡의 행위를 모두 끊었지만 악惡의 성품은 남아 있다.

깨달음의 가능성이 끊어진 일천제(一闡提, icchantika)란 선善을 수행하고 실천하는 행위가 끊어진 자를 일컫는 말이고, 성불成佛한 붓다란 악惡한 행위의 완전히 단절을 의미한다. 그러나 성품의 측면에서 일천제나 붓다는 선과 악의 성품을 모두 가지고 있다. 이것이 '여래에게도 악한 성품이 있다'는 '여래성악설如來性惡說'이다.

물론 이런 해석은 현상과 본질이 중첩되어 있으며, 일체의 현상적 존재가 '있는 그대로'의 실상實相이라는 『법화경』의 사상을 잘 반영하고 있다고 할 수 있다. 절대적 존재로서 중中의 세계는 선善이기도 하고 악惡이기도 한 중첩인 동시에 선도 아니고 악도 아닌 초월의 세계이다.

일념一念이라는 한 찰나의 부분에 삼천三千세계의 온 우주가 들어와 있으며, 그것에는 선도 악도 포함된다. 『법화경』의 세계에는 한 송이 꽃에 우주가 들어와 있다. 다시 말해, 부분 속에 전체가 있다. 그리고 부분들의 합 그 자체가 전체이다. 붓다가 된다는 것은 부분들의 합이 존재론적으로 도약하는 초월적 신세계를 여는 것이 아니라, 부분들의 합 그 자체인 세계에서 모든 악의 행위를 소멸하는 것이다.

천태사상은 이런 점에서 매우 강하게 실천적 수행을 강조한다. 천태지의는 『마하지관摩訶止觀』에서 명상수행을 할 때의 마음가짐을 상세히 설명하고 있다. 지관止觀이란 마음의 동요를 가라앉히고 고요한 상태에 머무는 지(止, śamatha)와 대상을 바르게 관찰하는 관(觀, vipaśyana)의 병행을 의미하며, 각각의 수행을 통해 도달하는 상태가 정定과 혜慧이다. 이 지관止觀에는 세 가지 실천적인 방식이 있는데, 순차적으로 지관을 닦아 나가는 점차지관漸次止觀, 수행자의 자질에 따라 순차를 무시하고 닦는 부정지관不定止觀, 그리고 처음부터 실상實相을 대상으로 삼아 바로 닦아가는 원돈지관圓頓止觀이 그것이다.

여래성악설의 이론적 진실성 여부를 떠나, 천태사상에서 여래성악설은 마하지관의 수행적 안배와 함께 이론과 실천이 상보하는 통합적인 체계 안에서 이해되어야만 한다. 천태종이 성립 과정에 있던 6세기는 남북조南北朝의 혼란기로 폭력이 일상인 시대였다. 민생은 도탄에

240

빠져 있었으며, 권력의 부침에 따라 불교를 뿌리째 뽑아 버리는 폐불廢佛사태가 거듭되었다. 선악의 기준조차 전도되어 무엇이 선善하고 무엇이 악惡하다고도 말할 수 없는 말법시대에 선도 악도 믿을 것이 못되었다. 이런 상황에서, 물러나서는 교학연구와 수행에 전념하고, 나아가서는 교화활동에 혼신을 기울였던 천태의 삶과 사상은 분리하여 생각할 수 없다.

수행적이고 실천적인 반성이 없는 실상론實相論이나 여래성악如來性惡의 관념은, 불의한 현실을 긍정하는 동시에 수행의 타락을 정당화하는 과오를 범할 수 있다. 이 같은 위험성이 현실화하자 고려에서는 '마음의 관찰'(一心三觀)과 참회懺悔를 강조한 요세(了世, 1163~1245)의 백련결사가 결행되었고, 일본에서는 '오직 믿음'을 강조한 신란(親鸞, 1173~1262)의 정토진종淨土眞宗과 '나무묘호렌게쿄(南無妙法蓮華經)'의 염불을 강조한 니치렌(日蓮, 1222~1282)의 종교개혁이 단행되었다.

세계는 하나의 꽃이다

'한 송이 꽃'은 화엄사상을 묘사하는 아름다운 메타포이다. 하늘과 땅과 물과 바람과 계절의 조건에 부응하여 '한 송이 꽃'을 피우는 것이 온갖 존재들이 서로 조건을 이루어 현상을 드러내는 법계연기法界緣起이다. 반면 붓다의 세계는 연기가 궁극의 차원까지 실현된 것으로, 진리의 본성이 그대로 일어난 법성성기法性性起로 설명된다. 현상의 차원에서는 연기와 성기를 구분할 수 있겠지만, 궁극의 차원에서 연기와 성기는 차이가 없다. 연기적 측면에서 '한 송이 꽃'은 모든 존재자들의 조건에 따라 일어난 현상이며, 성기적 측면에서 '한 송이 꽃은 그 자체로 하나의 우주'가 꽃을 피운 것이다.

『화엄경華嚴經』이 그려 보이는 세계는 실로 웅장하고 장엄하여, 듣는 이의 가슴을 활짝 트게 하며 신행하는 자의 마음을 엄숙하게 만든다. 『화엄경』은 북쪽 바다에 둘레가 몇 천 리인 물고기 곤鯤과 구만 리 장천을 나는 대붕大鵬을 희롱하던 중국인들의 심장을 울릴 만한 경전이었다. 『화엄경』은 그 분량에서도 압도적이어서, 동진東晉의 불타발타라가 번역한 한역본은 60권에 달하는 『육십화엄』(418~420년), 무측천 통치시기에 이루어진 실차난타의 번역은 80권으로 『팔십화엄』(695~699년)이라고 불린다. 그외 반야다라가 번역한 『사십화엄』(795~798년)은 「입법계품」만을 따로 떼어 번역한 것이다.

『화엄경』의 한역은 2세기경의 『도사경兜沙經』에서부터 약 10세기까지 각종 이본들이 존재하기 때문에, 경전이 오랜 기간에 걸쳐 다양한 배경에서 저술, 추가, 편집 과정을 겪었다는 사실을 알 수 있다. 그러나 『화엄경』의 대체적인 내용과 조직은 약 250~350년경에 완성된 것으로 추정된다. 경전의 편성이 완성된 것은 우전국于闐國, 즉 코탄(Khotan)을 중심으로 한 중앙아시아로 여겨지며, 「입법계품」은 남부 인도에서 성립된 것으로 보고 있다.

『팔십화엄』의 경우, 경전을 설하는 비로자나불이 총 39장의 주제를 일곱 장소를 옮겨가며 설하는 형식으로 구성되어 있다. 경설의 처음과 끝은 지상의 세계에 고정하고, 가운데 여러 가르침과 수행에 대한 교설은 천상의 궁전에서 이루어진다. 예를 들어, 『화엄경』 제10장 보광명전普光明殿에서 행한 두 번째 교설인 '보살문명품菩薩問明品'은 신심信心에 대한 문수보살과 각수보살의 문답을 보여준다.

> 여래의 깊은 경계는　　　(如來深境界)
> 그 양이 허공과 같아서　　(基量等虛空)
> 일체중생들이 들어가되　　(一切衆生入)
> 실로 들어간 바가 없도다.(而實無所入)[5]

　붓다의 세계는 허공과 같아서 일체를 모두 담아내지만 또한 무엇이 들어갔다고도 말할 수 없는 세계이다. 그것은 한정된 상태의 존재자들로 제한되지 않는 무한정이므로 양적으로는 측정할 수 있는 것이 아니다.
　또한 '수미정상게찬품須彌頂上偈讚品'에서,

> 온갖 법이 나지도 않고
> 온갖 법이 멸하지도 않나니
> 만약 능히 이같이 알면
> 부처님께서 항상 현전하시리라.
> (一切法無生 一切法無滅 若能如是解 諸佛常現前)

　여기에서는 일체의 존재자들이 불생不生이고 불멸不滅인 중관적인 비실재성이 말해지는데, 동시에 그러한 다르마들에 붓다가 항상 현전한다고 설한다.

---

5 이하 번역은 해주, 『화엄의 세계』(1998)에 따른다.

그리고 제4회 야마천궁夜摩天宮의 제20장 '야마궁중게찬품夜摩宮中偈讚品'은 특히 불교를 넘어 일반인에게도 잘 알려진 유명한 게송이다.

마음이 화가와 같아서 모든 세간을 그려내나니
오온이 마음 따라 생기어서 무슨 법이든 짓지 못함이 없도다.
마음과 같아 부처도 그러하고 부처와 같아 중생도 그러하니
마땅히 알라, 부처와 마음이 그 체성 모두 다함이 없도다.
……

만일 어떤 사람이 삼세 일체 부처님을 알고자 한다면
마땅히 법계의 성품을 관하라,
모든 것은 오직 마음이 지어냄이로다.

(心如工畫師 能畫諸世間 五蘊悉從生 無法而不造 如心佛亦爾 如佛衆生然
應知佛與心 體性皆無盡 若人欲了知 三世一切佛 應觀法界性 一切唯心造)

이 유심게唯心偈는 원효가 깨달음을 노래한 오도송悟道頌으로 널리 알려져 있다. 존재의 본성은 오직 마음뿐이다. 화가와 같은 마음이 모든 세간의 형상들을 그려내는 것이 존재의 세계이며, 그런 점에서 마음과 부처와 중생에는 차이가 없다.

종남산終南山의 지상사至相寺에서 수행하였던 지엄(智儼, 602~668)은 유식唯識에 깊은 통찰을 갖추고 있었으며, 여러 경전과 율장과 논서를 섭렵하던 중 『화엄경』을 접하게 되었다. 지엄은 여러 산스크리트어 판본들을 대조하며 연구에 매진하였으며, 다함이 없는 궁극의 연기(無盡緣起)에 대한 이치를 깨닫고, '부분과 전체'의 관계를 해명하

는 육상六相의 교의를 수립하였다. 마침내 지엄은 27세의 나이에『화엄경』주석서『수현기搜玄記』5권을 저술하여 화엄학의 체계를 정립하였다.

지엄의 화엄학을 극적으로 압축하여 도상圖像으로 나타낸 것이 의상(義相, 625~702)의『화엄일승법계도』이다.『법계도』는 7언 30구 210자로 쓰여진「법성게」와 이 시를 담고 있는 '법계도인法界圖印'으로 구성되어 있다. 제4구에서 12구까지만 살펴보면 다음과 같다.

진성은 매우 깊고 극히 미묘하여, 자성을 지키지 않고 조건(緣)을 따라 이룬다.
하나 가운데 일체이고 많은 것 가운데 하나이며,
하나가 곧 일체이고 많은 것이 곧 하나이다.
하나의 미세한 티끌 속에 시방을 포함하고, 일체 티끌 중에도 이와 같다.
한량없는 먼 겁이 곧 일념이고, 일념이 곧 무량겁이다.
(眞性甚深極微妙 不守自性隨緣成
一中一切多中一 一卽一切多卽一
一微塵中含十方 一切塵中亦如是
無量遠劫卽一念 一念卽是無量劫)

6년간의 유학생활을 마친 의상은 그의 화엄철학을 정리한 논문『화엄일승법계도』를 저술하여 스승 지엄에게 제출하고 668년 귀국하였다. 같은 해 지엄이 입적하고 화엄종의 법통은 제3조 법장(法藏,

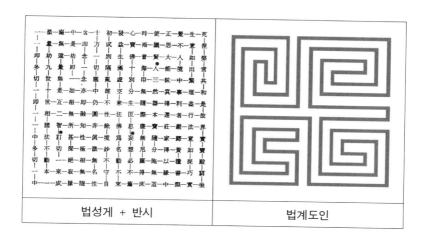

| 법성게 + 반시 | 법계도인 |

643~712)으로 이어지게 되었다.

현수賢首 법장은 『화엄경탐현기華嚴經探玄記』 20권, 『화엄오교장』 5권, 『대승기신론의기』 3권 등 약 30종 100여 권에 달하는 저술을 남겼다. 그의 화엄사상은 원인으로서 연기의 세계와 결과로서 깨달음의 세계의 관계에 주목하였으며, 해석적 체계로는 자신의 독창적인 삼성설 해석, 세계의 존재방식에 관한 열 가지 고찰로서 십현十玄, 부분과 전체의 상호관계를 다루는 육상六相을 채택하고 있다.

법장의 삼성三性 해석은 소집성(미망의 세계, 변계소집성), 의타성(연기의 세계, 의타기성), 진실성(깨달음의 본연의 세계, 원성실성)으로 구성되어 있다. 진실성眞實性은 변하지 않는 것(不變)과 조건에 의한 것(隨緣), 의타성依他性은 임시로 존재하는 것(似有)과 본성이 없는 것(無性), 소집성所執性은 허망한 집착의 마음에 존재하는 정유情有와 진실로는 존재하지 않는 리무理無로 분석된다. 여기서 '불변不變', '무성無性', '리무理無' 측면에서 존재의 세 가지 성질(三性)은 '현상을 파괴하지 않고 언제나 본질로서의 진실 그 자체'이며, '수연隨緣', '사유似有', '정유情有'의 측면에서 삼성三性은 '본질을 움직이지 않고 항상 현상으로서 나타난다.'[6]

육상원융六相圓融의 개념은 '부분과 전체'의 여섯 가지 존재방식을 구분하고 그것들이 완벽하게 융합하는 방식을 규명한다. 여섯 가지 형상이란 총상總相, 별상別相, 동상同相, 이상異相, 성상成相, 괴상壞相으로, 법장은 『오교장』에서 '서까래와 집'의 비유를 통해 각각의 개념을 묘사하고 있다. 전체로서 하나의 집을 총상總相이라고 하면, 집의 뼈대를 이루는 서까래는 별상別相이다. 서까래 등 모든 부분들이 동등하게 화합하여 집을 이룬다는 점에서 동상同相이고, 그것들이 각기 독립적인 특성을 잃지 않는다는 점에서 별상別相이다. 모든 조건들이 함께하여 집을 만든다는 점에서 성상成相이고, 모든 조건들이 각각의 성질을 고수하여 변화하지 않기 때문에 괴상壞相이라고 한다.

'세계는 하나의 꽃이다.'(世界一花)

우리는 한 송이 꽃에서 세계를 볼 수 있다. 그리고 이 한 송이 꽃에는 여섯 가지 형상이 완벽하게 갖추어져 있다. 전체로서 '하나의 꽃'은 여러 '꽃잎'과 분리하여 성립하지 않는다. 꽃잎이 있어야 한 송이 꽃이 피었다 할 수 있고, 꽃이 있어야 꽃잎들이 제 자리를 찾았다 할 수 있다. 꽃잎들은 하나같이 조화롭게 하나의 꽃을 이루면서도 제각기 자신들의 색깔과 형태를 잃지 않는다. 각각의 꽃잎이 모여서 꽃을 이루지만, 꽃잎들 하나하나는 자기 성질을 따라 제 길을 간다.

---

6 키무라 키요타카 (1989), p.102.

　이처럼 '부분과 전체'가 서로가 독자적으로 존재하면서도 서로에게 침투해 들어가는 관계가 육상원융이다. 고립된 부분이나 전일적인 전체가 아니라 다양이 하나를 이루고, 하나가 조화로운 다양을 드러내는 관계인 것이다.

　의상은 이것을 참된 본성조차 자기를 고집하지 않고 조건에 따라 세계를 이룬다고 묘사하였다. '부분과 전체'의 원융은 결코 '부분'이나 '전체'의 어느 한쪽에 무게가 쏠리지 않는다. 하나 가운데 일체가 있다면, 일체 가운데 하나이기도 하다. 한 찰나의 일념一念에 무한의 시공간이 들어 있다면, 무한의 시공간에도 또한 한 찰나의 일념一念이 들어 있어야 한다. '부분과 전체' 사이의 이러한 독립과 침투의 긴장이 사라지면, 부분의 오만이나 전체의 폭력이 현상을 지배하게 된다.

　화엄사상은 자주 전체를 강조하는 국가주의적 이데올로기로 기능하였다는 비판을 받아왔다. 신라의 화엄사상이 통일왕조에 정통성을 제공하는 통치이데올로기로 국가적 후원을 받았다는 비판이다. 이 문제는 의상을 비롯한 화엄가들이 '부분과 전체'의 관계를 어떻게 이해하였는지에 대한 비판적 검토를 통해 보다 분명해질 것이다. 반면, 일본 제국의 침략전쟁과 식민지정책에서 화엄사상은 명백히 전체주의적 이데올로기로 작동하였다는 역사적 사실이 인정된다. 천황을 정점으로 한 '하나'를 위해 부분들은 희생을 강요당하였으며, 부분들에게 가해진 폭력과 희생은 '하나'의 대의大義를 위해 정당화되었다. 제2차 세계대전 말기에 니시다 기타로가 천황에게 화엄사상을 강설하였던 장면은 이처럼 상즉상입의 역동성을 상실한 화엄사상의 위험성을 선명하게 보여주는 증거이다.

19. 내 마음이 불안합니다

21세기 한국은 경제적 발전과 민주주의의 성취, 특히 음악과 영화를 비롯한 문화예술의 전성기를 누리고 있다. 청결한 거리와 안전한 치안, 최고의 의료체계와 높은 시민의식, 세계의 거리를 활보하는 젊은이들을 보고 있으면, 놀라움과 자부심을 느끼지 않을 수 없다. 그런데 이런 한국에서 거의 모든 구성원들이 '불안'과 '불신'의 늪에 빠져 있다는 사실은 공공연한 비밀이다. 한국사회에 속한 우리는 '불안'을 공기처럼 마시며 살고 있다. 집값이 오를까, 혹은 집값이 내릴까 불안하여 영혼까지 끌어모아 내 집을 사야 하고, 노년에 건강을 잃을까 불안하여 몇 가지 보험을 들어야 하고, 경쟁에서 뒤처질까 불안해 쓸 일도 없는 스펙을 쌓아야 하고, 혹시 남이 나를 속일까 불안하여 먼저 선수를 쳐야 하는 하루하루는 힘든 불안의 연속이다.

우리의 자화상을 가장 극명하게 보여주는 지표가 '더 이상의 삶을 포기하기로 선택한' 자살률 1위, '자식을 낳아 기르지 않기로 선택한'

출산율 세계 최하위의 기록들이다. 모두가 행복해 보이는 세상에서, 어쩌면 대부분 행복하게 살 수도 있는 한국에서, 대부분의 구성원들은 행복하지 않고 '불안'한 삶을 살아가고 있다. 그러나 사람들의 '불안'을 해소해 줄 만한 종교나 제도적 장치는 존재하지 않는다.

삶은 계속되어야 하고, 어떤 식으로건 탈출구는 찾아지게 마련이다.

놀랍게도 21세기 선진한국의 눈부신 문화의 이면에서 이 역할을 담당해 대중들의 정신건강을 지켜주고 있는 것은 '무속巫俗'이다. 통계에 따르면 직업적 무속인들의 숫자는 적어도 30만을 헤아린다고 한다. 2024년 한국은 대통령을 비롯한 정치인들에서부터, 초현대적 k-pop 걸그룹의 기획자, 교회를 다니는 집사님이나 절에 다니는 보살님, 신세대의 청춘들에 이르기까지 모두 '점占'을 치고, 운세를 보는 '무속의 시대'에 살고 있다. 지식인들조차 무속의 시대를 문화적·심리적 수사를 동원하여 옹호하는 자신의 '개방성'과 '진보성'을 당당히 자랑한다. 제도종교들이 사회의 근심거리가 되어 있는 동안 무당과 역술인들이 일반 대중의 심리적 불안을 감싸주고 있는 실정이다. 어느 시대나 삶의 현실은 비슷하고, 문제를 대하는 인간의 정신도 크게 달라진 것 같지는 않다.

보리달마와 혜가

여기서는 1,500년 전, 조금 다른 방식으로 이 '불안'과 마주하였던 혜가(慧可, 487~593)라는 인물로 이야기를 시작해 보고자 한다.

중국 낙양에 신광神光이라는 젊은이가 살았다. 젊었을 때에는 노장

老莊사상에 심취하여 각종 전적을 탐독하다가 출가하여 승려가 되었다. 하지만 아무리 책을 섭렵하고 명상수행으로 날을 세워도 마음의 불안이 해소되지 않았다. 평생 직장생활을 하였지만 손에 쥐어진 것도 없이 은퇴할 날만 가까워 올 때, 생사문제를 해결하겠다고 출가하였지만 깨달음은 멀기만 하고 나이는 들어갈 때, 젊었을 때의 꿈은 간 곳 없이 사라지고 허송세월 같던 시간들이 뒷덜미를 잡을 때, 저 깊은 곳에서 묵직한 '불안'이 꿈틀거리며 모습을 드러낸다.

절박한 마음의 혜가는 뚜렷한 성취를 이루지 못하고 나이 마흔을 넘기고 있었다. 그러던 어느 날 숭산崇山의 소림사 토굴에서 면벽 중이라는 보리달마菩提達磨의 소문을 듣게 되었다. 온갖 신화적 묘사로 덧씌워진 그의 생애를 자세히 알 수는 없지만, 그가 푸른 눈을 가진 서역 출신의 선수행자였음은 분명하다. 혜가는 소림사를 찾아가, 동굴 앞에서 달마대사의 가르침을 청하였다. 그러나 달마대사는 꿈쩍도 하지 않고 동굴 벽만을 바라보고 앉아 있었다. 어느 날 밤새 눈이 내려 무릎을 덮었는데도 혜가는 그 자리에서 움직이지 않고 제자가 되기를 청하였다.

마침내 달마는 혜가를 제자로 받아들였다.

"그대가 원하는 것이 무엇인가?"

"제 마음이 불안합니다(心不安). 제 마음을 편안하게 해 주십시오."

"그러지. 그럼 자네 마음을 나에게 가져 오시게."

"하~ 제 마음을 도무지 찾을 수가 없습니다."

"그래. 내가 이미 자네 마음을 편안하게 하였다네."

252

혜가는 이 말은 듣는 순간, 번쩍 깨달았다. 혜가를 깨닫게 한 것은 저 말이었을까? 나도 독자도 모두 저 말은 이미 들었다. 말 자체가 깨달음을 주는 것은 아닌가 보다. 그렇다면 그것은 보리달마의 말이기 때문일까? 종교인이나 사회적 명사의 말에는 힘이 실린다. 좋은 스승이나 권위 있는 지도자를 만나 그의 말을 듣는다면, 깊은 감동과 감화를 받기가 쉬운 게 사실이다. 나의 말은 무시하던 친구가 다른 권위자의 말을 들어 나를 설득하였던 쓸쓸한 경험이 있을지도 모르겠다. 그것이 보리달마의 말이었기 때문에 '말의 힘'이 살아 있는 것은 사실이다. 그러나 그것만으로는 사건이 일어나지 않는다.

줄탁동시啐啄同時.

병아리가 안에서 쪼고, 어미 닭이 밖에서 껍질을 깨는 두 방향의 힘이 동시적으로 작용할 때, 새로운 생명인 병아리가 알을 깨고 나올 수 있다. 껍질을 깨고 나가고자 하는 수행자에게 요구되는 것은 '간절함'과 '절박함'이다. '불안'을 극복하고자 하는 혜가의 간절함과 절박한 마음이 안으로부터 껍질을 깨지 않았다면, 스승의 말씀도 힘을 얻지 못하였을 것이다.

이렇게 하여 제1조 보리달마로부터 2조 혜가로 이어지는 선종禪宗의 첫 번째 고리가 연결되었다. 명상을 중시하는 선종禪宗의 전통에서는 교학적인 탐구보다는 스승과 제자 사이에 전해지는 가르침의 사건을 강조한다. 보리달마와 혜가의 전수 과정에서 이미 제자가 스승으로부터 가르침을 전수받아 계승하는 사자상승師資相承, 스승과 제자가 마음에서 마음으로 진리를 전하는 이심전심以心傳心, 언설이나 문자에 얽매이지 않는 가르침의 방식인 불립문자不立文字의 특성이 드러난다.

혜능(慧能, 638~713)의 전설

보리달마에서 시작된 선종의 맥은 혜가를 거쳐, 승찬僧璨, 도신道信, 홍인(弘忍, 601~674)으로 이어지면서 본격적으로 종파적인 규모와 틀을 갖추게 되었다. 홍인은 동산東山에 거하면서 많은 제자들을 가르쳤기 때문에 그의 가르침은 세간에서 동산법문東山法門으로 불렸다. 그는 신수神秀, 혜능慧能, 지선智詵을 비롯하여 걸출한 제자들을 많이 배출하였는데, 그들 사이에 제6조의 자리를 놓고 법맥의 정통성에 대한 이견과 충돌이 발생하였다.

제자들 가운데 신수神秀와 혜능慧能은 각기 북종선과 남종선을 대표하고, 지선智詵은 성도지방의 처적處寂을 거쳐 정중사淨衆寺의 무상無相으로 이어진다. 두 선사의 활동지역에 따라 북종北宗과 남종南宗이라는 이름을 얻었지만, 두 종파는 수행의 방법에 관해서도 상당한 이견을 노출하면서 6조의 자리를 놓고 대립하였다. 신수의 북종은 점진적이고 단계적인 수행인 점수漸修를 강조한 반면 혜능의 남종은 단계적 수행을 거치지 않고 단박에 깨닫는 돈오頓悟를 주장하였다. 결국 두 종파는 의견을 좁히지 못하고 각기 홍인의 법통을 계승한 제6조의 정통성을 주장하기에 이른다.

결과적으로 역사는 혜능의 손을 들어주고 '육조혜능'이라는 명칭을 공식화하는데, 바로 이 과정에서 핵심적인 역할을 수행한 이가 하택신회(荷澤神會, 670~762)였다. 영민하고 정치적으로 노련하였던 신회는 자신의 스승 혜능을 선양하기 위하여 732년 하남성 활대滑臺 대운사大雲寺에서 공개적인 논쟁(무차대회)을 조직하였다. '활대의 종론宗論'이라 불리게 된 이 논쟁에서 신회는 돈오頓悟의 관점에서 북종의 신수를 비판하고, 혜능이 보리달마에서 홍인까지의 법맥을 이은 정통 조사라고 설파하였다. 정치적 부침을 겪던 신회는 안녹산의 난(755~763) 기간 동안에 도첩度牒을 팔아 군비에 충당함으로써 숙종의 인정과 지원을 받게 되었다. 그는 이후 황실이 공식적으로 후원하는 하택사荷澤寺를 건립, 주석하였으며, 이후 덕종에 의해 제7조로 추대되었다. 이로써 제6조 혜능과 제7조 신회의 계보가 공식적으로 승인되었다. 그러나 이후 선종 내에 여러 종파들이 등장하면서 각각의 종파에 따라 별도의 조사전통과 계보가 확립되기에 이른다.

따라서 다분히 사후적인 정당화 작업의 결과이긴 하지만, 홍인의 수발을 전수하기 위한 혜능과 신수 사이의 경쟁 전승은 두 종파의 특징을 잘 보여주는 신화적 사건이다.

남종이 강조하는 돈오頓悟의 깨우침을 더욱 극적으로 돋보이게 하는 것은 혜능이 일자무식의 나무꾼이었다는 사실이다. 어느 날 혜능은 나무를 공급하던 여관에서 누군가 『금강경』 읽는 소리를 듣고 한 번에 마음이 밝아지는 경험을 하였다. 그는 손님에게 물어, 그에게 가르침을 준 홍인대사를 찾아 떠난다. 남쪽지방에서 그를 찾아온 혜능에게 홍인은 '남쪽 오랑캐가 어떻게 부처가 될 수 있겠느냐'고 시험하였다. 혜능은 '부처의 성품에는 남과 북이 없다'고 대답하였다.

마침내 홍인이 자신의 가사袈裟를 물려줄 후계자를 선정해야 할 때에 이르자, 제6조의 자격을 심의하기 위해 제자들에게 게송을 지어오도록 하였다. 누구나 맏상좌 신수神秀가 스승을 이어 제6조가 될 것이라고 생각하였다. 마침내 신수가 게송을 지어 벽에 붙이자 모두들 역시 신수라고 찬탄하였다.

　　몸은 깨달음(보리)의 나무요(身是菩提樹)
　　마음은 밝은 거울이라.　　(心如明鏡臺)
　　때때로 부지런히 닦아서　　(時時勤拂拭)
　　먼지 끼지 않도록 하리.　　(勿使惹塵埃)

　신수의 점진적 깨달음을 향한 결의와 교학적 관점이 잘 드러난 시詩이다. 몸은 이미 깨달음의 나무이고, 마음도 그 자체로 밝은 거울이다. 신수는 때가 끼어 있는 거울을 닦는다고 하지 않고, 부지런히 닦아서 때가 끼지 않도록 유지하겠다는 다짐을 한다. 신수의 사상에는 존재의 관점에서 현상을 관찰하고 화엄에서의 '깨달음의 본성이 그대로 일어남'(性起)을 연상시키는 측면이 있다. 수행적으로 다소 번거로워 보이는 약점이 있기는 하지만, 지극히 타당하고 설득력 있는 게송이라 하겠다.

　이 게송이 벽에 나붙자 무리들이 둘러서서 감상평을 하고 있는데, 혜능이 지나가다 그 모습을 보았다. 글을 읽지 못하는 혜능은 사정을 묻고, 신수의 게송을 읽어 달라고 부탁하였다. 게송을 들은 혜능은 신수에 대답하는 형식의 시를 지어 주변에 있는 승려에게 글로 적어달라고 부탁하였다.

　　보리(깨달음)는 본래 나무가 없고(菩提本無樹)
　　맑은 거울 또한 대臺가 아니라　(明鏡亦非臺)

256

본래 한 물건도 없는데   (本來無一物)

어디에 먼지가 낄 것인가.   (何處惹塵埃)

혜능은 공空의 관점에서 즉각적인 깨달음의 세계를 묘사하고 있다. 몸도 마음도 깨달음도 모두 실체가 없는 것인데 무엇에 집착하고 무엇을 깨끗하게 닦을 것인가? 한 방에 날려버리는 시원한 바람이 느껴진다. 바로 이 탁 트인 자유로움이 남종선의 매력인지도 모르겠다.

신회에 의해 종파적으로 대립하게 된 남종선과 북종선이란 실제로는 수행의 과정적 관점에서 점수漸修와 깨달음의 결과적 관점에서 돈오頓悟가 동전의 양면처럼 함께하는 것이어야 한다. 선종사에서 조사의 공식적인 계보는 6조 혜능을 기점으로 여러 갈래로 분기하지만, 내용적인 측면에서 보자면 여전히 단계적 수행과 결과로서 질적 도약을 이루는 깨달음은 상보적인 관계를 유지해 왔다고 할 수 있다.

이제 남종선이 주도권을 장악한 상황에서 제6조 혜능은 변하지 않는 상수로 고정되었다. 그러나 하택신회의 시대가 지나고 혜능을 정점으로 하는 선종의 다섯 종파가 등장하면서 제각기 독립적인 계보를 주장하고 나섰다. 이를테면, 남종선의 주류로 급부상한 마조도일(馬祖道一, 709~788)의 홍주종에서는 도일의 스승 남악회양(南嶽懷讓, 677~744)을 제7조의 조사로 추대하였다.

신라에서 티베트까지

같은 시기 성도成都 지방에서는 정중사淨衆寺의 무상(無相, 680~762)이 대중들로부터 제7조로 존중받고 있었다. 무상無相은 신라의 왕자로서 아마도 정치적 격랑에 휘말려 어린 나이에 출가하고 이후 당唐나라의 장안으로 유학한 선승이다. 그는 일종의 망명 유학을 한 초기에 강력한 두타행頭陀行으로 전설적인 고행을 감내하였다. 그러나 고행을 마치고 교화에 나선 시기에는 대중적인 수계의식이나 인성염불引聲念佛과 같이 일반인들이 접근하고 실천하기 쉬운 수행법을 전파하였다.

규봉종밀(圭峰宗密, 780~841)은 그의 저술 『원각경대소圓覺經大疏』에서 대표적인 선종禪宗 일곱 문파(7家)의 핵심사상과 계통을 상세히 소개하고 있다.

	선종 7가
제1가	신수의 북종선
제2가	성도 검남종: 지선－처적－무상
제3가	성도 보당종: (무상)－무주
제4가	홍주 마조도일의 홍주종
제5가	우두혜융午頭慧融의 우두종
제6가	남산염불문선종念佛門禪宗
제7가	하택신회의 하택종

종밀의 기록에 따르면 9세기 초 선종의 7가家는 아직 남종선(하택종)이 절대적인 우위를 점하고 있지 않았다. 오히려 무상無相의 영향력이 상당하였음을 보여준다. 당시 선문의 일곱 문파(7家) 가운데 무상 자신의 검남종劍南宗, 스스로 무상의 직계임을 주장하였던 무주無住의 보당종保唐宗, 종밀에 의해 무상계열의 조사로 알려진 마조도일의

홍주종洪州宗은 무상과 직접적으로 관련되어 있었다.

무상은 티베트에서 '김화상'으로 널리 알려져 있었으며, 20세기 돈황문헌에서 발견된 『역대법보기』와 여러 단편들을 통해 그의 사상과 행적이 좀 더 소상히 알려지게 되었다. 무상의 선수행은 무억(無憶: 지난 생각에 집착하지 말라), 무념(無念: 생각을 일으키지 말라), 막망(莫忘: 집중한 마음을 놓치지 말라)의 삼구三句에 토대를 두고 그것을 마음에 새겨서 계정혜戒定慧를 완성하는 방식의 수행체계였다. 자신의 정체성을 보리달마로부터 직접 계승한 선사상으로 잡고 있는 것에서 알 수 있듯이, 그의 사상에는 중국화되지 않은 인도 명상수행의 느낌이 남아 있다.

무상의 선사상은 마조도일이 신라와 고려의 선불교에 미친 압도적인 영향을 통해 한반도의 선불교와 연결되어 있으며, 서쪽으로는 티베트불교의 성립 과정에 작은 불씨가 되었다. 그의 선사상은 토번국吐蕃國의 사절단이 장안을 거쳐 귀국하는 길에 성도의 무상을 만나는 사건을 통해 티베트불교의 태동기에 하나의 지층을 형성하였다. 그것은 후일 인도불교와 중국불교가 격돌하였던 삼예사(bsam yas)의 돈점논쟁에서 표층의 아래에 있는 사상적 배경으로 작용하였다.

불안不安

2024년 3월, 한 가수가 '기독교는 거짓말'이라는 도발적인 제목의 노래를 발표하였다. 그는 3대 기독교집안에서 태어난 모태 기독교인이었으며 순수한 교회청년으로 성장하였다. 그러나 우연적 필연이 계기가 되어 그는 기독교를 떠나고 부모님의 기독교를 다시 돌아보게 되었다. 이제 세속적 시선을 갖게 된 이 가수의 눈에 부모님들의 신앙생활과 행동양식은 기이해 보였다. 그는 신앙인이 보여주는 이상 행동의 원인이 '죽음에 대한 두려움'에 있으며, 그것을 '기독교의 거짓말'이 떠받치고 있다고 진단하였다. 진단의 정확성 여부를 떠나, 역설적으로 기독교 문화는 아직 저런 패기 있는 젊은이를 만들어 낼 힘이라도 있지 않은가 하는 생각이 들었다. 그는 나름의 방식으로 두려움과 불안을 극복하고 있는 셈이다.

한 젊은 가수가 관찰한 바와 같은 '두려움'을 불안不安의 관점에서 깊이 탐구한 철학자가 키에르케고르이다. 키에르케고르는 인간의 실존을 흔들어 버리는 '불안'이 기저에 있는 '원죄'의 토양에서 자라는 것이며, 근원적으로 '불안'은 원죄 이전까지 소급된다고 생각하였다. '불안'은 원죄보다 근원적인 것으로, 인간이 처음 금단의 열매를 먹을 때 느껴야 했으며, 스스로 의지적이고 책임적인 주체로 서고자 할 때 느끼게 될 감정이다. 에덴의 동쪽으로 추방된 인류에게 불안은 우리 인간이 한갓 피조물에 지나지 않는다는 원초적인 자각의 감정이다.

『벽암록』 제3칙에는 마조도일의 '불안不安'을 전하고 있다.

마조대사가 늙어서 몸이 '평안하지 않은(不安)' 상태가 되었다. 죽음이 가까이 다가온 것이다. 제자들은 아침저녁으로 스승에게 안부를 물었다. 몸은 불안不安한데, 마음은 불안不安하지 않은지….

마조대사가 (나이 들어) 몸이 불편하였다.

260

원주가 물었다. '요즘 건강은 어떠신지요?'

마조대사가 대답하였다.

'햇님 얼굴도 부처고, 달님 얼굴도 부처라네.'

(馬大師不安 院主問 和尙近日尊候如何 大師云 日面佛月面佛)

20. 불멸 후 천년, 새로운 시작

7~8세기의 전환기

7세기 전후 불교사상은 인도아대륙은 물론 동아시아에서도 화려한 꽃을 피웠다. 인도불교에서 중관철학과 유식사상, 그리고 인식논리학은 이후 티베트불교의 교학적 체계로 스며들었다. 이 책에서는 한정된 지면으로 논의를 동아시아로 향한 철학적 흐름에 집중하였다. 여기에는 중관, 유식, 여래장, 화엄, 선사상을 포함하고 있다. 머리말에 언급하였듯이, 이 책은 지금 여기 한국에서 불교에 입문하는 이들을 위한 안내서의 역할을 자임하였다. 그것을 위해 지금 여기로부터 시간을 거슬러 2,500년 전 붓다의 깨달음과 가르침까지 올라가서, 다시 그곳에서부터 순서대로 불교사상이 흘러가는 강물의 흐름을 따라 7세기 동아시아와 한반도에 도착하였다.

7세기 전후는 동아시아 불교사상의 창조적 기운이 폭발한 시기였다.

천태사상을 확립한 천태지의(智顗, 538~597), 삼론종의 완성자 길장(吉藏, 549~623), 유식학의 백본논사百本論師 규기(窺基, 632~682), 화엄사상의 대성자 현수법장(賢首法藏, 643~712), 동아시아 선禪의 분기점인 혜능(慧能, 638~713), 그리고 무엇보다 완전히 중국화한 한문불교시대를 가능하게 한 삼장법사 현장(玄奘, 602~664)이 한 시대를 공유하고 있었다.

이처럼 동아시아의 불교사상이 만개하고 있는 한가운데서 이 땅 한반도의 1세대 철학자들이 역사의 무대에 등장하였다. 한국사상사의 벽두에 철학의 첫 세대가 보여준 학문적 성취는 눈부신 것이었다. 멀리 삼론종의 해석적 구도를 정립하였던 승랑(僧朗, 5세기)을 앞으로 하고, 유식학에서 삼장법사 현장이나 규기와 어깨를 나란히 하였던 원측(圓測, 613~696), 여래장, 화엄사상과 인명학(논리학)에서도 독자적 해석과 사상체계를 수립해 낸 원효(元曉, 617~686), 화엄학의 정점에 도달한 의상(義相, 625~702), 선종의 제7조로 티베트에까지 이름을 날린 무상(無相, 680~762), 인도에 유학하고 『왕오천축국전』을 남긴 밀교승 혜초(慧超, 704~787) 외에도 기라성 같은 인물들을 열거할 수 있다.

특히 주의를 끄는 지점은 이들이 한결같이 한반도에 갇히지 않은 세계인들이었다는 사실이다. 승랑은 고국인 고구려의 요동을 떠나 돈황에서 유학하고 남경南京의 서하사棲霞寺에 주지로 주석하였다. 원측은 삼장 현장과 유식을 논하고 법상종에서 규기와 나란히 일가를 이루었다. 중국 서안에 위치한 흥교사興敎寺에는 삼장법사 현장을 중심으로 원측과 규기를 나란히 배치한 부도탑이 당시 원측의 위상을 증거하고 있다. 특히 원측의 『해심밀경소』는 티베트어로 번역되어 티베트불교에서 지금까지도 유식교학의 교본으로 읽혀지고 있다.

원효는 한문논서임에도 불구하고 '논論'의 권위를 인정받은 『금강삼매경론』의 저자이다. 또한 원효의 『대승기신론』 주석서 『대승기신론소·별기』의 일부가 돈황사본 가운데에도 포함되어 있어 그의 저술이 대륙의 서쪽 끝에서도 필사되어 읽혔다는 사실을 확인시켜 주고 있다. 법장法藏은 원효의 『해동소』에 대한 비판적 연구를 통해 자신의 『대승기신론의기』 저술을 완성할 수 있었다.

『화엄일승법계도』를 쓴 의상은 동아시아 화엄종의 법통을 이을 만한 위치에 있었다. 그가 전란의 위험을 알리기 위해 급히 신라로 귀국한 후 화엄3조의 자리는 법장에게로 이어졌다. 법장은 간간히 신라에 있는 사형師兄 의상에게 편지를 보내 의견을 물었다고 한다. 또한 앞에서 살펴본 바와 같이 무상無相은 사천四川 지방에서 선풍을 날린 선사였다. 그는 성도成都와 티베트지역에서 선종 제7조사로 알려졌을 뿐만 아니라 티베트불교의 성립 과정에도 영향을 준 인물이다. 혜초는 인도의 여러 나라를 직접 여행하고 『왕오천국전』을 저술하였는데, 그 사본이 20세기 초에 돈황에서 발견되었다. 그는 밀교密敎 전문가이기도 하였다.

이들은 모두 국제적인 사상의 흐름에 민감하게 반응하면서, 세계인의 한 사람으로 당시의 사상적 논의 과정에 적극적으로 참여하고 있다는 특징을 보여준다. 그 가운데 원측, 원효, 의상은 이후 현대까지 이어지는 한국지성계의 세 가지 모델에 대한 전범이라 할 수 있다.

원측은 세계 무대로 유학하여 그곳에서 활동하다가 생을 마친 이민

자 유형에 속한다. 노년에 신라에서 그의 귀국을 희망하였지만, 무측천이 끝내 그가 장안에 남아 있기를 원하였기 때문에 귀국이 성사되지 못하였다. 의상은 유학 후 귀국하여 국내에서 활동한 다수의 유학파 지식인의 역사를 대표한다. 삼국시대부터 현재까지 한국지성계의 주류를 형성해 온 유학파 지식인들은 세계의 최신 정보와 문화를 수입하고 교류하는 통로가 되는 동시에 지식사대주의 문화를 형성하는 토양이 되기도 하였다.

원효는 국내파 지식인의 모범이다. 그는 유학길에 스스로 깨달은 바가 있어 유학을 포기하였다. 그의 귀향은 더 이상 유학을 통해 배울 것이 없다는 자긍심 넘치는 선언이었다. 역설적이게도 7세기에 이름을 날린 한국의 지식인들 가운데서도 가장 국제적으로 널리 알려지고 많은 저술이 읽힌 인물은 순수 국내파인 원효였다. 그의 저술은 서쪽 끝 돈황에서부터 동쪽으로 일본에까지 널리 유통되었다. 저술이 동아시아에서 대중적으로 읽혔을 뿐만 아니라 사상적 차원에서도 지속적인 영향을 미쳤다. 원효는 또한 전쟁으로 황폐해진 국토와 민초들의 고통 가운데 직접 뛰어들어 붓다의 가르침을 실현하고자 한 실천성에서도 두드러진 특징을 보여준다.

한반도에서 7세기의 전환기는 삼국체제가 붕괴하고 단일국가체계가 등장하는 시기이기도 하다. 다양하고 치열한 지적 탐색은 혼돈의 시대를 감싸안고 새로운 시대의 청사진을 그리고자 하는 암중모색의 단면들을 보여준다. 원효가 불교사상의 연구를 통해 찢어진 민중들의 삶을 어루만지고자 하였다면, 의상은 새로운 사상을 통하여 분열된 사회를 통합하고 화엄세계와 같은 조화로운 미래를 꿈꾸었는지도

모른다. 그들의 불교적 이상이 통일된 나라에서 얼마나 잘 실현되었는
지에 대해서는 평가가 달라질 수 있을 것이다. 그러나 한 가지 분명한
사실은, 7세기 한반도에서 세계와 국가와 구성원 한 사람 한 사람의
고통에 대해 고민하였던 이들의 지적인 고투와 학문적 성취는 이후
1,500년 한국의 지성사에 가장 높은 봉우리를 형성하였다는 점이다.

이 책에서 우리는 7~8세기 한반도에서 꽃핀 불교사상이 뿌리내린
지적 토양으로서 다채롭고 풍요로운 불교철학과 인도와 동아시아에서
전개한 불교사상의 흐름과 여러 갈래의 전통들을 살펴보았다. 7세기
한국 지성계는 세계적 흐름의 한가운데서 사유하고 소통하였다. 그러
나 불행하게도 한국불교의 교학적 전통은 시간에 의한 부식과 선불교
의 지배 속에서 점차 소멸해 갔다. 불교를 국가의 이념으로 채택하였던
고려에서 불교는 정치, 경제, 문화의 성격을 규정하는 종교사상이었
다. 하지만 500년의 고려 역사에서 고려불교의 독창적인 철학적 사유
나 교리적 발전이 이루어진 것은 거의 발견할 수 없다. 같은 시기
송나라의 주희는 불교의 형이상학적 사유방식과 수행체계를 비판적으
로 수용하여 신유학의 사상체계를 완성하였다.

조선은 성리학을 혁명의 이념이자 건국이념으로 내걸고 등장하였
다. 원명元明 제국의 교체는 종교사상의 전환도 요구하였다. 한반도에
서는 그 정치권력의 교체와 사상의 전환이 더욱 극적으로 이루어졌다.
조선의 건국과 함께 철학으로서의 불교는 한층 더 움츠러들었고,
문자를 버린 불교는 깊은 산사로 찾아들었다. 때문에 16세기 성리학의
나라 조선에서 다소 거칠게 비유하자면 '형상과 질료의 관계문제'나
'선한 마음의 뿌리(善根)와 허망한 감정의 문제' 혹은 '도덕적 마음과

욕망의 감정'에 대한 논의가 전개될 때, 불교철학은 논의에 참여하지 못하고 멀리 떨어져 있어야 했다. 다만 율곡栗谷 이이李珥에서 조선 성리학이 완성되었다고 한다면, 한때 출가하여 심중에 간직하였던 불교철학의 훈습이 다소간의 작용을 미치지 않았을까 유추해 볼 수 있을 뿐이다.

초창기 불교철학적 논의가 점차 소멸한 이후, 교학적 논란과 저술을 극도로 기피하는 한국불교의 문화적 토양에서 철학적으로 의미 있는 자료를 찾기는 매우 어려운 형편이다. 하지만 한국불교사가 교학적 문헌을 풍부하게 남기지 않았다고 해서 오늘의 연구자가 한국불교사에서 불교철학이나 교학을 찾아낼 수 없는 것은 아니다. 이를 테면, 임진년 일본의 침략에 맞서 전쟁에 참여한 승려들의 결정과 고뇌의 글을 통해서, 우리는 일차적으로 붓다와 보살, 삶과 죽음, 살생과 불살생, 국가와 종교, 업業과 업과業果와 같은 교학적 주제들을 고찰해 볼 수 있을 것이다. 그들이 비록 새로운 철학을 만들어내지는 않았다 할지라도, 우리는 그들이 서 있었던 철학적 지평에 대한 철학적 성찰을 할 수는 있을 것이다.

관련하여 근래 한국불교학계에서 벌어진 일련의 논쟁들은 매우 고무적인 현상이라고 여겨진다. 지난 한 세대 동안 한국 불교계에서는 돈점논쟁, 비판불교의 비판, 무아와 윤회 논쟁이 전개되었다. 앞서 언급한 두 주제는 제외하고 여기서는 돈점논쟁에 대해서만 간단히 요약해 보고자 한다. 돈점頓漸논쟁이란 단순화하자면 '깨달음과 수행'의 관계에 관한 논쟁이다. 여기서 돈頓은 '단번에' 점漸은 '순차적으로' 깨달음이나 수행을 완성하는 경로를 지칭한다. 이 돈점의 관계는 규봉 종밀이 검토한 다섯 가지 경우의 수에서 어느 것을 지지할 것인가의 문제로 치환된다. 그 가운데 지눌(知訥, 1158~1210)은 돈오점수頓悟漸修, 즉 '단번에' 진리를 깨달은 후 '순차적으로' 번뇌를 제거해 나간다는 관점을 채택하여 한국선종의 기준으로 삼았다. 그런데 지난 세기말 성철(性徹, 1912~1993)은 지눌이 말한 돈오頓悟란 이성적으로 깨달아 이해하는 수준의 해오解悟에 지나지 않는다고 비판하였다. 그는 진정한 깨달음인 돈오頓悟는 그와 동시에 '단번에' 수행도 완성한 것이므로 더 이상의 수행은 필요하지 않다는 돈오돈수頓悟頓修설을 주장하였다. 1,000년의 시차를 둔 논쟁은 불교의 울타리를 넘어 타종교의 성찰에도 신선한 자극의 흔적을 남겼다. 한국불교가 사상적 발전과 성숙을 이루기 위해서는 이러한 논쟁이 보다 개방적이고 참여적인 방식으로 장려되어야 할 것이다.

다른 측면에서 불교철학은 한국사상 혹은 한국철학의 모색을 위한 논의 과정에 적극적으로 참여할 필요가 있다. 최근 아직 그 실체를 알 수 없는 '한국철학'이라는 미지의 대상을 찾기 위한 철학적 작업이 꾸준히 진행되고 있다. 그러나 현실은 통합적이고 일관적인 방식으로 '한국사상사'를 저술하는 작업조차 한계에 봉착하곤 한다. 문제는 누구도 1,500년의 불교사상사, 조선 성리학의 500년, 기독교 200년이 중첩된 사상의 역사를 한눈에 꿰뚫어 보기 어렵다는 사실에 기인한다. 최근 출간된 전호근의 『한국철학사』는 그 벅찬 시대적 요구에 응답하려고 시도한 매우 드문 예라고 하겠다.

그럼에도 근대 동학東學사상의 등장 이후, 동서의 철학과 종교사상을 비판적으로 수용하면서 독자적인 사유체계를 정립하려는 시도들은 꾸준히 이어지고 있다. '물질이 개벽되니 정신을 개벽하자'는 개교표어를 내걸고 있는 원불교圓佛敎는 동서의 문명과 불교사상을 동학의 개벽사상과 통합하려는 원대한 꿈을 실천해 가고 있다. 다른 측면에서 한자경의 『한국철학의 맥』은 주목할 가치가 있다. 그는 한국철학을 관통하여 흐르는 통주저음으로 '일심一心'을 제시한다. 원효의 일심一心에서 동학의 인내천人乃天까지를 일심의 주체성으로 일관하려는 한자경의 철학적 작업은 성공 여부를 떠나서 매우 가치 있는 시도로 높이 평가되어야 한다.

'불교철학 길라잡이'는 일종의 토대연구로 기획되었다. 인도에서 중국을 거쳐 한반도로 이어진 사유의 길을 따라 불교사상의 변천과 전래과정을 추적하고, 마침내 한반도에 도달한 불교사상의 면모를 확인해 보고자 하였다. 이러한 탐사의 여정이 초입자들에게도 어렵지 않은 '올레길' 정도의 안내서가 될 수 있기를 바란다. 또한 동시에 한국사상의 새로운 길로 들어가는 모험가들에게는 지금 서 있는 출발지점이 어디쯤인지를 보여주는 조감의 역할을 하였으면 좋겠다.

불교는 단일한 사상체계가 아니다

불교라는 사유전통은 서로 다른 풍토에 뿌리내린 다양한 삶의 역사가 상호 교류하고 영향을 주고받으며 형성되었다. 불교사상과 문화는 다채롭고 심오한 사유의 싹들이 자라 줄기와 가지를 뻗으며 이루어낸 풍성한 나무이자 숲과 같다. 불교를 단일한 하나의 개념이나 사상체계로 축소하는 이해 방식은 숲을 보지 않고 나무에 집착하는 태도로 불교를 판단하는 편협한 관점이다. 그와 같은 시각에서 불교공부는 나무의 잎과 열매를 보지 않고 앙상한 고목으로 무정물화해 버리는 태도이다. 불교는 살아 있는 생물이다.

불교는 또한 어떤 '본질주의'적 정의도 거부한다. 모든 존재와 현상은 무한한 조건들에 의존하여 발현한다는 불교의 진리에 대해 '불교'도 예외는 아니다. 지구 행성의 유기체들과 인간종과 다양한 문화들이 특수한 시점에서 상호작용하여 붓다가 인도아대륙에 출현하였다. 사람과 정보의 파도가 밀려가고 밀려오는 흐름에 따라 불교의 사상도 초기불교, 아비다르마의 다양한 학파들, 다르마의 실재성을 주장하는 설일체유부, 존재와 인식 사이의 간극을 발견한 경량부, 만물은 연기적 현상이며 본질에서 텅 빈 공空이라고 논증한 중관, 세계는 단지 의식의 발현일 뿐이라는 유식, 동아시아의 천태와 화엄사상, 선불교에 이르기까지 다채로운 변주를 보여주었다.

각각의 학파철학은 때론 너무나 상반되어서 같은 불교라고 간주할 수 있는지 의심스럽기도 하고, 때론 붓다의 근본 가르침에서 완전히 벗어난 것은 아닌가 의심의 대상이 되기도 한다. 그러나 전통이 일관되게 보여준 불교사상의 다양성과 불교공동체의 포용성은 다양하고 풍부한 사상 내용만큼이나 중요한 자산이다. 승가 공동체는 간혹 교학과 실천의 측면에서 극단적인 대립이 있는 경우에도 타자를 완전히 배제하는 방식보다는 '더 이상 같이 할 수 없다'는 선언과 함께 공동체를 분리하는 태도를 취하였다. 여기에는 '본질적으로' 더 우월한 정통을 지닌 '근본불교'나 타자를 제거하는 '파문'은 성립하지 않는다.

또한 역사의 전개 과정에 따라 여러 학파철학을 공부하면서 그것을 불교사상의 점진적인 발전과 같은 진화적 방식으로 해석하려는 태도는 지양하여야 한다. 마치 생물의 진화 과정에서 그 정점에 인간이 있고 다른 모든 생명체들은 하등하다는 방식의 태도는 과학적으로 옳지도 않고 윤리적으로 정당하지도 않은 자세이다. 무엇보다 그것은 불교적이지 않다. 지금까지 검토한 모든 불교학파들은 넓게는 인도사상의 맥락 안에서, 좁게는 여러 불교사상들과의 교류 속에서 일종의 공진화 과정을 통해 함께 성장해 온 결과물들이다.

　남방의 상좌불교가 최신의 서구불교에서 유행하고, 아비다르마철학이나 불교인식논리학이 현대철학적 사유에 신선한 자극제가 되는 것과 같이, 과거의 전통은 여전히 살아서 영향을 미치며 변화와 발전을 추동하고 있다. 불교의 학파철학들은 오늘날에도 지속적으로 상호 침투하고 경쟁하며 새로운 불교철학의 탄생을 향해 나아가고 있으며, 또 마땅히 그러해야 한다. 사상이나 수행에서 배타성은 독선적 소멸의 길을 재촉한다. 어떤 학파철학이나 수행체계도 모두 고정된 자성을 지닌 것이 아니라 지속적으로 변화 발전하는 생명체와 같은 것으로 인식하여야 한다. 그렇게 다양한 견해들이 경쟁하고 공존하면서 조화로운 생태계를 형성해 갈 때, 불교는 미래의 종교이자 철학사상으로서 역할을 담당하게 될 것이다.

도반들이여,
불교란 따로 특별한 공부를 하는 것이 아니라
다만 평상무사平常無事일 뿐이다.
소대변을 보고, 옷을 입고, 밥을 먹고, 피곤하면 잠을 자고 하는 그것뿐이다.

어리석은 사람은 그것을 보고 웃겠지만

지혜 있는 사람은 훤히 알고 있는 사실이다.

(『임제록臨濟錄』)

참고문헌

〈1차 문헌〉
『대비바사론』
『대승기신론』
『대승돈오정리결』
『대장엄경』
『밀린다팡하』
『바가바드기타』
『반야심경』
『법화경』
『베다』
『벽암록』
『사문과경』
『삼론현의』
『성서』
『성유식론』
『아비달마구사론』
『아비달마대비바사론』
『아비달마순정리론』
『아함경』
『역대법보기』
『우파니샤드』
『유식삼십송』
『유식이십론』
『중론』
『집량론』

『한국불교전서』
『화엄경』
『화엄일승법계도華嚴一乘法界圖』

〈2차 문헌〉

각묵스님 옮김 (2006) 『디가니까야』. 초기불전연구원

강성룡 (2024) 『인생의 괴로움과 깨달음』. 불광출판사

고려대장경연구소 (2000) 『비판불교의 파라독스』. 고려대장경연구소 출판부

권오민 (2003) 『아비달마불교』. 민족사

길희성 (1984) 『인도철학사』. 민음사

길희성 (1988) 「돈오점수론의 그리스도교적 이해-지눌과 칼 바르트의 사상을
    중심으로 하여」, 『종교·신학 연구』, Vol.1, pp.201~219.

길희성·류제동·정경일 공저 (2020) 『일본의 종교문화와 비판불교』. 동연

김명우 (2008) 『유식삼십송과 유식불교』. 예문서원

김미숙 (2013) 『인도 불교와 자이나교-슈라마나 전통과 사상』. CIR(씨아이알)

다무라 시로 외 (1989) 『천태법화의 사상』. 이영자 역. 민족사

대한불교조계종 (2021) 『불교성전』. 조계종출판부

브라이언 D. 빅토리아 (2009) 『전쟁과 선』. 정혁현 옮김. 인간사랑

서경수 (2002) 『밀린다팡하』. 민족사

심재룡 편저 (1994) 『중국 불교 철학사』. 철학과 현실사

야마구치 즈이호 (1990) 『티베트 불교사』. 이호근 등 역. 민족사

엄미경 (2022) 「『조당집祖堂集』 '시십마是什摩' 용처用處와 '이뭣고' 화두의 관계」,
    『동아시아불교문화』 50, pp.97~125.

오강남 (2006) 『불교, 이웃종교로 읽다』. 현암사

우에야마 슌페이(上山春平) (2004) 『아비달마의 철학』. 민족사

원경 (1997) 『여래삼부경』. 불지사

윤원철 (1995) 「한국 신학에 있어서 방법론적 성찰의 부재에 대한 단상斷想-돈점頓
    漸 논쟁의 몇 가지 편린片鱗에 대한 회고를 통하여-」, 『종교와 문화』, pp.147~
    162.

은정희 역 (1991) 『원효의 대승기신론소, 별기』. 일지사

이규완 (2010) 「삼예논쟁의 배경과 전개과정에 대한 사회-사상적 고찰: 8세기 티베트의 정치변동과 종교사회적 요구를 중심으로」, 『회당학보』 15집, pp.602 ~669.

이규완 (2012) 「불교에서 믿음과 진리인식의 수단(pramana)에 관한 연구」, 『회당학보』 17집, pp.431~464.

이규완 (2017) 「유식가 세친의 극미설-극미의 결합방식에 대한 일고찰」, 『동아시아불교문화』 31집, pp.165~197.

이규완 (2018) 「자이니즘의 paramāṇu와 pradeśa에 관하여」, 『인도철학』 54호, pp.201~239.

이규완 (2018) 「지평융합-불설(buddha vacana)은 해석의 지평에서 현존한다」, 『동아시아불교문화』 35집, pp.3~49.

이규완 (2018) 『세친의 극미론』. 씨아이알.

이규완 (2022) 『유식이십론술기 한글역』. 씨아이알

이중표 (2002) 『근본불교』. 민족사

임근동 역 (2012) 『우파니샤드』. 을유문화사

장익 (2023) 『불교유식학강의』. 정우북스

찻테르지 & 닷타 (1999) 『학파로 보는 인도사상』. 김형준 역. 예문서원

츠카모토 게이쇼 (2008) 『아쇼까와 비문』. 호진, 정수 역. 불교시대사

카지야마 유이치 (1990) 『인도불교철학』. 권오민 역. 민족사

키무라 키요타카 (1989) 『중국불교사상사』. 장휘옥 역. 민족사

한자경 (2000) 『유식무경』. 예문서원

한자경 (2003) 『불교 철학의 전개』. 예문서원

한자경 (2006) 『불교의 무아론』. 이화여자대학교출판부

한자경 (2018) 『한국철학의 맥』. 이화여자대학교출판문화원

해주 (1998) 『화엄의 세계』. 민족사

현각 (2000) 『오직 모를 뿐-숭산 대선사의 서한 가르침』. 물병자리

홍창성 (2019) 『불교철학 강의』. 불광출판사

효도 가즈오 (2011) 『유식불교, 유식이십론을 읽다』. 예문서원

지은이 **이규완**

한신대학원에서 구약학, 보스턴대학교에서 지혜문학과 고대근동학, 동국대학교에서 불교학을 공부하였다. 서울대학교에서 인도불교철학의 극미론(원자론) 연구로 학위를 받은 후, 서울대 인문학연구원 선임연구원으로 재직하며 "형이상학적 원자론 연구 – 희랍, 인도, 불교철학에서 현재까지"라는 주제의 연구를 진행하고 있다.

저서로 『유식이십론술기 한글역』, 『세친의 극미론』, 『새빨간 논리』(이하 운), 『철학과 현실, 현실과 철학』(공저), 『원자론의 가능성』(역서) 등이 있으며, 논문으로 「아비다르마철학에서 기세간과 유정의 타락」, 「구사론주 세친과 유가사 세친의 (불)연속성 문제에 관하여」, 「5위75법체계의 성립과 경량부 해석에 관하여」 외 다수가 있다.

대원불교 학술총서 **27** 불교철학 길라잡이

초판 1쇄 인쇄 2025년 3월 4일 | 초판 1쇄 발행 2025년 3월 11일
지은이 이규완 | 펴낸이 김시열
펴낸곳 도서출판 운주사

    (02832) 서울시 성북구 동소문로 67-1 성심빌딩 3층

    전화 (02) 926-8361 | 팩스 0505-115-8361

ISBN 978-89-5746-867-8 03220 값 20,000원
http://cafe.daum.net/unjubooks 〈다음카페: 도서출판 운주사〉